新課程・国家資格シリーズ④

# 社会福祉援助技術論 〈理論編〉

対人援助の本質を問う

佐藤克繁・星野政明・増田樹郎　編著

黎明書房

# はじめに——社会福祉援助技術とは

　社会福祉士のカリキュラムが変わり，社会福祉援助技術に関する科目は，これまでの5科目（社会福祉援助技術総論，社会福祉援助技術各論Ⅰ，社会福祉援助技術各論Ⅱ，社会福祉援助技術演習，社会福祉援助技術現場実習）から4科目（社会福祉援助技術論，社会福祉援助演習，社会福祉援助技術現場実習，社会福祉援助技術現場実習指導）へと様変わりしました。単位数的には，旧カリキュラムの総単位数が20単位で新カリキュラムが20単位と変化はみられないものの，実習や演習による単位が増加し，内容的な変化が見られます。また，実習や演習の単位数が増加した反面，社会福祉援助技術に関する講義科目が3科目から2科目（12単位から8単位）に減少しました。

　この変化は，社会福祉に関する知識や技術が知的レベルでの把握にとどまらず，現場の中でそれが生かされなければ意味をなさないという社会的要請を反映したものになっているのだと考えられます。換言すれば，社会福祉の臨床化が求められている時代になっているということでしょう。社会福祉は，もともと医学がそうであるように臨床的な側面を含んだ領域（学問）ですが，さらに一層それが求められているということに他なりません。

　周知のように，医学や心理学の分野では，臨床とは当該分野での知識や技術を現実の人間や社会生活に応用して人間の生活に役立てようとする領域のことをさしています。最近では，社会学でさえも「臨床社会学」という分野があるという議論も起こされているようです。しかし，社会福祉においては，臨床ソーシャルワークという言葉はありますが，臨床社会福祉学というものはありません。というのは，社会福祉が，社会問題の解決から発生し，もともと当為（そうあるべきだ）の側面を含んでいるということと無関係ではありません。そして，臨床の部分を担うのが社会福祉の領域では，社会福祉援

助技術ということになります。臨床ソーシャルワークという言い方は，その意味でいうと医学的モデルのソーシャルワークの現代版をさしています。

それなのに，なぜ，いま改めて実習や演習等の臨床面を重視せざるを得ないのでしょうか。その理由を考えてみると，最終的にはわが国独自の現実にぶつかります。多くの社会福祉の実践家や先達が，欧米で発達したソーシャルワークを導入し実践してきました。ソーシャルワーク理論は，すでに戦前から紹介され実践化されていたようですが，本格的には第2次世界大戦後であるといってよいでしょう。

ソーシャルワークは，第2次世界大戦後に本格的に導入されますが，そのまま私達の社会生活を支える福祉の技術として一般化したわけではありません。誤解を恐れずにいえば，ソーシャルワークの研究と社会福祉実践現場とが乖離状況のまま今日を迎えているといってもよいでしょう。例えば，「社会福祉援助技術を学習しましたが，実践現場では何の役にも立たない」といった嘆きを耳にすることがありますが，この実情を端的に表した言葉であると思います。しかし，こういった状況もやっと雪解けを迎えたと状況分析することができます。

今日の社会福祉現場では，「ケアプラン」や「アセスメント」等の用語を抜きに実践が成り立たないようになってきています。つまり，再度そのような用語を使用して，欧米で発達した社会福祉援助技術を日本の現場に適用しなければならないという事態を迎えているということであります。そのためには，「単なる知識としての援助技術」ではなく，現実適応可能な技術としての学習が要請されます。

本書は，このような状況をふまえ「社会福祉援助技術論」の理論編として次のような意図をもって企画しました。
① 専門職と専門援助技術との関係について理解を深める。
② 社会福祉援助活動における専門援助技術の歴史や体系について理解する。
③ 社会福祉援助の思想や倫理について理解を深める。

さらに，編者一同，本書が研究・教育・実践の向上やわが国における社会

　　　　　　　　　　　　　　　　　　　　　　　はじめに

福祉援助理論の深化に役立つことができればと願っております。

　2003年3月

　　　　　　　　　　　　　　　　　　　　編者　星野政明ほか

# 目　次

はじめに――社会福祉援助技術とは　1

## 第Ⅰ部　社会福祉実践と専門援助技術　9

### 第1章　現代社会と社会福祉援助技術　11

1　経済主義の時代の継続　12
2　「功利主義」傾向からの離脱　15
3　人間における「潜在能力の平等」　16
4　社会福祉援助技術の価値基準　18
5　現代社会と援助技術　20

### 第2章　社会福祉実践とニーズ　23

1　ニーズの源泉　24
2　ニーズ理解の課題　27
3　ニーズ充足の課題　31

### 第3章　社会福祉実践の専門化　35

1　社会福祉援助の専門化とその必要性　36
　(1)　社会福祉援助とは　36
　(2)　社会福祉実践における専門化の必要性　39
2　社会福祉援助の専門化の道程　42
3　専門的福祉実践の構成要素――価値，知識，スキル――　53
　(1)　構成要素としての価値　53
　(2)　構成要素としての知識　56

(3) 福祉実践専門職の中核的なスキル　60
　4　ソーシャルワークと倫理　63

## 第4章　社会福祉実践の専門職　……………………………………　65

　1　専門職とは何か　66
　2　社会福祉基礎構造改革と専門職　69
　　(1) 社会福祉基礎構造改革　69
　　(2) 社会福祉基礎構造改革から見た専門職の役割　70
　3　ソーシャルワーカーとは何か　72
　　(1) 専門職としてのソーシャルワーカーの発祥　72
　　(2) ソーシャルワークにおける専門的援助技術の開発　73
　　(3) 米国におけるソーシャルワーカーの状況　74
　　(4) 日本におけるソーシャルワーカーの状況と今後の課題　75
　4　専門職としての知識，技術及び感性の研鑽　76
　5　社会福祉実践に関わるさまざまな専門職　78
　　(1) 社会福祉実践に関わる専門職種　78
　　(2) 関連する専門職間の連携　78

# 第Ⅱ部　社会福祉援助技術の体系及び内容　81

## 第5章　社会福祉援助技術の共通概念　……………………………　83

　1　社会福祉援助の構造　84
　2　援助の目的とその原理　88
　3　利用者　92
　　(1) クライエントから利用者へ　92
　　(2) 利用者主権　93
　4　援助者　96
　　(1) 専門職　96

(2) 専門倫理　97
　　(3) 専門的自己覚知　97
　5　援助関係　100
　　(1) 援助関係とは　100
　　(2) 援助関係の形成　101
　　(3) 援助関係と援助者の自己理解　102
　6　援助過程　103
　7　援助のスキル　106
　8　社会資源　110
　9　援助者の役割機能　113
　10　実践評価　118

## 第6章　社会福祉援助技術の体系とその内容　121

　1　直接援助技術と間接援助技術の概要　122
　　(1) 直接援助技術　122
　　(2) 間接援助技術　122
　　(3) 関連援助技術　123
　2　直接援助技術の内容　124
　　(1) 個別援助技術（ソーシャル・ケースワーク）　124
　　(2) 集団援助技術（ソーシャル・グループワーク）　135
　3　間接援助技術　144
　　(1) 地域援助技術（コミュニティワーク）　144
　　(2) 社会福祉調査法　151
　　(3) 社会福祉運営管理法（ソーシャル・ウェルフェア・アドミニストレーション）　157
　　(4) 社会福祉計画法（ソーシャル・ウェルフェア・プランニング）　161
　　(5) 社会福祉活動法（ソーシャル・ウェルフェア・アクション）　165
　4　エンパワメント　169
　5　ケアマネジメント　175

(1) ケアマネジメントとは　175
　　(2) ケアマネジメントの歴史　176
　　(3) ケアマネジャー　178
　　(4) ケアマネジメントの機能と過程　178
　　(5) ケアマネジメントの理念と視点　179
　6　スーパービジョン　181
　　(1) スーパービジョンとは　181
　　(2) スーパービジョンの目的や意義　182
　　(3) スーパービジョンの機能　182
　　(4) スーパービジョンの構造　184
　　(5) スーパービジョンの方法　184
　7　その他の関連技術　187
　　(1) カウンセリング（counseling）　187
　　(2) コンサルテーション（consultation）　189
　　(3) コーディネート（coordinate）　190
　8　関連領域とその技術　191
　　(1) 介護　191
　　(2) 保育　195
　　(3) リハビリテーション　203
　　(4) 看護　209

## 第7章　社会福祉実践モデルと関連理論　215

　1　実践モデルと諸科学　216
　　(1) さまざまな社会福祉実践モデル　216
　　(2) 直接援助の実践モデル　219
　　(3) 間接援助の実践モデル　229
　　(4) 統合的援助のモデル　231
　2　心理学と実践理論　234
　　(1) 臨床分野の心理学　234

(2) 社会福祉実践モデルと心理学　236
　3　社会学と実践理論——役割論と社会システム論——　239
　4　生態学と実践理論　243

## 第8章　わが国における社会福祉援助の現在と将来　……………　247

　1　20世紀における展開　248
　　(1) 援助理論と実践　248
　　(2) マクロレベルの課題としての脱近代　250
　　(3) ミクロの実践の課題と脱施設化　253
　2　21世紀の援助課題　258

資料編　263
索引　278

# 第Ⅰ部

# 社会福祉実践 と 専門援助技術

# 第 1 章

# 現代社会と社会福祉援助技術

　社会福祉とりわけ利用者等に直接・間接に関わる社会福祉援助技術は，利用者等の生活問題状況に対して利用者の「潜在的可能性」「エンパワメント」を引き出すことに主眼がある。深刻で錯綜した生活問題を生み出す構造的要因に対して，社会福祉援助技術がどのような位置づけを持ち，役割を果たすべきか，そのためにその根底にどのような価値基準や思想を持つべきかを検討することが本章のねらいである。

# 1　経済主義の時代の継続

　近代は，「経済主義の時代」といわれた[注1]。この表現の中には，さまざまな意味が込められている。そこにはまず経済的拡大のための蓄積が第一と考えられ，拡大に次ぐ拡大（more and more）が企図され，とくにそのプロセスでは効率が求められるという含意がある。そのため各種の領域でトップダウン・コントロールのなしやすい官僚組織に代表される組織形態が求められ，さらには，効率に奉仕しうる人間像を有能とする基準で人を評価し，またそれに沿って人を育てていこうとする。ここには能力主義，効率主義が大手を振ってまかり通る。この基準に適合できない人々は，社会的に失格とされ，排除の論理で裁かれることになる。

　このような近代は，工業化社会という裏づけを得て，着実に社会の根底深くに経済主義を根付かせていく。こうして，近代先進国家群が成立していく。

　近代の延長線上にあるわれわれが生きる現代とは，どのように描かれうるのであろうか。それは，この近代と次なる脱近代とが交錯する中で，目標を失い佇んでいる姿として描かれる。それは次第に経済主義の限界，すなわち経済的拡大（成長の限界）に直面しながら，その方向性を根本的に軌道修正する価値基準を見出せないでいる姿そのものである。

　それではなぜ成長の限界が生じることになったのか。その原因と考えられる諸事を列記するならば，次のような状況を把握することができる。価値基準の多様化，高度の福祉の希求，資源的制約，環境上の限界，無駄の制度化への反省，少子高齢化の進展，これに追い討ちをかけるようにこれまでの途上国が，低賃金等を武器にその経済構造を拡大さらには高度化させてきており，これにより経済先進諸国においては，追い上げてきた国への産業流出が生じている。成長どころか現状をくい止めることを困難とする事態の継続がここにある[注2]。

　こうした状況下，情報化という追い風はあるとしても，かつてのような高

度経済成長どころか成長さえも覚束ない状況に立ち至っている現況である。にもかかわらず，経済構造そのものは，かつての成長経済によってしか成り立ちえない形態のままである。また成長していく経済の下でしか維持されえない福祉をはじめとした社会の各構造がいまだ存続している。

現代社会の経済主義は，上記のような捻じ曲げられた失速状況のそれである。また捻じ曲げられた経済主義は，人間存在に対し多くの危機をもたらしている。高度経済成長期に存在した目標の明確化もなく，目標に位置付けられた躍動的行動も沈滞した中で，家庭，職場，学校，地域社会等では，人間のミーイズム（自己主義）的行動が，それぞれの次元の社会を蝕み始めている。さらには，自利性をのみ求め自己中心的にそのための行動が繰り広げられる。しかもその自己たるや，自己を取り巻く世界に金縛りになり自由に自己の可能性に向かおうとする調整機能が働かなくなった人間行動として表面化する。それは，時として，自己の本来的な存在性を遮断する（動物的本能によるとも見える）いじめ，暴力，虐待等々といった表出形態をとり，陰湿さの度合いを深めている。

さて，このように描き出すことのできる現代社会と人間の状況から，そのひとりの「人間」にとって真にあるべき「存在」を救い出すという役割が，広義の社会福祉における大きな課題である。

しかし上述してきたように，人間存在全体が，捻じ曲げられた社会経済現象の中で，大きくかつ深刻な問題状況の中に置かれている。ここでは広義の社会福祉が一定社会の構成員の福祉全体に対応し，狭義の社会福祉がより深刻な生活問題を抱える人に対応するという区分はもはや通用しなくなってくる。社会福祉を高齢者，障害者，児童，寡婦・母子という範疇だけの問題としておくことはできなくなってきている。生活問題の深刻さの度合いの測定が，近年の問題状況のいずれをとっても困難であり，社会福祉の区分けをすること自体が問題をはらむという現代であるからである。精神障害者に関連する諸事件，児童虐待，家庭内暴力等いずれも予防までを視野に入れると従来の社会福祉の範疇で扱うことは困難であり，人間存在そのものへの視点を持って対応することを不可欠とせざるをえないのである。たとえ，高齢者や，

障害者の問題を重視したとしても，それが区分けした理解に基づくものであったのでは，問題の本質，さらには問題への真の解決対応には結びつかない。

それではどのように問題把握をなし，またどのような問題対応のあり方に立脚すべきであるのだろうか。それは現代の福祉問題とそれへの対応であることを認識するところから出発すべきであろう。　　　　　　（牛津信忠）

注
1)　ここでは，ハイマン (Heimann, E.) 流に経済的な「拡張」とそのための「効率と剰余の独占的使用」のシステムとして近代の体制を捉えている。ハイマンの体制観については，野間俊威『経済体制論序説』有斐閣，1968年，及び牛津信忠「社会政策と社会経済体制――E. ハイマンの社会政策論の再構成を目指して――」『長崎外語論叢23号』1980年参照。
2)　牛津信忠共著『社会福祉ノート』筒井書房，1982年，40頁。

# 2　「功利主義」傾向からの離脱

　現在的視点に基づき，福祉動向を検分するとき，経済主義の福祉内浸透に気づかされる。その構造の多様化と拡大及び福祉普遍化（ないし一般化）がいわれる中ではあるが，その動向は，ともすれば「功利主義」的傾向（より一般的に「何事かを為すにあたり利益や社会的生産性ないし効果を第一義的に考えるあり方」としておく）が潮流となり流れ始めているのである。

　われわれは，この「功利主義」という言葉をセン（Sen, A.）に依拠しつつも，上記の意味の範囲で「分配のあり方を考慮しないで効用の統計値を最大化する」政策ないし財・用役に対する基本的態度と理解しておく。すなわち，そこでは分配による平等化への努力を切り離して，効用数値を最大にしようとする公的態度が政策の基本として定立されている[注1]。

　2000年4月1日より実施された公的介護保険も，今後の展開はあろうが，上記の功利主義的態度を基本的には持っている。それもさることながら，今後，構造上の多様化が進む中においては，またそれに発する効用の高度化を求め，その最大値が目指され続けることが予想され，そうした功利的事態の拡大の中では，堅固な理念，さらに，具体化された明確なある種の強制力を保持した基準（価値基準）の設定が不可欠となる。　　　　　　　　（牛津信忠）

注
1)　A. セン，大庭健・川本隆史訳『合理的な愚か者』勁草書房，1989年，227-8及び235頁。

## 3 人間における「潜在能力の平等」

　経済学者で倫理学者でもあるセンは「潜在能力平等（equality of capabilities）」説として社会福祉の世界とも密接に関わる価値基準の議論を展開する。次の引用は，この議論の内実をきわめてよく表現している。
　「私は，価値ある行為をなしまた価値ある存在の状態に到達できる人の能力という見地から福祉（Well-being）や利益（advantage）へ接近する方途を採用する。それは，一人の人が達成できるさまざまな機能，つまり人がなすことができ，また在ることができる二者択一的な選択肢の組み合わせを表現している。そのような能力的可能性（潜在能力）に視点を置いた接近とは，生活の一部としてのさまざまな価値ある機能を作動させる現実的な能力という見地から人にもたらされる利益を評価するということにほかならない[注1]。」
　この福祉理解に従うと，一定の功利主義的把握による効用とは全く異なる福祉の内実把握が可能となる。それは達成される何か，提供される何かという量的な内容ではなく，多様な選択肢の中からそれを選び，それを達成ないし実現していこうとするその人の内なる能力を目覚めさせていくことが福祉の保障であるという考え方にわれわれを導いてくれる。その潜在能力の発揮の保障ということに視点を置いた働きかけこそが，その人の個性的な「存在の基底」からの福祉の実現につながっていくと考える。センはこの方向づけの重要性を強調しながらも，すべての人間行動や施策がここに結集するものではないとしているが，われわれはこのセンによる「福祉基準」＝「潜在能力」仮説に依拠しつつ，技術論上の原則的な立場をわれわれの価値前提として明示しておく。そこには，人間における「潜在能力の平等」（ここで，それを人それぞれの内在能力に平等な価値を認め，それゆえにその人なりの存在の内側からの能力の発揚を必要に応じて相互に支え合っていくことに価値を置く価値態度と理解しておく）という思想が底流において存在していることにわれわれは気づかねばならない。それは客観視することの難しい仮説であるが，

人すべての「人権」ないし「存在価値の平等」と同様に，動かすことのできない人間社会の根底理念である。その「潜在能力の平等」という視座（価値態度）より緻密に思考を展開し，「生きる人間の福祉」という方向をたどるときに，いわゆる「福祉」的展開が始まり，人の可能性の「表出」ないし「機能化」を保障しようとするあり方が現実味を帯びることになる。

　人は何らかの枠付けの中で育ち，それは成長のプロセスで二重三重に人を縛り，社会的といわれる方向性へと誘ってくれるものの，その道をたどることは自己の存在そのもの，あるいは存在の開花とは程遠くなる歩みとなることが多い。とくに生活問題という重圧は，その原因となる障害や高齢化等という原因のために人間を硬い殻の枠内に閉鎖的に位置付けてしまうことがあまりに多い。生活問題を抱える人間存在をはじめとしてすべての人間存在を，「本来の存在そのもの」の中に帰還させる。それはハイディッガー流の表現を用いると「存在の明るみ」という生の場であるといえるだろう。われわれは，その道をたどる方途として上述した「潜在能力平等」という視座を堅固に据え，その人の持てる可能性の発揮への働きかけを保障し，それを通じてその発揮そのものの保障へと近接しようとする。それは人としての生に内側からその人自身が関わっていく方向に沿った歩みへのさまざまな形をとった共に生きる人同士の協働行動となる。そこに，その人の存在が開花の糸口を得る真のエンパワメント（empowerment）が脈打つのである。

　そのための制度・政策，援助の技術等が福祉の名のもとに幅広く考えられねばならないのである。
　　　　　　　　　　　　　　　　　　　　　　　　　　　（牛津信忠）

注
1) Nussban, M., & Sen, A. (ed.), "The Quality of Life", Oxford, 1993, p. 30.

## 4 社会福祉援助技術の価値基準

　ところで，社会福祉は地域福祉段階を迎えてきており，そこではパートナーとしての地域住民・団体・福祉専門職が，広義の福祉をともに創造的に形作ろうとするならば，前述したセンの提示する価値基準はきわめて示唆的であり，パートナーそれぞれが活動，施策，政策，各種援助技術の実践基軸としての有意味性を持つ。

　とくに，援助技術の領域で社会福祉を吟味するならば，その中に人間の「潜在能力の平等」を見つめ，その可能性を擁護していこうとするあり方が不可欠である。なぜなら，社会福祉援助技術とは，「人間の存在価値」の平等，強いていえば「生命の価値」の平等に基礎づけられ，人間らしい生活，すなわち，人たるに値するニーズ充足的な自立した生活を目指すものであり，そのためには，人がその存在に内在する可能性（ないし価値）を内発的に発揮していける条件の設定を不可欠とするからである。この人間の「潜在能力平等」アプローチとそれを実現する基盤となる「自由の形成」「形成プロセス」（すべての人が持てる能力の実現へと歩みうる条件の設定）にこそ社会福祉の本質があるといえる。人間に密着する援助技術においては，この本質に関わり，その（条件の）密度を増すことによってその技術の精度が鍛えられていくといえる。

　ところで，社会福祉援助技術には，後述されているように，1）直接援助技術，2）間接援助技術，3）関連援助技術があるが，この社会福祉上の諸技術の意義を秋山智久は次の6点に要約している。まず社会福祉技術は，生活主体としての社会福祉利用者の生活問題状況に充足・調整，治療，社会的機能の強化などの効果をもたらす。近年の状況を顧みて，これに加えて「ADLの強化を図り，本人の身体的・精神的自立を目指す」ことをも重視している。2番目に，科学技術として，サービスの「水準と質の向上をもたら」すとともにさらに「より高い向上」を追求していく。3番目に，「科学的法則性」の

適用により,「社会福祉利用者へのサービスの民主的公平さを保証する」。4番目に,社会福祉技術は,「組織の民主的・合理的な運営を必然的に要求する」ゆえに,「社会福祉施設・機関の運営の民主化と近代化を図る」要素を内包している。5番目に,社会福祉従事者の「建設的批判」により「社会福祉行政・制度を変革」し,またそれによって「生活主体の権利と生活を擁護」する。最後に,技術の根底にある「価値観・人間観に」より,「選別,差別,人間の非人間化を推進していく人間観に対する挑戦」を行う[注1]。

　この意義の現実化ないし実現の中に社会福祉技術の機能の実質が発揮されていくと理解することができるが,とくに生活問題ないしニーズの充足・調整,治療,社会的機能強化,より高いサービス水準へのステップアップ,サービスにおける民主的公平さの保証,組織の民主的合理的運営,制度的変革,絶えざる人間観への挑戦というように各種社会福祉技術の機能は要約できる。既述の議論の流れに沿っていうならば,この諸機能の実質性が「潜在能力アプローチ」にいう基準値に従い体系的に調整されていくことが求められる。あえていえば,それぞれが,人間の潜在的可能性を引き出し,その人の存在そのものを開花させる方向性を目指して機能していくように試行錯誤を繰り返すことが求められる。いうまでもなく,こうした技術的態度ないし対応は,政策・制度の大枠にも大きく規定されて存立するのであるから,援助技術の役割遂行を左右する純度の高い上記価値基準による体系的調整は,その実践の積み重ねの中で,政策・制度にも大きな影響を与えていく。さらには,その基準値が,理念化することにより,政策・制度に基底的な影響を与えることが期待される。これは理念としての福祉思想の政治・経済・社会内浸透,すなわち福祉思想の文化化（ないし福祉文化化）によって可能となっていく。

（牛津信忠）

注
1)　秋山智久『社会福祉実践論』ミネルヴァ書房,2000年,43-44頁。

## 5　現代社会と援助技術

　人間への視点とその価値が見失われている現代社会において，前述の価値基準に基づく社会福祉の援助技術は，社会の根幹を救い出し，社会の軌道修正をしていくという意味さえ持つことができる。
　確かに援助技術は専門職によって行使され，福祉実践の要としての意味を持つ。それは広い社会福祉の領域において限定的に用いられる専門技術であると見える。しかし，その技術が駆使される社会福祉領域には，社会の生活諸問題が凝縮されているゆえに，そこにおける問題を解きほぐし，その解決策を探る実践を続けていくならば，その具体的行為の連続は，社会的諸領域の問題発生因子にメスを入れずして終わることはない。それは生活のさまざまな領域に発し，生活構造の確立を妨げている諸問題からそれと関連する経済・社会・政治等の要因にまで分析は及ぶことになる。その把握された構造的因子は，構造上の改革を求めると同時に，社会福祉実践のプロセスにおける援助技術のあり方に影響を与えることが期待される。
　ここで，かつての政策論，運動論で援助技術に投げかけられた疑念に対応する構造上の変革が，この上述構造因子への変革的対応であるということを顧慮しておかねばならない。それは，問題が発生するゆえに，問題が発生しない，あるいは発生しにくい状況を作るという方向への改革路線の実行を意味していた。その実行の途上においては，やはり行動基準がさまざまな形で作用していく。それは，政策・運動の次元であるがゆえに，政治的駆け引き基準である場合もあろうし，前述経済主義に偏るものである場合，さらには権力を掌握した個々の集団・個人の利害，あるいはまた官僚の自己保存のためという基準である場合もあろう。こうして，構造要因を問う段階に達した途端に，政策次元の決定過程の泥沼に陥ってしまうのである。現在のような基準の設定しがたい状況下においては，とくにこのような弊害多い状況の錯綜の中に陥る度合いが高いといえよう。

第1章　現代社会と社会福祉援助技術

　それゆえにこそ，われわれは，価値基準として明示し前述した「潜在能力平等仮説」にいう「人の潜在的可能性を引き出すことに価値を置く」ことと，そのようなあり方の実現の高度化に沿って政策・運動における行動基準，援助技術上の価値基準を設定していくことを重要視すべきことを提示する。なぜならそこには，「人」の「本来の生」＝「存在」そのものへの道を許容するさまざまな保障施策とまた援助のあり方，さらには援助技術を駆使する方向性への示唆が実践舞台への跳躍を待つからである。それは，一元化されることのない多元的な直接援助技術の諸形態，間接援助技術の諸形態，さらには関連技術の諸形態，またさらには政治・政策また人間を忘却することのない運動の諸形態を生み出す基底価値の設定を意味している。

　現代社会はかつての経済主義の残像を残しながら，価値の混沌の中で浮遊するという状態を免れえない。そうした現在であればこそ，すべての人間に共通で多元的な接近をも可能とする基準価値が求められるのである。社会福祉援助技術の価値構造から福祉政策・運動レベルまで一貫した価値，しかもそのような基準値設定と価値実現への努力は，社会福祉援助技術の洗練とともに，プロセスにおける一端一端で，現代が内在させる問題構造にも解決への道を示すことができるであろう。われわれは，上述のように，人間それぞれにおける潜在的可能性の存在とそれを発揮できる力をもたらすことの意義を価値基準とし，一人ひとりの問題を抱える個人及びその予防を必要とするすべての人への接近を図ろうとする。その実践の中から基準に照らした現在の技術的限界と可能性の発見，及び限界状況への対応と可能性へ向かう支援のための制度，施策，活動が編み上げられていく。そのような道に立つことは，功利主義に彩られた現代社会に改善への希望と方途を与えてくれる。この道は，経済主義をベースに組み立てられた経済社会システムを，福祉をベースにしたシステムへと組替えることを求める。これは，福祉文化を内包する「文化経済（物の生産や一般サービスの生産を土台とする社会ではなく，生活の質的向上をもたらす文化の生産を社会の基本軸とする経済のあり方）」を経済社会の基軸にした段階において実現可能性を高めていく。　（牛津信忠）

# 第 2 章

# 社会福祉実践とニーズ

　ニーズとは何かを定義することは難しいことである。しかし，援助の出発点では，まずこのニーズが明確であることが求められるし，利用者の状況によってニーズもまた変化することを踏まえれば，時宜を得てこれを的確に捉えていく援助も不可欠である。ニーズを充足するとは，サービス供給の側からの理論ではなく，受給する側（利用者）からの主体的な判断や選択こそが根拠にならなければならない。本章では，ニーズが成り立つ論理や根拠について言及している。

# 1　ニーズの源泉

　いうまでもなく，社会福祉実践のねらいはニーズの充足にある。ニーズがあるがゆえに福祉サービスを利用する。サービスを利用することによって利用者はニーズを充足し，市民的な権利と生活を回復ないし継続することができる。社会福祉実践がこの保障あるいは可能性を用意できるかどうかがサービスの効果と信頼の裏付けである。

　従来の最も典型的な社会福祉実践とニーズの関係は，以上のような文脈で語られる。実践がねらいとするニーズとは，社会福祉の要援護性，要援助性と言い換えることができよう。ひとは限られた人生において，さまざまな生活の諸課題に直面する。諸課題のほとんどは，自助もしくは家族等の互助によって解決されるかもしれない。あるいは子どもの「反抗期」などのように時間の経過とともに課題の内容や意味が変わっていくこともある。

　人生の岐路に立って自己の来し方・過ごし方を顧みることもある。昨日までの安定した生活が今日の失業によって一気に変容する。子どもの教育費，住宅ローン，老後の蓄えなど，生活設計は大きく描き直されて，明日の生活不安を助長していく。自己責任か，不可抗力かはともかくとして，経済不況が一つの家族を崩壊させていくことは想像に難くない。

　多くの場合，貧しさと病は重なり合い，貧しさゆえに心身を酷使して徐々に病を引き寄せる。病のために働く機会を失い，意欲はあっても身体が動かない。収入が細くなれば健康を維持するだけの栄養も薬も不足し始める。貧しさと不健康との悪循環が始まり，生活は大きく崩れていく。

　老いのドラマはどうであろうか。定年を迎えて，人生の設計は年金が中心となる。子どもたちは自立し，夫婦だけの生活が始まるが，要介護期あるいは配偶者喪失期が訪れると，そこには予期していても体験を超えた事態が起こる。ストレス，不眠，哀しみ，孤独など，安心の老後が介護不安によって一変する。どれほどに疲れても介護することを止めることはない。食事から

## 第2章　社会福祉実践とニーズ

排泄，入浴など，介護の一コマ一コマに介護疲労が溜まり焦燥を深めていくのである。

　人生は大きなリスクに満ちている。心身は生身であり，傷つきやすく，またその状態像は変わりやすい。老いや病，障害にともなって生活はいろいろな制約を受ける。室内の段差が自立を妨げる。外出時の歩きにくさが外出をためらわせる。地域社会には理解や協働がある反面で，厳然と偏見や差別もあり，生活のしづらさをさらに深くするだろう。家族もまた不安定である。子どもたちの問題行動のみならず，親たちの失業や過労死，離婚や不和など，家庭崩壊の契機は意外に身近に潜んでいる。貧しさと隣り合わせにギリギリの生活が続けられることも少なくない。

　そうした生活現実は，日常的意識としては「わが身の問題」になって初めて事態の深刻さを知るといってよい。その多くは自助あるいは互助のレベルで対応できているのかもしれない。しかし，明日の生活設計に見通しがない中で自助努力を続けていくことは不可能であり，何らかの社会的支援を求めざるをえないこともこの社会の常である。

　いのちと生活のセーフティネットとして，福祉，医療や保健がそうした状況や問題に対して，どこまで対応できるか，あるいは対応すべきかどうかが問われている。たとえば疾病に対して医療サービスがある。介護に対して介護サービスがある。そうした一つひとつの現象に対する対症療法は，とりあえず可能としても，複雑に錯綜した問題の糸をほどいて生活を回復することはそれほどに容易なことではない。

　福祉や医療がことのほか専門性を求められるゆえんでもある。住民の心身の状態像から家族，地域の課題に至るまで，たとえば施設や病院において集中的にケアする必要もある。あるいは当事者の暮らしの場において全体的にマネジメントする必要もある。あるいは地域住民の共通課題として地域の組織化等を行う必要もある。

　地域に張り巡らされた福祉・医療・保健のセーフティネットを通して，住民の生活課題を支え，対応していくシステムがある。このシステムがどのようなパラダイムを通して住民の生活と権利を保障していこうとしているのか。

そこにニーズ理解とニーズ充足に関するポイントがあるといえよう。

(増田樹郎)

## 2　ニーズ理解の課題

　ニーズとは何かを定義することは，意外に難しい。前述のように，潜在的か顕在的かの相違はあるとしても，諸個人のうえにも，家庭や地域の中にもさまざまな生活諸課題がある。しかし，それが直ちに社会福祉ニーズつまり「援助の必要性」であると規定されるわけではない。

　ニーズとは，一定の「ニーズ評価（needs assessment）」を経て初めて「ニーズ」として確定することができるという学説が一般的である。すなわち，サービス供給の視点から，ニーズを発見し，測定し，評価するという過程を通して，ニーズの充足を迅速かつ的確に行うという考え方である。他方，サービス需要の視点から，ニーズ保持者がそのニーズに関して意識（自覚）的か否か，あるいは社会意識のうえで明示的か否かで，潜在的ニーズ，顕在的ニーズと分類する視点もある。潜在的ニーズが欲求（wants）として意識化されたり，社会意識上の要望（demands）として捉えられたとき，顕在的ニーズつまり社会福祉サービスに繋がるニーズとして対象化されるのである。

　ただし，現在でもなおそうした学説が確かなコンセンサスを得ているわけではない。その理由の一つは，ニーズ以前にあるニーズを持つ「利用者」像が明確になっているわけではないからだ。ニーズを発見する過程は，すでにニーズとして括り取られた利用者が目前に存在していることを前提にしており，この吟味なしには主権としての市民はあくまでもニーズの対象でしかない。二つには，欲求（wants），要望（demands），ニーズ（needs）を区別する基準がきわめて恣意的に用いられているということだ。前二者は主観的あるいは個人的なレベルとして受けとめられる可能性があり，その意味ではニーズを測るための基準や判定の正当性や根拠が問われなければならない。三つには，ニーズを分類概念として取り扱うことで，きわめて操作的・規範的にそれが使用されていることだ。社会福祉サービスが政策課題であるかぎり，そこに分離分類のための判断が，ときに政策的意図の下に行われることは否

定できない。きわめて相対的であり，恣意的であることを免れることはできない。

たとえば，ティトマス (Titmuss, R. M.) の言辞では，「ニードとは社会的かつ個人的なもの，すなわち各部分と全体とがともに存続するために必要欠くべからざるもの[注1]」と定義されているが，そこでは「社会的に認識されたニーズ」を満たすための社会福祉サービスという関係が明示されている。つまり，ニーズを捉えたとしても，個人あるいは社会との関係において，限られた社会資源の範囲内で，何をどのように優先して満たすべきかという「選択」の問題が浮上してくるのである。すでにこの次元で，ニーズは記述的な概念ではなく，規範的な意味合いを持った政治的な概念として論じられている。

通常，頻繁に引用されるニーズ概念は，マズロー (Maslow, A. H.) の欲求段階説であろう。基本的欲求（欠乏欲求）から成長欲求（存在価値）への5段階つまり生理的欲求，安全の欲求，親和の欲求，自我の欲求，自己実現の欲求である。生存のための環境に始まり，成長・発達していくための価値，そして幸福（真・善・美）な生き方のための目標など，それぞれの段階における諸条件が欲求として概念化されている。個人レベルの段階説として説得力を持つマズローの学説は，自己実現への過程を明らかにするが，何らかの原因でこの段階を外れた場合，それがどのように欲求を超えてニーズとして成立するかということには触れていない。

他方，基本的権利として具現化しているニーズもある。すなわち，生存（食料と水），住居，労働，環境，教育，安全など，その社会の基本的なニーズとして確立している諸概念である。近代以降の普遍的な権利であるが，これもまた法（秩序）との関係において，その内実が法―権利との二重関係つまり秩序と権利保障との間で具体的な利害調整の結果であるとすれば，ある意味では操作的な概念であるということができよう。

とすれば，ニーズとは，目的概念であるよりも状況を背景とした操作概念あるいはサービス基準であるというべきであろうか。たとえば，需要と供給の関係において，欲求・要望とサービスとの関係において，さらには権利と

## 第2章 社会福祉実践とニーズ

法秩序との関係において，ときに優先順位が与えられ，ときに取捨選択される概念であるといえるのだろうか。

　セン (Sen, A.) の学説を参考にしよう[注2]。彼はニーズ（必要）の解釈において，財貨（たとえば富裕）に焦点をあてる立場と効用（たとえば快楽ないし欲望充足）に焦点をあてる立場にまず分ける。前者（財）はたとえば障害者が自転車を移動手段として利用できないとすれば，移動というニーズを，自転車の有無を超えた財の持つ意義つまり手段としての財には個人間に大きな差異があることを指摘し，それを「物心崇拝」として退ける。

　後者（効用）は，同じ所得であっても，障害者と非障害者では，その所得の効用に格差があり，障害ゆえにより高い効用に変換できないとすれば，障害者は健常者に比べて非効用的であることを免れることはできないという福祉論 [厚生主義 (Welfarism)] があることを指摘し，それを「主観的な評価」であるとして退ける。

　両者を退けたのち，ひとがある基本的なことがらをなしうることとして「潜在能力」という概念を彼は導入する。まず「機能」の客観的な特徴である「ひとが達成する生活水準」すなわち福祉として「充足されるニーズ」がある。これに対して，その水準において，どんな状態を選択することができたかという「潜在能力」の問題がある。すなわち，「ひとがそこから選択を行いうる機能の組み合わせ（機能の選択肢集合）」であり，それは「ひとが福祉を実現する自由度（福祉的自由）」であると捉えている。

　センは，福祉とは「機能」であるか「自由」であるかと問いかけている。機能の組み合わせを選択するために，評価作業を通して機能の価値を洗練させ，それを可能にする潜在能力をどのように展開していくのか。興味は尽きることはない。

　ただ，ここで確認すべきことは，客観性や普遍性の観点からニーズを捉えるならば，実際的にそれは当事者（サービス利用者）よりも，専門職による判断すなわちパターナリズムに陥る危険性を免れることはできないということであり，それゆえにセンの「潜在能力アプローチ」に内在している行為主体としての利用者像（利用者主権）にニーズ論の支点を置くことは，重要な

発想の転換点であるということができよう。　　　　　　　　（増田樹郎）

　**注**
1)　R.M. ティトマス，谷昌恒訳『福祉国家の理想と現実』東京大学出版会，1967年，30頁。
2)　A. セン，鈴木興太郎訳『福祉の経済学―財と潜在能力―』岩波書店，1988年，4-6頁。

## 3 ニーズ充足の課題

　ニーズ充足とは，基本的にサービス利用（あるいはサービス提供）を前提に語られる。その場合，通常は前述のニーズ評価を前提に，一定の過程を経てニーズが確定され，サービスが提供されていくことになる。その過程をまとめれば，まず①ニーズを評価（把握）する，②ニーズに合わせてサービスを設計（パッケージ）する，③サービス調整を通してニーズに的確なサービスの供給を確保する，④サービスの質と費用対効果を確認する，⑤ニーズが充足されたかどうかを評価する，となる。

　しかし，この過程においては，「評価する主体」の課題つまり評価の根拠（Evidence Based Care）は何かという重要なポイントがまだ明確になってはいない。すなわち，ニーズを評価（アセスメント）するための方法や基準が問われているのである。

　介護サービスを例に挙げよう。介護保険では，その利用申請（顕在的ニーズの提示：申請者の主訴）からサービスが始まる。次いで認定審査を受けることでサービスの受給資格及びサービスの範囲を決定する（ニーズの設定）。ケアプラン作成のためのアセスメントを行う（潜在的ニーズの発見）。ニーズに対応するサービスの量・種別・内容を吟味する（ケアチェック）。そして利用者・家族等に対する説明を行い同意を求める（ニーズの確定）。

　以上が「ニーズの課題」を明確化する過程である。この過程において浮き彫りになったニーズは，次の段階で「サービスの課題」として検討されるが，その主要な課題は選定されたサービスが的確にニーズを充足することができるかどうかである。

　そのための情報源であるアセスメントとは，利用者個人の生活の全体像を理解するための技法であるが，前述の潜在能力アプローチの視点からすれば，各個人の能力，価値観や生活習慣などを反映するための機能をどのように評価するかということである。すなわち，同じサービスを提供したとしても，

個人の「生き方」や「くらし方」においては同じではなく，それゆえにサービスの効果を通して，期待される機能を実現していくための指標をどのように設定するかが問われているのである。

しかし，アセスメントで用意された項目つまり個人の心身の状態像，生活歴や家族歴などを客観的な情報として分析していくことからは，個人の「生き方」等という指標を捉えることは至難であろう。なぜならば，その情報は，第一義的にはサービスを提供する専門職や機関の関心事であり，第二には客観的で普遍的なニーズに繋げていくための情報であり，そして限られたサービス資源の適正配分のための情報であるからだ。個人のニーズは満足感や安心感を通して受けとめる結果でしかないのである。

その意味では，ニーズ充足の実践的な課題は，ある面ではエンパワメントという視点と無縁ではない。いわゆる「ストレングス視点(strengths perspective)」からいえば，利用者のニーズをサービス提供者が設定して充足していくというよりも，利用者自らがニーズを見つけ，認識し，決定していく視点こそが利用者の評価つまり個別ゴールに対する達成感や満足感を満たすことができるといえよう。

たとえば「サービス評価」という課題から考察してみよう。従来，評価のガイドラインはあくまでもサービス提供者（事業者）にあり，利用者は対象でしかなく，利用者評価は「利用者に満足してもらう」という努力目標でしかなかった。しかも，評価は詳細なチェック項目を作り，利用者の問題（トリガー）を発見するという査定としての意義でしかなかった。

しかし，サービスの質の評価が「構造（サービス・システム）」「過程（サービス提供過程）」「結果（サービス結果）」という三層構造から成り立つ[注1]とすれば，とくに結果において利用者の達成感や満足感が得られなければ，前二者のどこかに構造上の欠陥や過程上の齟齬が生じていることになる。

他方，事業者評価（自己評価）は，第三者評価によって客観化されることで「自己満足」や「思い上がり」を回避することができるが，社会福祉サービスでは，利用者が評価に参加することで，そのエンパワメントを高めていくことでしか本来のニーズ充足を達成することはできないというべきであろ

う。

　3つの評価が総合的に組み合うことで，サービスにおける全体的な質のマネジメントが可能となる。その軸となるのは，あくまでも利用者主権(sovereignty)であるが，ただしサービス過程においてはその利用者と提供者の間でいかに対等な関係が形成されていくかということであり，ニーズとはその関係において「評価する主体」が絶えずクロスしながら捉えられていくものであろう。そして，ニーズ充足とは，「望ましい結果の向上(performance improvement)」をその関係において達成していくことにほかならないのである。

(増田樹郎)

**注**
1) A.ドナベディアン，勝原裕美子訳「看護ケアの質評価における課題」『看護の「質評価」をめぐる基礎知識』日本看護協会出版会，1996年，123頁。

**参考文献**
1) 三浦文夫『増補改訂 社会福祉政策研究』全国社会福祉協議会，1995年。
2) M.ペイン，日本社会福祉士会監修，杉本敏夫・清水隆則監訳『地域福祉とケアマネジメント―ソーシャルワーカーの新しい役割―』筒井書房，1998年。
3) D.チャリス，B.デイヴィス，窪田暁子・谷口政隆・田端光美訳『地域ケアにおけるケースマネジメント』光生館，1991年。

# 第 3 章

# 社会福祉実践の専門化

　近年，社会福祉ニーズの多様化・高度化に対応した社会福祉実践の専門化の必要性が叫ばれている。本章は，現代社会における社会福祉実践の専門化とその必要性を考察し，さらに専門化の過程（専門性の歴史）及び専門的福祉実践に必要不可欠な要素について言及している。本章の学習ポイントは，社会福祉実践の専門化の歴史を学び，現代社会が必要としている専門的福祉実践とは何かを把握することである。

# 1　社会福祉援助の専門化とその必要性

## (1)　社会福祉援助とは

　社会福祉援助とは，現在社会ではさまざまな形態があり，たとえば身近なボランティア活動からODAやNGOなどの国際的視野に立脚した援助活動までさまざまに存在している。そして，おおよそ社会福祉援助は，次のように3つの軸を設定して整理することができるであろう。

　まず，誰が援助を実行しているか，すなわち援助の主体である。この軸では，援助が公的機関なのか民間機関やボランティアによるのか，また個人なのか組織なのかという識別がなされる。次に，それは金銭や物による援助なのか，精神的な援助なのかという援助の形態・種類である。さらに3つ目の軸は，援助の理念つまり，それがどのような考え方に基づくものなのか，ということである（図3-1参照）。

　以下，このことについて2つの事例によって見てみよう。

---

**事例1**

　一つの事例は，高齢者の見守り活動である。H市は，戦後の第二次産業を支えた工業都市で，今もその面影を色濃く残している。住民は，新住民と旧住民に峻別されるが，住民のほとんどの者がH工場の労働者であるため，表面だっては問題が起きないまま現在に至っている。市内のある地区は，高齢化が目立っており，日頃から一人暮らしの老人については表面には出ないが，住民の心の底に引っかかっている問題であった。住民の一人であるS氏が，「どうにか，独居老人のお世話ができないか」と，初めてこの問題を住民に投げかけた。このことがきっかけで，S氏を中心として「独居老人の見守り活動」が展開され始めた。

---

第3章　社会福祉実践の専門化

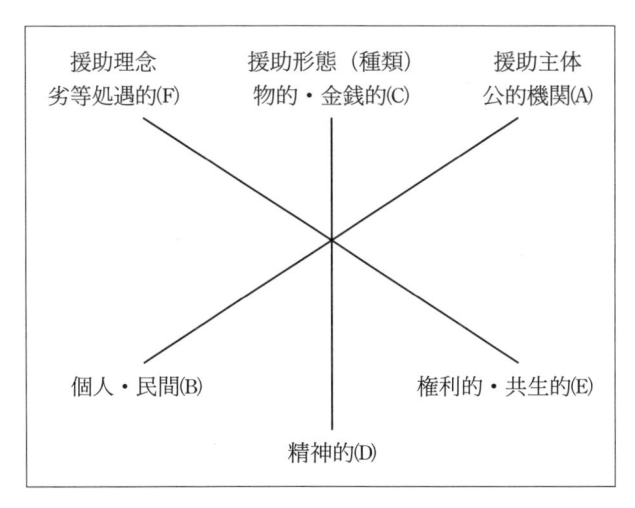

```
援助理念        援助形態（種類）    援助主体
劣等処遇的(F)    物的・金銭的(C)     公的機関(A)

個人・民間(B)                      権利的・共生的(E)
                精神的(D)
```

AB軸→近代社会事業も現代社会福祉事業においても，民間・個人及び公的機関による援助活動は存在する。しかし，先進国における援助は，歴史的にBからAへ推移したと考えられる（社会福祉の公的責任性の明確化）。

EF軸→FからEへの推移は，社会福祉対象認識の変化として把握できる。と同時に，援助対象者がどのような理念で遇されてきたかについての変化でもある。

CD軸→援助の形態（種類）は，物的援助か精神的援助に二分される。この他に，在宅か施設また近年には地域社会による援助というように別の軸も考えられる。さらに，制度による援助か制度以外（たとえば，善意）によるものか，といった軸も可能である。しかし，ここでは援助技術を念頭において物か心かの軸を想定した。その意味で，物的援助といった場合，現在の制度による施設や在宅支援を含む。また，精神的といった場合，古くは隣人としての精神的支えから現在のパーソナルサービスまでも含んでいる。

**図3-1　社会福祉援助活動**

　この「見守り活動」の特徴は，住民が自らの問題を意識化し，住民自身がが取り組み始めたところにある。現在では，こういった活動はありふれた事例であるが，その多くは社会福祉協議会（以下，社協）が主導して住民に働きかけ実行している例が多い。その意味では，この事例は全くの住民主導といっても過言ではない。S氏は，「最初，この活動を提起したときには，住民からそっぽを向かれるばかりか，石を投げられそうであった」と当時のことを振り返っている。住民が自らの問題として公的な援助を介在しないで取り組んだのである。

社協が，民間団体か公的組織かという議論があるが，社協は社会福祉法による公的機関で言葉の正しい意味で公的組織である。その意味でも，この事例を前述の図3-1で説明すると，実施主体の軸は住民で，援助形態（種類）は有形無形の心の援助が中心である。援助理念の軸は「共生思想」（共助）といえまいか。したがって，この事例はBDEに囲まれた空間に位置する実践である。

> **事例2**
> 　児童養護施設に入所した2人兄弟がいる。兄のTは，小学4年で妹のYは小学2年。兄妹の父親は行方不明で，母親が軽度の知的障害のため本児たちの養護環境を整えるために措置入所。本施設では，毎年夏休みになると，親がいる家庭については積極的に帰省させる方針をとっているため，TとYも帰省する。帰省したTとYは，最初は母親に甘えた生活を送るが，そのうち日常生活が乱れてくる。実は，母親がきちんとした生活習慣を身につけていないため，毎日の食事，掃除，洗濯という日常生活に支障をきたすのである。そのため，家庭に帰省した後，必ず体重が減って施設に戻るという事態を引き起こしていた。そこで，施設では，本児たちが帰省中に児童指導員を定期的に派遣し，母親も共に日常生活指導を行っている。

　事例2は，先の事例と比較すると，援助主体が児童養護施設という公的機関であり，援助形態（種類）が児童の措置を主とした金銭的物的援助と日常生活指導である点で大きく異なっている。さらに，援助理念は，憲法第25条に基づいた「生存権」（市民的権利）である。つまり，この家庭をそのまま放置しておくと，母親と子どもの双方ともが生存を脅かされる危険性を伴っているので，国が生存権を保障しようという構図である。図3-1に即していえば，事例1は前述のようにBDEに囲まれた空間のどこかに位置する援助であり，事例2はACE及びADEの空間に位置する。
　このように，現代社会における社会福祉援助は，図3-1のように3つの軸

で説明することができるが，同時にそれらはきわめて時代の思惑に左右された活動でもある。近代社会における援助活動と現代のそれは，FからEへの流れとして把握できるし，それと同時並行してBからAへの責任制が増大していくプロセスとして把握できる。

　私たちが，慈善事業，博愛事業，社会事業，社会福祉，ボランティアと呼称してきた活動は，8の空間（図3-1のA～Fで構成される8つの立体的空間）のいずれかに位置し，現代の社会福祉援助はABCDEが構成する4つの空間に位置している。また，社会福祉援助の専門化も，これらの空間に位置する実践活動における質的向上を目指す働きとして現在では不可欠の要素となっている。さらに，これまでの日本における社会福祉実践の特質は，ACDEによって形成される2つの場（これを公助という）へと凝縮してきた傾向（国家責任の追及）があり，現在ではBCDEの空間（共助や福祉の市場化）へと拡散してゆく傾向性が見られている。

## (2) 社会福祉実践における専門化の必要性

　現代社会は，わが国の『厚生労働白書』が指摘しているように，社会福祉ニーズが非常に高度で多様化した社会である。また，農業社会や工業社会を経て，高度情報社会であると形容されるように，「情報」が重要な意味を担う時代となった。さらには，グローバル化，ボーダレス化という語があてはまる境界線がなく密接かつ有機的に関連した世界となっていることも確認されている。このような時代や社会において，社会福祉実践に何が求められているのであろうか。また，社会福祉実践の原型はどのようなものであり，どのように変遷し現在に至っているのであろうか。

　そもそも人間が困窮している他者に対して何らかの手を差し延べる行為を「援助」というならば，その行為の起源を遡ることは容易ではない。また，仮に「援助行為」が人間の本質であると見なすならば，その起源は人間が地球上に出現したときとなり，その実像を事細かに説明することは不可能に近い。援助の具体像を原始の昔に遡り確定することは容易なことではないが，われわれが現在経験的に確認できるのは，古代に発生し現在にまで綿々と引

き継がれてきた「宗教」であると考えられる。たとえば，仏教やキリスト教は，人間が共存を可能にしてきた思想の源泉である。そして，その思想にこそ人間が共同的存在である証と古代的知恵を超えた「援助」の本来的あり方を見ることができる。

　現在の救済行為の原型は，ほぼ近代に発生したと見てよいだろう。近代国家による援助行為は，レッセフェールの思想に裏付けられた行為であり，それゆえ国家の福祉対象者に対する救済者としての役割は，イギリスの「新救貧法」やわが国の恤 救（じゅっきゅう）規則のようにごく最小に限定された。逆に，欧米社会の精神的支柱でもあるキリスト教による救済行為は，国家救済とは一線を画しながらも確実に進展していった。実は，このキリスト教慈善こそが救済行為の科学化の源泉であり，やがて科学的救済が本格化し，社会福祉実践技術として体系化したのであった。「援助」とは，人間が共同的存在であるがゆえに成り立つ「他者に対して（また，他者との）助け合い」行為であり，「援助」行為は，風土や文化，時代によりその方法や手段に大きな差違が見られるが，現代社会における社会福祉実践は，概ね先進諸国である欧米をルーツにした科学的側面を有しているといっても過言ではない。

　さて，このように現在の社会福祉実践は，近代から形成されてきた科学的実践の延長線上に位置するが，現代社会におけるその必要性を考えてみよう。前述の図3-1で見たように，現代の社会福祉援助はＡＢＣＤＥの立体面で構成されているがゆえに，その実践もまたＡＢＣＤＥの特質を持ち合わせている。換言すると，わが国の場合社会福祉実践は，「公的機関が，金銭や物的援助を法的権利を背景に行政措置として」実施されてきたが，現在では「公私が共働して，金銭だけではなく心の援助も含め，法的権利や共生思想を背景に」実施されることが求められているのである。それだからこそ，社会福祉法（2000年）では，「個人の尊厳」，「契約」や「地域福祉」が強調されたのである。

　ひきこもり，高齢者介護，障害者の雇用，虐待等々，現代の福祉問題は，ますます深刻になっている。それとともに，新しい法制度が模索され逐次制度化されている。しかも，その制度による問題解決は，人を媒介としてしか

達成されないという宿命を担っている。その点で，社会福祉制度を嚙み砕き制度の利用者とともに問題解決を図るという社会福祉従事者の養成が急務の課題となっているのも偶然ではない。

　しかし，前述のように，かつて慈善組織協会（以下，COS）の実践家たちが経験したように，宗教的エトスや善意だけでは十分な援助を提供することができない。問題そのものの発生やその原因を突き止め，さらに問題の性質に応じた解決策を具体的な人生の問題解決として真摯に解決を図ることが求められているのである。そこに，知識，技術，価値の統合形態としての社会福祉実践（技術）の専門化が求められるゆえんがある。　　　　　（佐藤克繁）

## 2　社会福祉援助の専門化の道程

　現代における社会福祉援助活動は，先に見たようにその主体，形態，理念で捉えることができるが，さらに「援助の科学化」のプロセスとしても把握できる。すなわち，社会福祉援助を恣意的な活動として展開するのではなく，理性的に事態を把握し合理的な方法で解決を図るという意味において，援助行為は限りなく科学化の途を歩んでいるのである。

　科学の発達の基礎が概ね欧米社会で形成されたように，「援助の科学化」もそうした土壌において発展を遂げてきた。とくに，現在わが国で社会福祉の援助技術（方法）として認識されている直接援助技術（個別援助技術，集団援助技術）や間接援助技術（社会福祉調査法，地域援助技術，社会福祉運営管理法，社会福祉計画法，社会福祉活動法）は，欧米において成熟してきたのである。その意味で，ここではアメリカにおける援助技術の発達から社会福祉援助の専門化の道程を見てみたい。

　18世紀末から19世紀中葉にかけて，貧困者，障害者，精神病者，孤児など州立施設が建設されるが，福祉の対象認識においてはいまだ個人責任論の域を超えることなく，その実情は懲罰的救貧にほかならなかった。また，植民地時代から引き継いだ院外救助の方法は，「クインシー・レポート」や「イエーツ・レポート」が示したように「貧困者の勤勉生活を破壊」するとされ，労役場や救貧院を飛躍的に普及させた。

　しかし，19世紀に押し寄せた産業革命による産業化・都市化の流れ，移民の増大，政治の腐敗等は，旧来の救貧法では救済の限界があることを暗に示していた。1845年には，ニューヨーク市民の20％（約8万人）が救済対象となり，1860年には全人口の16％が都市住民となったように，これまでとは異なった状況を呈していた。

　こういった状況に対して19世紀中頃からピューリタンたちの宗教的エトスを基底にした慈善活動が積極的に展開された。南北戦争の最中ではあった

第3章　社会福祉実践の専門化

表3-1　アメリカにおけるソーシャルワークの歴史（～1929年）

| 年 | ソーシャルワークに関する主な出来事 |
|---|---|
| 1783 | アメリカ独立 |
| 1821 | クインシー・レポート |
| 1824 | イエーツ・レポート |
| 1851 | YMCA登場（ボストン）。最初のYWCAは1866年（ボストン） |
| 1853 | ニューヨーク児童保護協会 |
| 1861 | 1861-65 南北戦争 |
| 1863 | マサチューセッツ慈善局（first state social welfare board） |
| 1865 | アメリカ社会科学協会 |
| 1874 | 公的慈善局長会議発足。1879年の年次大会で全米慈善・矯正会議（NCCC：National Conference of Charities and Corrections）と改称。さらに，1917年「全米ソーシャルワーク会議（National Conference of Social Work）」と改称，1957年に「全米社会福祉会議（NCSW：National Conference on Social Welfare）」となる。 |
| 1877 | アメリカ最初のCOS（バファロー） |
| 1886 | 最初のセツルメント「隣人ギルド」（ネイバーフッド・ギルド）ニューヨークに設立 |
| 1887 | 「ケースワーク」という用語が登場（全米慈善・矯正会議にて） |
| 1889 | 「ハルハウス」がアダムスによって設立される（シカゴ）。 |
| 1904 | 「ニューヨーク博愛事業学校」（New York School of Philanthropy, 1年制）。デフォレストの主唱により1898年開設の「博愛事業夏期学校」が母胎。 |
| 1905 | マサチューセッツ総合病院に医療ソーシャルワーカー（MSW：Medical Social Worker）が設置される。翌1906年には，コーネル診療所及びベルビュウ大学の精神科にソーシャルワーカーが設置される。1913年，ボストン病院において「精神医学ソーシャルワーカー」という語が使用される。 |
| 1912 | 「コミュニティ・オーガニゼーション」という語が登場（R. ボードウィンが全米慈善・矯正会議で使用）。 |
| 1915 | 「フレックスナー報告」 |
| 1917 | M. E. リッチモンド『社会診断』 |
| 1918 | 「アメリカ病院ソーシャルワーカー協会」後に「アメリカ医療ソーシャルワーカー協会」と改称。 |
| 1919 | 「アメリカ家族ソーシャルワーク組織協会」後に「アメリカ家族福祉協会」に改称。学校ソーシャルワーカー協会。 |
| 1921 | アメリカ・ソーシャルワーカー協会 |
| 1922 | M. E. リッチモンド『ソーシャル・ケース・ワークとは何か』 |
| 1923 | ミルフォード会議（1923-28）<br>ウエスタン・リザーブ大学ソーシャルワーク大学院にグループワークの課程が設置され，G. L. コイルによる講義。 |
| 1926 | アメリカ精神医学ソーシャルワーカー協会。 |
| 1929 | 世界大恐慌 |

（筆者作成）

が，最初の州慈善局がマサチューセッツ州に設置された。州慈善局は，19世紀の末までに21の州に設置されたが，1874年にはニューヨーク，コネチカット，ウィスコンシン，マサチューセッツの4州によるアメリカ社会科学協会内部の公的慈善局長会議が開催された。後に，これが全米ソーシャルワーク会議となり，全米社会福祉会議（NCSW）へと発展継承されていった。

　当時のアメリカの救済は，院内救助を原則としたが，州当局による気まぐれな救貧施設の運営，管理上の不備，財政上の問題等が山積し，これらを改善するために上述の公的慈善局が設置され，後の専門的援助技術の実践的基礎を与えた。一方，公的救済から漏れた貧民は無秩序に乱立する民間慈善に救済を求めた。そこで，民間による慈善の効率化を図るために，1869年ロンドンで起こったCOSによる慈善組織化運動がガーデンによって1877年にアメリカにもたらされた。COSの活動は，貧困を道徳的欠如と見なし道徳的感化に活動の基礎を置いた点で限界は見られるものの，貧困者に対する徹底的「調査」や友愛訪問活動に後になって体系化される個別的援助の基礎が内包されていた。

　同時期に，トインビーホールに学んだコイト（Coit, S.）によってニューヨークに隣人ギルド（1886年）が作られた。これが，アメリカで最初のセツルメントであったが，その後1889年にはノーベル平和賞受賞者であるアダムス（Addams, J.）によってシカゴに「ハルハウス」が創設された。セツルメントは，当時の知識人によって「平等」思想に裏付けされた活動であった。COSの活動家たちが，個人の自立すなわち自助精神の向上を目的にしていたのに比べ，セツルメントのそれは労働組合の結成を促すなどの社会改良的な視点を有していた。また，地域社会での教育的・集団的活動はグループワークを，また地域活動という点ではコミュニティ・オーガニゼーションの基礎を築くこととなった。COSの友愛訪問活動に基礎を置くケースワークという用語が登場したのは，1887年の全米慈善・矯正会議においてであった。ケースワークは，ボルチモア慈善組織協会やフィラデルフィア慈善組織協会，ラッセル・セイジ財団で指導者として活躍したリッチモンド（Richmond, M. E., 1861～1928年）の著書『社会診断』によって体系化された。本書に先立って

## 第3章 社会福祉実践の専門化

1905年に出された彼女の論文「改革についての小売り的方法（The Retail Method of Reform）」は，ケースワークの必要性を強調したものであった。

20世紀の初頭には，病院や学校等の分野において専門的援助実践が見られるようになったが，それと同時にソーシャルワークの専門職性が問われることとなった。1915年に開催された全米慈善・矯正会議でのフレックスナーによる講演はソーシャルワーカーたちに大いなる衝撃を与えた。カーネギー財団による寄付を受け『アメリカとカナダにおける医学教育』と題して1910年になされた報告が「フレックスナー報告」と呼ばれているが，その彼が1915年の前述の会議において「ソーシャルワークは専門職か」と題して講演を行ったのであった。彼は，医学を完成された専門職モデルとして位置づけ現段階では「ソーシャルワークは専門職ではない」と結論づけた。

フレックスナー報告がアメリカのソーシャルワークに与えた影響は，少なからず大きいものがあるが，第一次世界大戦（1914年勃発，1917年にアメリカ参戦）中のアメリカ赤十字社による「ホーム・サービス活動」なども起因してソーシャルワークの専門性やその職制が飛躍的に拡大していった。1918年にはアメリカ医療ソーシャルワーカー協会，1921年アメリカ・ソーシャルワーカー協会，1926年アメリカ精神医学ソーシャルワーカー協会等，多くの専門職団体が組織された。さらに，フロイト（Freud, S., 1856～1939年）やユングの渡米をきっかけに，ケースワークは精神医学の成果を積極的に取り入れていった。1910～20年代にかけてのソーシャルワーク（とくに，ケースワーク）は，社会的運動（cause）よりもソーシャルワークの機能（function）に強調点を置いていた。とはいえ，個人の社会や環境に対する「適応」に関する知識と技術の枠組みの基礎が確立された点で貴重な時期といえる。また，1930年までに28のソーシャルワーカー養成校が設立された。

このように，ソーシャルワークの専門性と職業分化が進行していく中で，1923年から開催されたミルフォード会議は，次の点で非常に大きな役割を果たしたといえる。①ケースワークに関してジェネリック―スペシフィックという概念整理をなしたこと。家族，児童，医療等，いろいろな分野でケースワークの実践が行われているが，それぞれに共通した概念，知識，社会資源

など共通部分（ジェネリック）が存在すること。さらに，それぞれの分野に特有の知識や技術が存在すること(スペシフィック)，②会議の主導者であるP. リーによる講演を契機にソーシャルワークは「cause（運動）か function（機能）か」を喚起し，その後のソーシャルワークにとって根本的な課題が明確化されたことであった。

　1929年に未曾有の経済不況を経験したアメリカは，ニューディール政策で社会経済の再建を図りつつ1935年には，州の救済制度を超えた連邦レベルの「社会保障法 (Social Security Act)」を制定した。多くのソーシャルワーカーたちが，公的部門に参入し，政策や社会計画に参加していった。

　失業を余儀なくされた青少年たちの健全な育成のためのグループワークの技術や，経済社会開発に住民参加を取り入れる技術としてのコミュニティ・オーガニゼーション技術なども，この時期から飛躍的な発展を遂げていった。同時に，マンパワーとしてのソーシャルワーカー養成も非常に重要となった。1935年には，全米社会事業協会にグループワーク部門が認められ，W. L. ニューステッターがグループワークを定義した。さらに，1946年にはアメリカ・グループワーカー協会が設立し，G. L. コイルやH. B. トレッカー，G. コノプカ等によってソーシャルワークの援助方法として確立された。

　コミュニティ・オーガニゼーションという用語は，1912年の全米慈善・矯正会議でR. ボードウインが用いたとされているが，社会福祉の援助方法としての成熟は世界大恐慌（1929年）の後であった。1939年の「レイン報告」は，コミュニティ・オーガニゼーションを社会福祉援助技術の一つとして位置づけたばかりか，現在のわが国の社協活動にも影響を与えている「ニーズ・資源調整説」を打ち出し，住民参加やニーズ調査の重要性を示した。その後，W. L. ニューステッターによる「インター・グループワーク説」（1947年）やM. G. ロスの住民主体の原理を説いた『コミュニティ・オーガニゼーション』（1955年）によって社会福祉援助技術としての位置を確固のものとした。

　一方，精神医学の成果を採り入れたケースワークは，フロイト理論に依拠する「診断主義学派」とペンシルヴァニア大学ソーシャルワーク学校でO. ランクの意志理論に依拠し，自らを機能主義ケースワーカーと称した「機能主

義学派」が対立を深めていった。この論争はその後20年余り続き，診断主義ケースワークは，G. ハミルトンの「心理療法としてのケースワーク」やF. ホリスの「心理―社会モデル」に，また機能主義派は，J. タフトやV. ロビンソン，R. E. スモーリー等により主導継承された。その後，診断主義に依拠していたH. H. パールマンは，機能主義の理論を積極的に受け入れ問題解決モデルを体系化したし，逆の立場で診断主義を取り入れていったH. H. アプテカーやR. スモーリー等の機能主義モデルへと止揚されていった。現象的には生活トラブルという形で社会問題を担うクライエント（利用者）の視点から見ると，個人のパーソナリティの変容や治療に重点を置きすぎた両者のケースワーク理論は，やがてやって来る新しい時代の貧困や戦争（ベトナム戦争），差別解消運動［公民権運動（Civil Rights Movement）］の前ではなす術もなく，その弱点を露呈した。

やがて，「ケースワークは死んだ」とH. H. パールマンが指摘した時代を迎えることになった。そうだからといって，両者の論争を全く不毛なものとして捨て去るわけにはいかないであろう。むしろ，論争は「ケースワーク関係」「治療関係」「感情転移」「過程」等，ケースワークの基礎的概念を形成するために大きな功績を残し，その後の臨床ソーシャルワーク（Clinical Social Work）の礎となったと解すべきであろう。臨床ソーシャルワークとは，人間の心理社会的状況における人間行動や成長に関する理論をもとにあらゆる障害から生じる心理社会的非機能に対応するミクロレベル（個人，家族，集団）のソーシャルワーク活動のことである（全米ソーシャルワーカー協会における1984年定義参照）。また，1957年にF. P. バイステックにより，ケースワークの7つの原則が明確化された（『ケースワーク関係』），その後のケースワークのみならず他の方法にも大きな影響を与えた。

1960年代のソーシャルワークは，差別，貧困，戦争という社会問題を前に社会的にその役割が問われた試練の時期であり，とくにケースワークはその真価が問われた。ケネディ＝ジョンソン政権のもとで，アメリカ社会におけるマイノリティに向けた社会福祉プログラムが実施された時期であったが，1964年にはジョンソン大統領が「貧困戦争（War of Poverty）」（1964年）

## 表3-2 アメリカにおけるソーシャルワークの歴史 (1930年以降)

| 年代 | ソーシャルワークに関する主な出来事 |
|---|---|
| 1930<br>-1945 | ・救済に関する主要な責任が公になった関係で,公私間の機能に関する懸念が出てくる。<br>・V. ロビンソン『ソーシャルケースワーク—心理学の変遷』1930年<br>・家族機関の役割の再定義化(明確化)。<br>・ケースワーク理論の探求と抗争:診断と機能の2つのアプローチの展開。<br>・グループワークがソーシャルワークの一つの方法になる。1935年に全米社会事業協会にグループワーク部門が設置され,W. L. ニューステッターにより定義される。<br>・ソーシャルワークの一つの方法としてのコミュニティ・オーガニゼーションに関する「レイン報告」が出される(1939年)。<br>・多くの国家レベルの計画組織が立ち上がる;コミュニティチェスト(共同募金)が起こる。<br>・ソーシャルワーク教育の発展成長;公的認可,大学提携の必要性,大卒教育への強い関心。<br>・地方(rural)ソーシャルワークの独自性に関する議論。<br>・G. ハミルトン『ソーシャルワークの理論と実践』1940年<br>・H. H. アプテカー「ソーシャルケースワークにおける基本概念」(Basic Concepts in Social Casework, 1941)<br>・J. タフト「ファミリーケースワークにおける機能的アプローチ」(A Functional Approach to Family Casework, 1944) |
| 1945<br>-1960 | ・(ケースワーク理論の)調和(unity)の探求,協働,内省のための時期。<br>・グループワーク,コミュニティ・オーガニゼーション,調査方法の発達;診断―機能の二分法の継続。<br>・アメリカ・グループワーカー協会(1946年)設立<br>・新しい環境(背景)の拡大;新しい問題領域教育水準の問題を解決するためにソーシャルワーク教育会議の設立(1946年)。<br>・G. L. コイル『アメリカの青少年に関するグループワーク』1948年<br>・H. B. トレッカー『ソーシャルグループワーク』1948年<br>・ホリス―テイラー報告『ソーシャルワーク教育』(1952年)<br>・ソーシャルワーク教育協議会の設立,専門的基準としての「ソーシャルワーク修士」,カリキュラム方針や学的水準,85%のソーシャルワークの学生がケースワーク専攻。<br>・NASW(全米ソーシャルワーカー協会)の設立;倫理綱領の採用;認定ソーシャルワーカー(ACSW)の創設(1955年)。<br>・M. G. ロス『コミュニティ・オーガニゼーション』1955年<br>・F. P. バイスティック『ケースワーク関係(The Casework Relationship)』1957年<br>・H. H. パールマン『ケースワーク:問題解決過程』1957年<br>・G. ハーン "Theory Building for Social Work" 1958年<br>・eight-volume カリキュラム研究(1958年) |
| 1961<br>-1975 | ・多くのソーシャルワーカーの成長,関心領域や知識の発展,知識基盤の拡張:社会システム理論の使用,精神分析理論の影響の緩和(減少)。<br>・複合的問題,救済困難 difficult—to—serve への関心の回帰,社会改革,ソーシャルアクション,ソーシャルポリシー活動への関与(involvement)。<br>・調査と理論発展の協調。<br>・マンパワーやその配置に関する論文への関心。<br>・統合,ジェネラリストの発展。<br>・地方(rural)ソーシャルワークの再出現。<br>・クリニカルソーシャルワーク運動や個人的実践(プライベートプラクティス)の生起。<br>・ソーシャルワーク教育のすさまじい成長。 |

第 3 章　社会福祉実践の専門化

| | |
|---|---|
| | ・BSW プログラムの認可；博士プログラムの発展，教育プログラムのかなりの多様性。<br>・NASW の BSW の受け入れ（1969 年）。<br>・短期間アプローチを含む新しい実践様式の多産化。<br>・G. コノプカ『ソーシャル・グループワーク―援助の過程―』1963 年<br>・F. ホリス『ケースワーク：心理社会療法』1964 年<br>・C. P. パペル，B. ロスマン，Social Group Work Models: Profession and Heritage，1966 年<br>・R. E. スモーリー，「ソーシャル・ケースワークの実践理論」(Theory for Social Work Practice, 1967)<br>・J. ロスマン『コミュニティ・オーガニゼーションにおける 3 つのモデル』("Three Models of Community Organization", 1968)<br>・H. M. ノーザン『集団に関わるソーシャルワーク』("Social Work with Groups", 1969)<br>・C. H. メイヤー『ソーシャルワーク実践：都市危機に対する反応として』("Social Work Practice: A Response to the Urban Crisis", 1970)<br>・H. M. バートレット『社会福祉実践の共通基盤』1970 年<br>・R. パールマン，A. グリン『コミュニティ・オーガニゼーションと社会計画』1972 年<br>・H. ゴールドシュタイン『ソーシャルワーク実践：統一的アプローチ』(Social Work Practice: A Unitary Approach, 1973)<br>・M. サイポーリン『ソーシャルワーク実践入門』(Introduction to Social Work Practice, 1975)<br>・A. ピンカス，A. ミナハン『ソーシャルワーク実践：モデルと方法』1973 年<br>・B. コンプトン，B. ギャラウェイ『ソーシャルワーク実践モデルと方法』(Social Work Practice: Model and Method, 1973)<br>・F. J. ターナー『ソーシャルワーク・トリートメント―相互連結理論アプローチ―』1974 年 |
| 1976<br>-1987 | ・BSW レベルのジェネラリスト；MSW の特定化。<br>・BSW と MSW 間の緊張の継続。<br>・産業と地方（rural）という設定のソーシャルワークの生起。<br>・医療記録（clinical register）；個人実践の成長。<br>・新しい倫理綱領<br>・政治的参加の強調。<br>・新しい関心；子どもや配偶者虐待，主婦の危機(displaced)，ホームレス，エイズ，虐待や正義や平和の本質。<br>・エコロジカルパラダイムへの支持。<br>・教育における新しい教育プログラムや認可基準。<br>・B. ソロモン『ブラックパワー』(Black Empowerment: Social Work in Oppressed Communities, 1976)<br>・A. ハートマン『家族関係診断の概略』(Diagrammatic assessment of family relationship, 1978)<br>・C. B. ジャーメイン，A. ギッターマン『生活モデルの社会福祉実践』(The Life Model of Social Work Practice, 1980)<br>・C. フローランド他『援助ネットワークとヒューマン・サービス』(Helping Networks and Human Services, 1981)<br>・J. S. ハウス，Work Stress and Social Support，1981 年<br>・C. マイヤー『エコシステム的視座の臨床ソーシャルワーク』(Clinical Social Work in the Eco-Systems Perspective, 1983)<br>・E. O. コックス，R. J. パーソンズ『高齢者エンパワメントの基礎―ソーシャルワーク実践の発展を目指して―』(Empowerment-Oriented Social Work Practice with Elderly, 1994) |

　表 3-2 については，基本的に Louise C. Johnson, "Social Work Practice: A Generalist Approach", 3th ed., Allyn and Bacon, 1989, pp. 37-42 を引用し，筆者が加筆修正した。

を掲げ，公的部門における社会サービスを拡大していった。それに伴い，社会福祉従事者の量的拡大と養成の問題が急務の課題となった。

すでに，1952年には合衆国における大学の学部及び大学院の福祉専門教育に関してその基準を定め，ソーシャルワーク修士の学位を認定する役割を担ったソーシャルワーク教育協議会(CSWE)が設立されていたが，1974年には同協議会がソーシャルワーク学士（BSW）の認定も行うようになった。1955年に医療ソーシャルワーカー協会をはじめとする5つの専門職団体を統合して成立した全米ソーシャルワーカー協会（NASW）が，ソーシャルワーカーの新しい役割として「権利擁護（Advocacy）」を強調したのもこの時期であった。さらに，NASWは1969年にBSWをソーシャルワーカーとして認めた。

このように，高齢者や障害者に対するメディケア・メディケイド制度(1965年)，障害児の教育，福祉，保健分野における公的プログラムが充実していく中で，ソーシャルワークは次代へのパラダイム転換を迫られていた。さらに，1975年の社会保障法タイトルXXでは，連邦から州への権限委譲がなされ，貧困家庭や高齢者の医療保障と連邦の補助金で各州の創意工夫による対人福祉サービスの実施等（コミュニティを基盤としたパーソナルサービス）との分離システムが確立されるに至り，ますますその加速度を増していった。

伝統的な3分法であるソーシャル・ケースワーク，グループワーク，コミュニティ・オーガニゼーションを確立し，医療をはじめ，さまざまな分野で適用されていたソーシャルワークに課せられた時代の要請は，福祉問題の再認識と援助方法の共通基盤を確立することであった，といっても過言ではない。

かつて，貧困＝人＝道徳的退廃と短絡的に問題を結びつけ，その解決を求めようとした時代から脱皮し，貧困＝社会問題＝卸売り的・小売り的解決（社会改良と個別的解決）と認識を改め，社会問題を科学的・個別的方法によって，問題解決を図るための方法がケースワークであった。あまりにも精神医学や心理学に傾倒しすぎたケースワークは，もう一度リッチモンドに立ち返り，福祉問題そのものの認識に立ち返らなければならなかった。F.ホリス

が，人と環境との相互作用として「状況の中にある人間」という視点で問題を把握し，H. H. パールマンが J. デューイの影響を受けつつ「人生は問題解決の過程」として問題解決の主体としての人間を中心に問題を把握したように，今までの遺産を土台に新しい認識を受け入れ体系化を図っていった。

さらに，旧来の伝統的方法を見直し，援助方法の統合化が模索されていった。方法の統合化には，原理的にも形態的にも次の3つのあり方が考えられる。①従来の方法を必要に応じて連結する，②従来の方法の共通基盤を整理し，全体の共通性と異質性を区別しつつまとめる，③従来とは全く違った原理や理論を用いて新たな視角で全体をまとめる，の3つである。1970年に出されたメイヤー (Meyer, C. H.) の『ソーシャルワーク実践』やバートレット (Bartlett, H. M.) の『社会福祉実践の共通基盤』は，②の観点からソーシャルワーク実践を確認したものであった。また，A. ピンカス，A. ミナハンは『ソーシャルワーク実践』(1973年)で社会福祉援助実践を4つのシステム（クライエント・システム，ワーカー・システム，ターゲット・システム，アクション・システム）で捉えた。同じく H. ゴールドスタインもシステム論を援用し，『ソーシャルワーク実践：統一的アプローチ』を著わし，「ホリスティックモデル」としてソーシャルワーク実践を体系化した。

T. パーソンズの社会システム論は，歴史的・動態的把握に欠ける均衡論として批判されたが，その援用であるソーシャルワーク論もまた人間や社会の歴史的・動態的把握に難点を残していた。また，社会学的役割論を基に独自のソーシャル・インスティテューション論（施設論）を展開したゴッフマン (Goffman, E., 『アサイラム』) がいるが，ソーシャルワーク論として導入されたのは生態学（エコロジー）であった。C. B. ジャーメインと A. ギッターマンは，この生態学を基礎に，人間生活をエコロジカルな視点で「人と環境との交互作用（トランザクション）」のあり方に注目し，独自のソーシャルワーク実践理論を提起した。

このように，システム論によるソーシャルワーク理論の影響は大きいものがあり，1970年代以降，人の適応を重視する「医学モデル」から「生活モデル」へと重点を移し替えていった。また，エコロジカルな視点を獲得したソ

ーシャルワークは「ジェネラル・ソーシャルワーク」として，多様な利用者に適合できる理論として成長を遂げたのである。

　1990年代のソーシャルワークにおける新しい視点は，「エンパワメント」であろう。後の章で詳述するが，エンパワメント・アプローチは，B. ソロモンの問題提起を起点にしているが，ソーシャルワークにおけるパートナーシップ関係の中で利用者のパワー（力）を付与していこうとする援助技術である。

（佐藤克繁）

**参考文献**
(1) 秋山智久『社会福祉実践論——方法原理・専門職・価値観』ミネルヴァ書房，2000年。
(2) 奥田いさよ『社会福祉専門職性の研究』川島書店，1992年。
(3) 小松源助『ソーシャルワーク理論の歴史と展開——先駆者に辿るその発達史——』川島書店，2000年。
(4) 社会保障研究所編『アメリカの社会保障』東京大学出版会，1989年。
(5) Louise C. Johnson, "Social Work Practice : A Generalist Approach", 3th ed., Allyn and Bacon, 1989.

## 3 専門的福祉実践の構成要素
――価値,知識,スキル――

　専門的福祉実践は,1世紀以上にわたる人々のニーズと関心(concern)への応答の遺産として生み出された。応答の仕方は,社会や時代に大きく影響されながらも,権利を侵されやすい立場にあるニーズを持つ人々に直接的にサービスを提供することと同時に,有効な社会諸制度を作り上げていくことの双方に焦点を置いた援助活動をその基本的使命としてきた。

　さまざまな領域で,さまざまな方法や技術を用いて専門職福祉実践を展開していた米国の職能集団が,ソーシャルワークの共通認識にむけて団結したのが1955年である。この後,「ソーシャルワーク実践の作業定義」(1958年)を作成し,ソーシャルワーク実践の基本的構成要素が,価値(values),知識(knowledge),スキル(skills)の3つであることを明らかにした。さらに価値と知識の総体としてのスキル(実践方法,技法)を規定することも示した[注1]。これらの要素の「創造的な融合」によって,専門的福祉実践としてのソーシャルワークの理論と実践についての形成がなされる[注2]。

### (1) 構成要素としての価値

　ソーシャルワークの価値は,1)ソーシャルワーク実践の使命の性質,2)クライエント,同僚,社会成員との関係,3)介入方法,4)実践における倫理的葛藤の解決というような点で重要な鍵と考えられてきたが[注3],研究領域として本格的に取り上げられるようになったのは近年のことである。

　価値とは,個人,集団,社会などによって保有される原理,主義,目標,基準などを支える信条や信念である。価値は,いかに行動すべきなのか,何を達成したいのかという思考と態度を導く要素であるが,これらの価値は社会的に普及した一般に支持されている価値と衝突することがしばしばある。

　援助専門職の中で,最も規範的な専門職であるといわれるソーシャルワークは,その歴史を通して個人の権利と社会の義務に関する集団的な信念(価

値)によって支えられてきた。社会福祉制度や施策，あるいはその具体的な運営過程においてそれらの価値を導入することを試みる中で，専門的福祉実践は展開してきたのである。

ソーシャルワークの価値と倫理は，専門職者によって維持されてきたが，その意味する内容や実践への影響は時代とともに変化してきた。リーマーは，その発展段階を①クライエントの道義性への関心の段階，②社会改革の価値志向の段階，③専門職者自身の道義性，価値基盤に焦点を置いた段階，④倫理基準と危機管理の段階，に区分している[注4]。④の段階は，とりわけ1980年代以降，ソーシャルワーカーが直面した倫理上のディレンマに対する道徳哲学，倫理学理論と実践的な意思決定の戦略などに関するもので(1999年,2001年)，最終的には全米ソーシャルワーカー協会（NASW）倫理綱領（1996年）の全面改訂に及んだ。

**中核価値の類型**

ソーシャルワーク実践を支え，具体的な方向へ導く中核的な価値について，代表的なレヴィ（Levy, C.S.）の価値類型とNASWの倫理綱領で規定された価値の2つを紹介する[注5]。

レヴィは福祉専門職に保有されている価値を2つの分類でとらえた。第一の枠組みは，「人々についての好ましい概念」「人々のために好まれた結果」「人々を扱うために好まれた道具性」である。「人々についての好ましい概念」には，個人の価値と尊厳，変化の可能性と能力，他者に対する社会人としての責任，所属，個別性と差異性など，「人々のために好まれた結果」には，成長と発達の機会，社会資源・サービスの提供，社会参加への機会の平等など，そして「人々を扱うために好まれた道具性」には，個人は尊敬をもって遇され，自らの行き方を決定するために最大限の機会を持つ，また特別な生活経験などが固定観念ではなく，ユニークな個人として評価されるべきであるなどを確認している。

第二の枠組みは，専門職の中核価値を挙げている。そして以下の4つの包括的なカテゴリーから派生されるべきものであるとしている。

1) 社会的価値……社会福祉そのものがその社会前提に立つという論理に

基づき，すべての人のウェルビングと社会福祉，市民権，個人・集団の独自性と差異性，教育・雇用・文化の平等な参加の機会と公共的政策への参加などである。
2) 組織及び機関の価値……社会福祉制度や組織が持つ専門集団の価値で，情報と機会への平等なアクセス，公正かつ最適な利用と参加の機会などが含まれる。
3) 専門職業の価値……利益よりも人間サービスを，また専門職権威の公正かつ最適的・創造的な活用，倫理的遂行の責任，公的社会政策へのアドボカシーなどである。
4) 対人サービス実践の価値……専門職機能の公正かつ倫理的遂行，個人の尊厳とプライバシーの尊重，正直(誠実)，クライエントの最大の参加と自己決定，アドボカシーなどである。

文章化された価値の最も現代的な類型が，リーマーを委員長にした1996年改訂のNASWの倫理綱領に示された「中核的価値」である。同委員会は6つの中核となる価値を引き出し，これを基盤とする倫理的原則とそれに含まれる価値について，注釈を用いて説明している（以下要約抜粋する）。
① サービスの精神……ニーズを持つ人々を援助し，社会問題について発言するために，知識，価値観，スキルを活用する。自己のスキルの一部を経済的見返りを期待しないで自発的に活用することが奨励される。
② 社会正義……とくに権利を侵されやすい人，抑圧された人や集団にかわって，彼らとともに社会変革を追及する。その努力は第一義的に貧困，失業，差別など社会的不正義の問題に向けられる。必要な情報，サービス，資源などの機会の均等と意思決定への参加が確保されるよう努力する。
③ 人の尊厳と価値……個人的差異や文化的民族的多様性に留意し，尊敬の念をもって接する。クライエントの変革への能力を高め，ニーズを申し出る機会の増大に努力する。またクライエントに対する責任と一般社会の利益との葛藤の解決にあたっては，専門職の価値観，倫理原則や基準と矛盾しない形で処理しようと努力する。

④　人間関係の重要性……他の人々との人間関係が変革への重要な道具であることを理解する。援助過程に関わる人々をパートナーとし，個人，家族，地域社会の福祉の増進，回復，維持に努める中で，人間関係の強化に努力する。
⑤　誠実性……専門職の使命，価値観，倫理原則と基準を熟知し実践する。責任を持って誠実に行動し，所属する組織を代表して倫理的実践を増進させる。
⑥　適任性……自分の能力（competence）の範囲内で実践し，専門職としての知識とスキルをみがき，実践に適用させるよう努めるとともに，知識水準の向上に貢献する。

オーストラリア・ソーシャルワーカー協会は，ソーシャルワークの価値を人間の尊厳と価値, 社会正義, サービス, 誠実性, 適任性の5つとした(AASW Code of ethics, 1999)。ソーシャルワーカーは，専門職の課題と責務を遂行する中で，人間の尊厳と価値に対する尊重と社会正義の追及のいずれにも優先性をもって行動しようと努力する。この姿勢は，専門的ソーシャルワーク実践を特徴づける人間性へのサービス，誠実性と適任性を通して表現されるものであると同倫理コードは説明している。

ソーシャルワーカーは，専門職の特徴から諸価値間における葛藤にしばしば直面する立場に置かれるが，これに関しては倫理の項で述べる。

### (2)　構成要素としての知識

専門職としての知識体系を有することは必須であるが，ソーシャルワークは明確に統一化された知識体系を発展することはまだ困難と考えられる段階にある。ソーシャルワークは，今日までさまざまな他の専門的原理からの理論を借用，修正しながら，モデルやアプローチなど状況や問題に応用するための個別的なスキルと並行しながら発展してきた。ソーシャルワーク実践の視点または枠組みとしては，人間と社会環境の相互作用であることが定説になっている。現在はシステム理論や生態学理論の導入により，ソーシャルワークの対象を個人と環境の相互作用において一体的に統合的に把握する動向

にある。

　ソーシャルワークの知識とは，〔人とその社会環境〕の実践を通して蓄積した知識として知られているものである。ソーシャルワークは，個人のニーズを個人とその環境との交互作用の結果として捉え，個人のエンパワーメントと環境の改善の双方を複眼的にとらえながら，関わりを焦点づけていく。そのとき，人とその社会環境についてすでに知られているもの，状況内の人の現象，個人と社会システムの機能について描写する。このとき，論理的な知識，とくに生活問題を社会問題として認識する能力を必要とする。それは状況内の人と社会システムについての理解を広げ，クライエントが社会生活機能の調整を必要とする際に，ワーカーの介入（実践的な知識）を導くのに役立つ。有効な知識として，人間の発達や多様性，差異性，また社会生活機能に関するものであったり，ニーズに対する応答を示したり，アセスメント，人間関係，社会資源，福祉実践の援助過程や介入スキルに関する類で，論理的知識と実践的知識[注6]の双方が求められる。

　価値が知識とスキルの牽引的役割を担うとされるが，その中で知識は問題解決へむけての方法や手段，技芸などのスキルを導くための科学的実証的な役割を担うものといえる。知識が'事実に基づく'という意味で，価値から自由である，つまり科学的といわれてきたが，これに関してバンクスは価値，知識，スキルはソーシャルワークの使命からして決して独立したものでなく，とくにある種の理解を必要とするための理論では，価値を前提にした負荷価値としての知識（knowledge value-laden）として確認している[注7]。

　福祉援助者がクライエントの問題に関わるとき，今から何をしようとするのか，なぜ，そうするのか，どのように達成しようとするのか，自らにも問いかけながら進めていく。この問いに答えていくとき，ソーシャルワークの知識が価値とスキルとともに必要となる。バス（Vass, A. A.）は援助実践に必要とされる知識を，①クライエントの経験とその脈絡に関わる情報提供，②適切な介入の計画，③関連制度，政策，手続きなどの理解の3つのカテゴリーに分けている[注8]。

### クライエントと環境との交互作用を理解するための知識

　人々とその生活問題の理解に役立つ知識として，ソーシャルワークは主に心理学，社会学及び文化人類学からの理論を借用してきた。人間の行動や他者との関係について，とくに人間の成長と発達に関する発達心理学，臨床心理学，精神衛生理論，自我心理学，精神分析理論，行動心理学，力動心理学や精神医学などである。これらはクライエントとその環境との関わりの理解と評価のため，また適切な介入計画に有効な理論である。行動心理，学習理論，ピアジェの認知理論，対人関係理論，カウンセリング論は行動の変容や自立，家族の関わりの重要性を示唆した。愛着，分離，喪失など人間関係へのアプローチにも大きく貢献してきた。

　社会学的な考え方とさまざまな社会学理論は，クライエントの問題理解を助け，個人，家族，集団，組織や地域社会を理解する方法を提供する。またソーシャルワーク実践を個人の病理的な位置から社会的な問題としての位置へ移行するのに貢献した。貧困，犯罪，精神病，虐待，人種問題や暴力などの理解には，ソーシャルワークの知識基盤に社会学理論を投入することによって進められた。また社会過程，地域社会，システム，施設などに関する理解を実践者に提供した。たとえば，収容施設に関するゴッフマン (Goffman, E., 1961年) の貢献は大きい。近年はシステム理論や人間の成長と発達を生命システムと見る生態学的視座などの影響が大きい。

　社会学と心理学は，複雑なクライエント環境の理解をたすけるソーシャルワークの知識基盤として中心的領域になっている。しかしながらどの学問もそうであるが，知識とその利用は，必ずしも中庸で公正であるとは限らず，文化的・歴史的な違いや特殊性が考慮されなければならない。理論を応用するとき，反差別理論（フェミニスト，反抑圧，反差別など）と実践がソーシャルワーク知識を再評価する過程に必須であり，計り知れない貴重な貢献をなしているとバスは指摘している。実践にとって意味ある関係を持つ知識とは，知識と実践が互いに交流し，そこから新しい形成にむけて影響し合い，さらに深められた対話において結ばれてゆく必要がある (Vass, 1996年)。

第3章　社会福祉実践の専門化

**適切な介入を助けるための知識**

　知識はクライエントとその環境，脈絡に関する複雑なアセスメントを行うのに必要である。ワーカーは，ソーシャルワーク介入のモデルと介入に取り込まれる過程（アセスメントと再調査）に精通していなければならない。これらのモデルや介入過程が一般にソーシャルワークの知識として言及される領域である。さまざまな理論やモデル，アプローチ[注9]は社会学や心理学をはじめとする諸科学の発展の恩恵を受けつつ，これに批判と新たな貢献を加えながら発展してきた。

　ソーシャルワーク介入の特徴は，問題やニードの個別・特殊性，過程への利用者の積極的参加と尊重などに価値を置くワーカー・クライエント関係から導き出されるところにある。クライエント自身を主体者として位置づけ，個人の潜在能力を引き出し強化するエンパワーメントを志向する。介入計画には，①焦点（人・問題・環境）の設定，②範囲の絞り込み（当事者・家族・環境のシステム），③目標の設定，タイミング，④期間と時間の設定が必要である(太田義弘，1999年)。アセスメントは，どのような介入方法が最も効果的であるかを決定する重要な段階である。ソーシャルワーク介入方法には，ケースワーク，グループワーク，コミュニティワーク，行動療法，家族療法などが含まれるが，これらはソーシャルワーク理論や依拠するモデルから必要な情報を得ることになる。ソーシャルワーク介入の過程は，問題状況のアセスメントから援助計画の達成段階までの具体的方法の実施である。介入に取り込まれる理論，対応するモデル，介入方法と過程のすべてがソーシャルワーク知識基盤の中核である。

**関連する法律，政策，手続き，機構などを理解するための知識**

　ソーシャルワーカーは，国，地方自治体，所属機関の中で仕事する。その役割と責任は，第一義的には法律や関連する政策や手続きなどに規定されるので，関連法律や所属機関の手続きなどに精通していることが求められる。所属する機関や施設の歴史的背景，付託の範囲，権限，機能などについて，またその機関が地域の福祉全体にどのように調和しているのか，他の関連機関との連携状況などについての知識も必要とされる。

組織はそれ自体，変化する可能性をはらんでいるが，社会と人々のニーズの変化にうまく対応しているのか，逆機能していないかなど，自らの機関の実践方法を調整し適応させていくことができるかを検討していくことも求められる。その他，具体的な個々のクライエント集団や状況に対する特殊な知識が求められる。いずれにしても人間の社会生活機能の問題に関わる専門職にとって，専門的知識基盤を深め広げるとともに，広い教養を身につけておくことが望ましい。

### (3) 福祉実践専門職の中核的なスキル

　スキルというものは，専門的知識と価値をともにもたらす実行の構成要素であり，またクライエントのニーズへの応答としての「活動」に知識の価値を転換する。モラレスとシーフォーによれば，ソーシャルワークのスキルを特定状況における適切な技能（テクニック）の選択とその効果的活用と考えている。そしてサービス提供の際に，どんなスキルを使ったらよいのか，その基盤に知識の意識的な利用があるということ，また適切なスキルを決定するために，価値が知識をフィルターにかけるということを彼らは明らかにした[注10]。

　スキルの発展は，価値の探求と知識の習得に依拠しており，それらがサービスの提供という活動に移行，転換するそのものである。ソーシャルワークの理論，調査事実，法律などの知識やさまざまな価値が個人の状況にどのように影響を及ぼすのかなどの知識なしに，スキルは有効に機能できないのみか，場当たり的な実践に終わることになる。

　ソーシャルワーク実践に共通の基本的なスキル，あるいは中核的なスキルとして，CCETSW Paper 30 は，認知スキル，管理的スキル，対人関係スキル，意思決定スキル，資源の利用とマネジメントの5つを[注11]，またボアとフェデリコは，①情報収集と事前評価，②専門的自己の発展と活用，③個人，集団，コミュニティとの実践活動，④事後評価をあげている。アメリカの「ソーシャルワーク教育委員会」は，認知スキルと人間関係スキルをあげ，いずれにも熟知する必要性を述べている。

認知スキル：人と状況についての理解の発展，利用されるべき知識の確認，介入計画，事後評価の一連の介入過程で活用される。

相互作用（関係）スキル：個人，集団，家族，組織，地域に関わる中で，コミュニケーションや理解の発展，計画への参与と実施等で利用される。

(米田綾子)

注

1) William Gorden, 'A Critique of the Working Definition', "Social Work", Vol. 7, No. 4 (October 1962), W. ベームもソーシャルワーク実践にとって必要な知識は，ゴール，機能と解決を必要とする問題によって決定されると独自に結論づけている。Werner Boehm, 'The Nature of Social Work', "Social Work", Vol. 3, No. 2 (April 1958).
2) Werner Boehm, 'The Nature of Social Work', "Social Work", Vol. 3, No. 2 (April 1958), 専門的スキルは，1)課題解決に関連する意図的な知識の選択，2)ソーシャルワーク価値と知識の融合(fusion)，3)専門的活動に関連する中でのこの統合の表現，の3つの内部過程の結果としてワーカーの芸術的な創造を構成すると述べる。また Loise C. Johnson は，ソーシャルワークの構成要素である価値，知識とスキルを創造的融合としてとらえる ("Social Work Practice: A Generalist Approach", 7th ed., Allyn and Bacon, 2001)。
3) F. リーマー，秋山智久監訳『ソーシャルワークの価値と倫理』中央法規出版，2001年，20頁。パールマンは，価値は信念から行為へ，言語から活動へ移行する，もしくは移行の可能性がある以外はほとんど意味を持たない。ソーシャルワークの価値の特殊性は，活動を支配したり方向づけたりする道具的な意味を持つものであると述べている。(Helen Harris Perlman, 'Believing and doing-values in social work education', "Social Casework", June, 1976, pp. 381-382.)
4) F. リーマー，前掲書，11-16頁。
5) F. リーマー，前掲書，36-38頁及び NASW Code of Ethics, 1996。
6) 知識は主に，論理的な知識と実践的な知識に区分することができる。論理的な知識はその世界の事実について知ることと，なぜそうなのかを知ることの2つが含まれる。実践的な知識は，しばしばスキルとかテクニックと記述されるが，ある目的達成のためにどのように行うのかを知る知識である。

7) Sarah Banks, "Ethics and Values in Social Work", Macmillan, 1995, pp. 47-66.
8) Antony A. Vass, "Social Work Competences : Core Knowledge, Values and Skills", London Sage, 1996, p. 10.
9) 太田義弘・秋山薊二編『ジェネラル・ソーシャルワーク』光生館，1990年，52頁。モデルやアプローチは混同されて用いられることもしばしばあるが，秋山は次のように規定している。
   ① アプローチとは対象を特定の構成要素，決定因子，もしくは特定の視点によって認識し，それを基に作成された方法や技術を用いて，クライエントの問題解決を目指す一連の体系的な実践過程のことである。
   ② モデルとは，認識できる事象・現象を抽象的に，ときには隠喩的に描写するものである。すなわち，認識可能な複雑な実態の部分もしくは全体をある特定の決定要因によって，象徴的な理解を促し深めるものである。
10) Louise C. Johnson, Stephen J. Yanca, "Social Work Practice" 7th ed., Allyn and Bacon, 2001, pp. 52-57.
11) Antony A. Vass, pp. 62-82. CCETSW Paper30 (1995) の改訂は，communicating and engaging, promoting and enabling ; assessing and planning; interviewing and providing services;and working in organizations としている。認知スキルには調査事実の把握なども含まれている。意思決定スキルは，権威，義務，責任を伴い，クライエントとワーカーの信頼関係に依拠した過程でなされるべき性質であると述べる。

第3章　社会福祉実践の専門化

## 4　ソーシャルワークと倫理

　専門職成立の条件の一つが倫理綱領である。倫理意識は，あらゆる福祉実践の場に働く専門職者にとって不可欠である。各専門職団体の中核的な価値観と原則を明文化し，実践上での最小限の倫理的な行動基準を示すものが倫理綱領である。わが国では日本ソーシャルワーカー協会が宣言（1986年）し，1993年日本社会福祉士会も採択した「ソーシャルワーカーの倫理綱領」がある。

　福祉の仕事は，思い遣りの善意が根底にあるというわが国の社会通念の中で，福祉職に従事する職員として望ましい態度やあるまじき行為など暗黙裡の了解があった。ところが1984年の宇都宮精神病院の事件をきっかけに，医療，福祉界における人権の問題と倫理観が日本の社会でも問われ始めた。2001年6月，元ハンセン病患者の補償金支給などを定めた補償措置法成立も，人権に対する国民はじめ行政，政治家などの倫理意識の反映を物語っていた。

　倫理にかなった行動能力は，クライエントに提供するサービスの質を左右する重要なものである。倫理綱領は，暗黙裡に理解していたソーシャルワーク実践を支える価値と原則を専門職者（団体）に確認させ，倫理的適用と非倫理的行為に関する苦情を裁定するための基準として役立つ。また実践者自身の倫理的な内省を促し，クライエントと実践者の意思決定に際してさまざまな角度から検討する基盤を提供する。

　米国では，クライエントの道義性に対するパターナリズムに見られる関心として始まった倫理問題が，1970年末までには専門職価値と価値基盤に焦点が当てられ，1980年代以降は，それまでと質的に異なる倫理的矛盾，意思決定の戦略など応用専門職倫理の新しい局面を迎えた（リーマー）。たとえば秘密保持，プライバシー，自己決定の制限などから起こる職業的任務と義務の衝突，限界ある資源活用に関する中での決定，あるいは非倫理的行為などをした同僚に対する報告，過誤による訴訟などの問題である。1996年に改訂さ

れた NASW 倫理綱領は，ソーシャルワークの使命を明らかにするとともに，増加しているワーカーへの苦情や法的訴訟などの例から検討した 155 のより具体的な対応行動を示し，危機管理の役割も担っている。

　倫理的意思決定に関するディレンマの問題は，1)直接的実践――秘密保持とプライバシー，自己決定と父権的保護主義，専門職と個人的価値の間の関係，2)間接的な実践――社会政策，社会計画，運営管理に関する中での公私の責任，規制や法の遵守，労使間の紛争，3)同僚との関係の中で――警告と告発などに分けられる。倫理的葛藤の解決や過誤などのリスク予防の一つの方法として，倫理的意思決定の段階[注1)]を利用することは重要である。

（米田綾子）

注
1) F.リーマー，秋山智久監訳『ソーシャルワークの価値と倫理』中央法規出版，2001 年，107-108 頁。1)衝突する倫理的問題の特定化，2)その影響を受けそうな個人，集団等の特定化，3)実行可能な行動の筋道や参加者の試験的特定化，4)適切と想定される行動の筋道に対する賛否の理由の検証，5)適切な専門家に相談，6)意思決定のプロセスの文書化，7)決定のモニター化とその評価及び文書化で，これは直接的・間接的実践のいずれにも有効である。

# 第4章

# 社会福祉実践の専門職

　社会福祉基礎構造改革は，わが国における新しい福祉の仕組みと考え方をもたらした。社会福祉従事者も過去の救貧的考え方を刷新し，新しい仕組みや考え方で利用者本位の福祉サービス提供に努めなければならない。本章の学習ポイントは，新しい時代の社会福祉実践を担う専門職とは何かを考察し，さらに社会福祉分野におけるさまざまな専門職のあり方について概略的に学ぶことである。

# 1 専門職とは何か

## 専門職業としてのソーシャルワーク

### ① ソーシャルワークとは

　社会福祉における方法や援助技術という言葉は、単独で用いられることはない。それらの根底には「社会福祉」という概念がなくてはならないのである。対人援助としての技術を、「テクニック(technique)」ではなく、「アート(art)」と表現する理由がここにある。

　わが国においてソーシャルワーク (social work) は、かつては社会福祉事業ないしは専門社会事業、最近では社会福祉実践または社会福祉の方法・技術などと訳されている。「社会福祉士及び介護福祉士法」においては、社会福祉援助技術あるいは社会福祉援助活動などの用語が用いられている。

　ソーシャルワークの定義に関してブリーランド(Brieland, D.)は、「一定の訓練を経た技術を有し、福祉サービスの提供に携わる人々の集団で構成される専門職業」であるとし、フリードランダー(Friedlander, W. A.)らは、「個人、集団、ないしコミュニティが社会的もしくは個人的な欲求の実現と自立を得ることができるよう援助する、人間関係に関する科学的な知識と技能を基盤とする専門職業としてのサービス」であるとしている[注1]。

　小松源助は、ソーシャルワークについて、「アメリカやイギリスで使われている概念として用いる場合には、社会事業という訳語を与えずに言語のまま表現される。現在、アメリカやイギリスでは、一般的にソーシャル・ウェルフェア (social welfare) という政策・制度のもとで、一つの専門職として展開される実践体系をソーシャルワークと総称して、両者をはっきり区別するようになっている。したがって、強いて日本語をあてるとすれば、ソーシャル・ウェルフェアを社会福祉制度、ソーシャルワークを社会福祉実践とでも表現できるが、必ずしも統一されていない」と、述べている[注2]。

第4章　社会福祉実践の専門職

　以上のようにソーシャルワークについては，いまだ共通に整理されている定義はなく，いろいろな視点からの見解が提示されている段階にある。このように，さまざまな見解が生じた背景には，ソーシャルワークがさまざまな対人援助活動から派生した自然発生的な職業が専門化していったものであることが挙げられる。

　② 専門性確立にむけて

　ソーシャルワークにおいて専門性ということが議論されることが多いが，それはソーシャルワークが専門性を確立する発展途上にあるからであろう。社会福祉の関係者の間で真剣に議論されても社会福祉関係以外からは必ずしもソーシャルワークの専門性が認知されているとはいえない現実がある。

　一般に職業が専門職として社会的認知を受けるためには，そのサービスの質が保証され，社会的責任を果たすことができる固有の技能が明確であることが第一義的な条件である。つまり，科学的合理性に基づいた手法・手続きに基づいた実践活動が可能となって初めて専門職と称することができる。そのためには，理論の構築及び教育・研修体制の充実が必要である。

　一方，ソーシャルワークをはじめとする対人援助に関わる職業においては，個別性の高い現象を扱うため，技術の一般化を図り理論体系として示すことが容易ではなく，「経験」，「直観」と呼ばれるものに頼るところが少なくないのが現状である。つまり，ソーシャルワークが対象とする問題の特徴として次のことがあるために，理論の一般化が難しいのである。問題の特徴とは，①個々の問題（現象）が多様であり，さらにそれらの②問題は生活上の問題である。したがって問題解決には，③その問題（現象）が生じている背景（問題の要因）を把握し，それら要因の複雑な絡み合いを考慮して解決を図る必要があること，また④問題を解決するのはクライエント自身であり，クライエントの状況に応じた働きかけが必要であること，などが挙げられる。

　専門職業として有効に機能していくためには，上記の特徴を考慮しながら，実践過程を論理的に分析し，援助方法についての体系化を図らなくてはならない。

（川島貴美江）

**注**
1) 奥田いさよ『社会福祉専門職性の研究』川島書店，1992年，9頁。
2) 小松源助編『ケースワーク論』有斐閣，1975年，34頁。

## 2　社会福祉基礎構造改革と専門職

### (1) 社会福祉基礎構造改革

　わが国は，急速な少子・高齢化，核家族化の進展などに伴い，社会福祉に対する需要は増大・多様化してきた。国民の社会福祉制度に対する期待に応え，利用者本位の視点から各種制度を抜本的に見直し，強化していくため，1997（平成9）年，厚生省は，「社会福祉事業等のあり方に関する検討会」を開催し，1998年「社会福祉の基礎構造改革について」がとりまとめられた。その概要は以下の通りである。

**改革の理念及び基本的方向性**

　これからの社会福祉の目的は，個人が人としての尊厳を持って，家庭や地域の中で，その人らしい安心のある生活が送れるよう支援することにある。そして，この理念に基づく社会福祉を実現するために，次のような7つの基本的考え方に沿って，社会福祉の基礎構造全般について抜本的な改革を実行する必要があるとしている。

① サービス利用者と提供者との間の対等な関係
② 利用者本位の考え方に基づく利用者の多様な需要への地域での総合的な支援
③ 利用者の幅広い需要に応える多様な主体の参入促進
④ 信頼と納得が得られるサービスの質と効率性の向上
⑤ 情報公開などによる事業運営の透明性の確保
⑥ 増大する社会福祉のための費用の公平かつ公正な負担
⑦ 住民の積極的かつ主体的参加による根ざした個性ある福祉文化の創設

**改革の具体的内容**
① 福祉事業の推進
・福祉サービスの利用について，利用者の個人としての尊厳を重視する観

点に立ち，行政庁の判断によりサービスを提供する措置制度から，利用者が自らサービスを選択し，サービス提供者との契約によりサービスを利用する制度への移行。
・利用者自らがサービスを選択し利用する制度への移行にあたっては，痴呆の高齢者など自己決定能力が低下している者の権利を擁護する制度の整備が不可欠であり，成年後見制度とともに，それを補完する，福祉サービスの適性な利用など日常生活の支援を行う仕組みを社会福祉の分野に導入。
・権利擁護のための相談援助事業や障害者の情報伝達を支援するための事業など新たな社会福祉事業の追加とともにきめ細かなサービスを提供するための社会福祉事業の規模要件の緩和。
・福祉サービス提供の担い手として中心的な役割を果たす社会福祉法人の経営基盤の確立や適正な事業運営の確保。

② 質と効率性の確保

利用者がサービスを選択し利用する制度への移行に伴い，サービスの提供過程，評価などの基盤の設定，専門的な第三者機関によるサービスの評価やサービスに関する情報開示などの導入。

③ 地域福祉の確立

福祉サービスの利用者が地域での総合的なサービスを受けられる体制を整備するため，対象種別ごとの計画を統合した地域福祉計画の導入や社会福祉協議会，民生・児童委員，共同募金の活性化。

(2) 社会福祉基礎構造改革から見た専門職の役割

社会福祉構造改革の理念を見ると，キーワードとして「利用者本位」，「サービスの質の保証」，「地域福祉（地域における自立した生活）の確立」が挙げられる。これらを実現するためには，専門職の役割として次のようなことが必要であろう。

利用者本位の考え方に基づく支援では，利用者の人間としての尊厳を尊重し，利用者が自己決定できるよう働きかけることが必要である。まず，決定

権が利用者自身にあることを伝えるとともに，そのような態度で接しなければならない。また，利用者が理解可能な提示の仕方で情報提供を行い，必要に応じて，中立的な立場から専門的意見を述べることも求められよう。

　サービスの質の保証に関しては，サービス提供者の知識・技術の習得（教育・研修）体制の確立を図ることが必要である。また，客観的なサービス評価基準の設定，第三者機関等による評価の実施，そして最も重要なのは，評価結果をサービス改善に反映することである。

　地域福祉（地域における自立した生活）を確立する支援を行うためには，多様な側面からなる生活の営みを支えるため，多職種の関わりが必要となる。つまり，サービスのマネジメントをする役割が求められる。マネジメント機能を発揮するためには，利用者の意向を受け身的に受けとめ，サービスを導入すればよいのではなく，よりよい生活を送るためにはどのようなものが求められるかを利用者と共に考え，利用者の個別性を配慮したサービスを導入する（たとえば，利用者の性格を考慮してヘルパーを選ぶなど）ことが必要である。さらに現在あるサービスでは効果的な支援が期待できない場合には，新たな支援方法を創出し，地域支援体制を築くことも大事な役割である。

（川島貴美江）

## 3 ソーシャルワーカーとは何か

### (1) 専門職としてのソーシャルワーカーの発祥

　職業としてのソーシャルワーカーの出現は，1969年にロンドンで組織された，慈善組織協会（COS：Charity Organization Society）の活動に見出すことができるといわれている[注1]。COSの活動は，「ソーシャルワークの方法の構築」，「ソーシャルワーカーの専門教育」，「医療分野における実践活動」，という側面に影響を及ぼしたことで注目される。

　ソーシャルワークの方法の構築：活動の合理性，有効性，効率性において多くの問題があった救済事業について，友愛訪問，調査，登録，連絡調整，を取り入れた組織的な活動を展開し，その後の活動の発展につながっていった。COS活動はソーシャルワーカーの専門教育への大きな影響をもたらした。

　ソーシャルワーカーの専門教育：ブース（Booth, C.）やラウントリー（Rowntree, S.）などが行った社会調査によって貧困の社会的要因への認識が高まった。それに影響され，COSの活動において科学的な知識や訓練に必要性が増大するにつれて，ボランティア活動の限界が顕在化し，専門職員が増加した。さらに，サービス調整・充実を図るため専門職員の養成・教育が問題となった。1904年にはニューヨーク博愛事業学校に1年間の訓練課程が設けられるようになった。これがソーシャルワークの専門教育の始まりである。COSでの有給専任職員採用が増加していった。

　医療分野における実践活動：1905年にマサチューセッツ総合病院に医療ソーシャルサービスが導入された。当初は外来部門のみであったが，1919年には入院部門にもソーシャルワーカーが配置されるようになった。1906年には，コーネル診療所，ベルビュウ大学病院の精神科部門でソーシャルワーカーが雇用された。また，1912年にはボストン・ソーシャルワーク学校に医療

ソーシャルワークの1年コースが設定された。1913年には、ボストン精神病院において精神医学ソーシャルワーカーという名称が使用された。

### (2) ソーシャルワークにおける専門的援助技術の開発

1915年頃からソーシャルワークは専門的な技術形成を重視する傾向が強まってきた。ボランティア活動の延長としてではなく、専門職業化を促進するために、ソーシャルワークの方法や技法に関心が向けられるようになった。そのきっかけは、全米慈善・矯正会議（1915年）における「ソーシャルワークは専門職業か」というフレックスナー報告[注2]である。ソーシャルワークが専門職業であるか否かの評価基準として次の6項目が挙げられた。

① 広範な個人的責任を伴った、優れて知的な活動に関与するものであること。
② それらは事実に学ぶものであり、その構成員は生の事実から得た経験を実験や演習を通してたえず再検討すること。
③ 学問や知識だけにどとまらず、実践への応用を志向するものであること。
④ 伝授可能なものであり、高度に専門化された教育訓練を通して行使展開できるものであること。
⑤ それらは仲間集団を結成し、集団意識を持つようになって、活動や義務そして責任を保持しつつ、専門化組織を構成すること。
⑥ 諸個人を組織から排除または隔離することなく公益に寄与すること。そして社会的目的達成のために尽力すること。

フレックスナー（Flexner, A.）はこれらの基準に照らして、ソーシャルワークは、いまだ専門職業とはいえないと結論づけ、その理由とした「独自の技術、専門教育のためのプログラム、専門職業域の文献、実践技能を有していない」ことを挙げた。この報告に影響されて、ソーシャルワークの技術体系の構築に関心が集められた。

⑶ 米国におけるソーシャルワーカーの状況

ここでは、ソーシャルワークの先進地であり、日本にも影響が大きい米国を取り上げて説明する。

1955年に全米ソーシャルワーカー協会（NASW：National Association of Social Workers）が設置された専門職団体の統合化が進められた。NASWは、アメリカ医療ソーシャルワーカー協会(1918年)、学校ソーシャルワーカー協会（1919年)、アメリカ・ソーシャルワーカー協会（1921年）、アメリカ精神医学ソーシャルワーカー協会(1926年)、アメリカ・グループワーカー協会（1946年）の5つの専門職団体と、コミュニティ・オーガニゼーションと社会福祉調査に関する2つの研究団体を合併して結成された。NASWは、1960年に倫理綱領を制定するなど、ソーシャルワークの専門職化にむけて、実践・理論両面にわたる中心的役割を果たしてきた。

また、教育面では、第二次大戦後におけるソーシャルワーカーの雇用機会の拡大は、専門教育の充実を促す機運を起こし、1946年に全米ソーシャルワーク教育協議会（National Council on Social Work Education）が設立された。さらに1952年には、教育関連団体が一本化されソーシャルワーク教育会議（CSWE：Council on Social Work Education）が設立された。CSWEではカリキュラム検討を行い、1959年に「カリキュラム研究」を報告した。

1960年代の社会福祉サービスの急速な拡大に伴って、マンパワーの確保が重要な課題となり、それまでソーシャルワーク修士（Master of Social Work）にしか認めなかったNASWの正会員資格を学部卒業者にも拡大した。1974年からCSWEはソーシャルワーク学士(Bachelor of Social Work)の資格認定も行うようになった。このような動向を受けて、1960年代の終わりからのソーシャルワーク教育は、ジェネリックなものを教えるという傾向にあった。

その後、ヒューマン・サービス・ワーカーという新職種が生まれ、1982年には全米ヒューマン・サービス・ワーカー協会が設立された。これによりソーシャルワーカーの職務の内容と遂行要件、地位や処遇、技術水準の多様化

が進んだ。

### (4) 日本におけるソーシャルワーカーの状況と今後の課題

わが国では，1960年に日本ソーシャルワーカー協会が結成されたが，その後自然消滅となった。1986年に開催された国際社会福祉会議は，わが国の社会福祉を国際的に見直す機会となり，ソーシャルワーカーの資格化がきわめて不十分なことが指摘された。この国際社会福祉会議が契機となって，日本ソーシャルワーカー協会が再建され，ソーシャルワーカーの資格化を課題として積極的に運動が展開された。

1987年5月26日，「社会福祉士及び介護福祉士法」が公布された。同法第2条において「社会福祉士とは，社会福祉士の名称を用いて，専門的知識及び技術をもって，身体上若しくは精神上の障害があること又は環境上の理由により日常生活を営むのに支障がある者の福祉に関する相談に応じ，助言，指導，その他の援助を行うことを業とする者をいう」と定義し，有資格のソーシャルワーカーが誕生することになった。しかし，社会福祉士が名称独占であることや，社会福祉士には，医療ソーシャルワーカーなどについての規定がないなど，いくつかの問題を残している。また，ソーシャルワークの専門家と社会福祉士が同一とはいえない状況にある。今後，社会福祉士制度の成熟によって，ソーシャルワークに携わる人々の資質のさらなる向上を図ることが望まれる。

(川島貴美江)

注
1) 奥田いさよ『社会福祉専門職性の研究』川島書店，1992年，32頁。
2) 前掲書，67頁。

## 4 専門職としての知識,技術及び感性の研鑽

　前述の通り,「社会福祉基礎構造改革」における「サービスの質の向上」に加え,従来いわれてきた「福祉は人なり」という言葉がますます重要な意味を持つようになってきた。高齢者保健福祉推進十カ年戦略（いわゆるゴールドプラン）においては,主として各種サービスの量的充実（ハード面の整備）が図られてきたが,社会福祉基礎構造改革の根底をなす考え方は,サービスをどのように提供するかというサービス提供者側の姿勢について,利用者の権利性,主体性を尊重するというもの（ソフト面の充実）である。福祉の対象者が障害者などのいわゆる弱者に限定され,措置制度により行政がサービスを与えていた時代から状況は変化している。人口構造及び家族機能の変化に伴い,福祉の対象者は一般住民に広がり,利用者がサービスを選ぶという考え方が重視され,また問題が発生してからの対応だけでなく予防的に関わる必要性も強調されている。そのような中で社会福祉に関わる専門職に対する社会的期待は大きく,次のような能力が求められると考える。すなわち,予防的視点を含めた問題のアセスメント能力,相談技術,サービスのマネジメント能力［当事者の意向を尊重し,関係職種間の連携を図り,必要に応じてサービスを調整・創出（資源の開発）］,サービスの評価,政策への反映などである。これらの能力を養う機会として,個人の学習による知識・技術の獲得に加え,職場等におけるスーパービジョン,ケース検討会,コンサルテーションなどがある。

　なお,社会福祉学とは実践の科学である。理論や概念の理解にとどまらず,それらをどのように実践するかが大きな課題である。専門職としての能力を養うには机上の学習のみでなく,現場での実践を通じて学びとることが必要であり,実体験が大きな意味を持つ。さまざまな人と関わる中で五感を通じて感じたもの,体験を通して考えたことが,自己を研鑽する最大の資源となるといえよう。援助関係は当事者同士の相互作用から作られる共同の創造物

である。ある援助者とクライエントの関係は他の援助者で代替えできる関係ではない。またどのような援助場面も一回性のものであり，同じことが再現されることはない。これらの援助関係の特徴を考慮し，援助者・クライエント双方の自分らしさを尊重した関わりが大切ではないか。

社会福祉は，援助者が傍観者ではなく，当事者としての関わりを通して成立する科学であるといわれる。「熱い思いと冷たい頭（が援助者に必要である）」という言葉をよく耳にするが，冷静で客観的な判断力は，援助に向き合う真剣な思いに裏打ちされて初めて有効となる。どのように理路整然と客観的に分析しても，それのみでは何の有益性も持たない。どうやって人と関わるか，支援するかということに対して意欲があって初めて，よりよい援助を追求する積極的姿勢が生まれ，その意欲や姿勢がクライエントに届くのである。

最後に，援助者の「障害観」や「人間観」について少し触れておきたい。「障害」をもつとはどういうことなのか。「障害者」の規定はその国の制度や法律により捉え方が異なり，日本の法律で定められた障害者に対して，スウェーデンの基準をあてはめると8倍になるともいわれている。

「障害」という概念は，それぞれの立場や状況により捉え方が異なるが，援助は，その人が人間としての尊厳を持ち，自分らしく生活していくために支えていくことから始まる。人間としての尊厳を尊重するということは，その人の存在価値を認めるということであろう。その人がそこに居ること自体が価値あることであり，何か役割を果たしているかどうかということは問題ではない。役割遂行よりも存在そのものが重要であることは，生まれたばかりの赤ちゃんが周囲にもたらす影響（喜びや幸福感）を例に考えるとわかりやすい。心身の状況により自らの行動上の制限を持ち，いわゆる職業的自立ができない人であっても，周囲に喜びや勇気などをもたらす存在であることを，援助者自らが認識し，さらにそのことを本人や家族など周囲の人たちに伝えていくことも大切であろう。

〔川島貴美江〕

# 5 社会福祉実践に関わるさまざまな専門職

## (1) 社会福祉実践に関わる専門職種

　社会福祉実践において，社会福祉援助技術（ソーシャルワーク）を用いて援助を提供することを期待される職種には次のようなものが挙げられる。すなわち，具体的には医療ソーシャルワーカー（MSW），身体障害者福祉司，知的障害者福祉司，児童福祉司，老人福祉指導主事，面接相談員，母子相談員，生活相談員，児童指導員，婦人相談員，家庭裁判所調査官，保護監察官などと称される人々である。
　「社会福祉士及び介護福祉士法」で規定されている国家資格を有する社会福祉士はソーシャルワーカーとして機能することが期待されている。「精神保健福祉士法」で規定されている国家資格を有する精神保健福祉士は「精神保健福祉士の名称を用いて精神障害者の保健及び福祉に関する専門的知識及び技術をもって，精神病院その他の社会復帰の促進を図ることを目的とする施設を利用している者の社会復帰に関する相談に応じ，助言・指導・日常生活への適応のために必要な訓練その他の援助を行うことを業とするもの」とされ，精神障害者の自立と社会参加，社会統合を援助する専門職として期待されている。「社会福祉士法及び介護福祉士法」で規定されている国家資格を有する介護福祉士も，ソーシャルワーカーの機能を果たすことが期待されている。

## (2) 関連する専門職間の連携

　人間の福祉の実現は，社会福祉のみによってもたらされるものではなく，人の生活を取りまく社会福祉以外の諸活動が不可欠である。個別性を重視して個別に働きかける個別援助技術（ケースワーク），グループの持つ力動性を活用する集団援助技術（ソーシャル・グループワーク）は，従来は主としてソーシャルワーカーなどの社会福祉専門職者に期待された方法・技術である

が，今日ではケアワーカーにおいても，その役割が期待されている。また，社会福祉援助活動に参画するのは社会福祉専門職ばかりでなく，医師・看護師・保健師・各種療法士（理学・作業・言語聴覚士）などの多領域の専門職やセルフヘルプグループのメンバーやボランティア及び民生委員や近隣住民などの非専門職も実際的には必要に応じて社会福祉援助活動に参加している。主に間接援助技術を用いた専門職の活動においては，他領域の専門職・非専門職の協力を得て活動が展開される。

近年，関係領域間での連携が図られている最も端的な例は「介護保険制度」であろう。介護保険制度において，要介護度の認定審査会は医師・看護師・福祉関係者及び薬剤師，弁護士など各領域の専門職から構成されることが自治体ごとに定められている。各領域の専門職が審査に関わることは，要介護者及び介護者支援のためには，本人の身体・精神症状のみならず，それによってもたらされる生活上の障害（本人及び家族にとっての生活上の困り事）について，当事者の尊厳を守り，その意向を尊重してサービスを提供するために必要なのである。つまり，本人の身体・精神症状や生活上にもたらす影響を判断するために，医療・福祉・保健などの関係者が，各専門的立場から意見を出し合いながら介護状況を検討していく。さらに要介護度が決定した後には，介護支援専門員（ケアマネジャー）によるケアマネジメントを通してニーズに対応したサービスの提供，調整，そしてモニタリングやケアカンファレンスを行うことが制度の中に定められている。

そして，個々のケアカンファレンスの検討事項を積み重ねることにより，個別的対応のみならず，支援システムや制度の改善を図ることが重要である。

(川島貴美江)

**参考文献**
(1) 秋山智久『社会福祉実践論』ミネルヴァ書房，2000年。
(2) 井上肇監修，野口勝己他編『対人援助の基礎と実際』ミネルヴァ書房，1993年。
(3) 手塚直樹『障害者福祉とはなにか』ミネルヴァ書房，2002年。

# 第II部

# 社会福祉援助技術の体系及び内容

# 第 5 章

# 社会福祉援助技術の共通概念

　社会福祉援助技術とは，人が社会生活を安心して送るために考案された援助の方法である。その方法を見てみると，伝統的には対人関係を基盤に援助を展開する方法（ソーシャル・ケースワーク），小集団の力動性を利用する方法（ソーシャル・グループワーク），地域住民を援助する方法（コミュニティ・オーガニゼーション）に区分される。本章では，これらの援助方法を前提に社会福祉援助技術の共通概念を整理し，社会福祉援助の構造や原理及びスキルについて概観している。

現代の社会福祉援助は，第3章及び第4章で見たように専門職による普遍的な価値や一定の知識に裏付けされた援助理論に基づく実践であるという特色がある。社会福祉援助技術は，ソーシャル・ケースワークに端を発しソーシャル・グループワーク，コミュニティ・オーガニゼーションとともに社会福祉援助の理論として充実強化され，専門的社会福祉実践の基を築いていった。そして，現在では社会福祉援助技術は，ケースワークを中心とする直接援助技術のみならず間接援助技術や関連援助技術にまでわたる多岐の援助技術を産み出し，人々の社会生活の援助を可能にする共通した概念を獲得している。

　以下，本章では，社会福祉援助技術（ソーシャルワーク）の構造や原理，また援助者，利用者，援助関係，援助過程，社会資源等，援助技術の共通概念を明らかにする。

# 1　社会福祉援助の構造

　社会福祉援助の構造とは，社会福祉援助を成り立たせている仕組みのことを指す。椅子にたとえるなら，構造とは椅子の目的に応えるために最も適した仕組みのことをいい，その構造は目的によって規定されながら，構造を支える諸要素を変化させることによってさまざまな形の椅子を形作るわけである。さらに，この構造の如何によって，椅子の働きが規定されてくる。つまり，椅子の機能（働き）が規定されることになるのだ。このように，構造と機能には密接な関連性があるが，われわれの社会福祉援助も同様で一定の機能と構造を有しているのである。ここでは，現代の社会福祉援助の仕組み（構造）についてふれ，第2節では社会福祉援助の働き（機能）について見ることにする。

　「社会福祉援助」といった場合，ここでは広義の意味と狭義の意味との両方を含んだ概念である。広義の社会福祉援助とは，社会福祉行為と同等の意味であり，現代社会における社会福祉関連法律や制度のもとに行われている行

第5章　社会福祉援助技術の共通概念

為全般を指し，狭義のそれは社会福祉の専門的援助実践（社会福祉援助技術）を指している。まず，広義の社会福祉援助は，次の4つの要素で構成されている。

　まず，社会福祉援助の基盤である社会福祉関連制度である。現代の社会福祉は，宗教的なエトスに基づいた慈善行為でもなく，地域共同体における自然発生的な相互扶助行為でもない。「社会福祉」とは，国民一人ひとりが国家や社会との関連で，自らがより良く生きる（well-being）ことを権利として保障されることを指しており，国家の側からは義務として理解されている。これは，少なくとも，わが国及び欧米先進諸国に該当する考え方である。したがって社会福祉援助は，国家の制度として確立され，その制度を基盤にして成り立っている行為といえよう。わが国では，社会福祉法を中心とする社会福祉関連法律がそれにあたる。社会福祉には，政策制度体系と実践技術との両体系が存在すると説明されるが，両者は別個の存在ではない。ここで制度という場合は，社会福祉援助活動を支えている制度という意味である。社会福祉援助が職業として成り立ち，そこに働く人々に対する国家資格まで規定している以上は，制度は現代社会福祉援助の基盤であるといえる。

　二つ目は，援助理念である。上記の制度とは，社会福祉援助の基盤をなす双璧である。援助理念は，現象的には利用者観に現れ，社会福祉制度と相互に影響を与え合っている。マルクス主義的な理解では，社会意識や社会制度はいずれも上部構造で，それらを規定している経済的要因が下部構造に据えられるが，この援助理念も社会経済的要因に大きく影響を受けている。しかしながら，社会福祉援助を支えている援助理念とは，社会経済的要因に影響を受けつつ，綿々と歴史を通じて獲得されてきた「人間尊重」の理念や「個の尊重」の理念を指しているのである。

　三つ目は，社会（福祉）資源や社会福祉サービスである。資源やサービスは，前述の制度によるものとそれ以外のものの二通りに区分できる。すなわち，前者はフォーマルな社会資源・サービスと呼ばれ，たとえば介護保険の居宅サービスや施設サービスがそれにあたる。また，後者は，インフォーマルな社会資源・サービスと呼ばれ，ボランティアによる独居老人の見守り活

動やさまざまなソーシャル・サポート・システムがそれにあたる。社会福祉援助は，資源やサービスを活用しつつ生活援助を行うところに特質があり，現代社会における社会福祉援助には必要不可欠な要素である。

　四つ目は，専門的援助実践（社会福祉援助技術）である。社会が高度化し多様化した現在，社会福祉援助は金銭や物によるサービスのみではその役割を果たせなくなっている。サービス内容も複雑多岐にわたり，精神的心理的サポートも需要が増してきている。このような時代における社会福祉援助は，一定の理念や方法に基づいた科学的援助実践が求められている。また，援助を実行する人（ソーシャルワーカー）も一定の教育を受けた人材が求められているのである。

　以上，広義の社会福祉援助は，上記の4つの基本的要素によって仕組まれており，それらが有機的に関連し合って構成されている。

　さて，次に狭義の社会福祉援助（専門的援助実践＝社会福祉援助技術）の構成要素を見てみよう。社会福祉援助技術は，以下の7つで構成されているといってよいだろう。

　① 援助者

　利用者とともに援助を行う専門家のことでソーシャルワーカーと呼ばれている。最近では，ピア・カウンセリングに見られるように，利用者が援助者になったり，利用者に対して必要なキーパーソンであれば専門家でなくてもチームケアのもとでは援助者となりうる。その意味では，援助者とは資格を持った専門家であることに固守せず，問題や利用者の特質に応じて援助活動を行う人と解してよいだろう。

　② 利用者

　援助を必要とする人のことで，ソーシャルワークではクライエントとも呼んできた。援助を要する人のみではなく，その家族や配偶者が対象となることもしばしばある。また，ソーシャルワークでは，利用者中心という考え方を大切にしてきている。

　③ 援助目的

　援助の目的は，個々人が抱えた問題により相違するが，概ね利用者のニー

ズを充足し，社会生活を回復することに中心が置かれているといえよう。また，最近の生活モデルのソーシャルワークでは，社会生活の回復とともに，人々が持つ潜在的な力（パワー）をつけていくエンパワメントが協調されている。

④　援助方法

　伝統的な援助技術（ケースワーク，グループワーク，コミュニティ・オーガニゼーション）に加え，ソーシャル・ウエルフェア・アドミニストレーションやケアマネジメント等種々の援助方法が開発されている。利用者のニーズに応じた援助方法を駆使すると同時に，援助方法の総合化・統合化が今後の課題である。

⑤　援助関係

　社会福祉援助技術は，究極的には人との関連性に関わる技術であり，その当初から現在まで援助関係のあり方を問い続けてきた。社会福祉援助技術の生命線といってよいだろう。広義の社会福祉援助構成要素である援助理念と密接に関連しており，実践現場では援助理念は援助関係として具現化されるがゆえに，援助者に問われている利用者との援助関係の課題は大きい。

⑥　援助過程

　援助関係とともに社会福祉援助技術が問い続けてきた課題であり，援助技術にとって必要不可欠な要素である。援助内容と深く関わっており，問題も見極め解決の道筋を利用者とともに探るという最も専門性が必要とされる要素である。

⑦　援助の場所

　場所的要素も援助には欠かせない。問題解決の流れで，問題発生や発見の場所，問題解決の場所等，社会福祉援助活動を展開するためには必要不可欠な要素である。それが，家庭なのか施設なのかでは働きかけの方法も手順も変わってくるのである。また，機関の機能は，個々の問題に対してそれぞれ有効性と限界とがあるので，そのことも含めて場所的要素を考慮する必要がある。

（佐藤克繁）

## 2 援助の目的とその原理

　伝統的なソーシャルワーク技法である3分法(ケースワーク，グループワーク，コミュニティ・オーガニゼーション)が成立した頃のソーシャルワークは，近代市民社会からドロップアウトしたクライエントに対する対策であった。貧民や障害者等，社会的に機能できないクライエントの社会的適応が主たる目的であり，そうした目的のために医学や心理学の理論が援用された。概ね，クライエントは，治療を必要とする病者と見なされていたといっても過言ではない。しかし，一方社会改良をソーシャルワークの目的機能であると認識し，社会変革もその活動の射程に入れられていた。

　ソーシャルワークの目的は個人の社会適応か社会変革かという課題は，ソーシャルワークにとって軽視できる問題ではなかった。しかし，個人か社会か，個人か環境かという二分法な考え方自体が，諸科学の発展とともに間違いであることに気付いていった。個人の社会生活や生活構造は，図5-1に示されるように，個人の内面とそれを取り巻く経済・政治・社会・文化等との密接な関連性の基に築かれているという認識を得てきたのである。そして，直接援助技術(個別援助技術や集団援助技術)や間接援助技術(地域援助技術，社会福祉調査法，社会福祉運営管理法，社会福祉計画法)もともに，個人の社会生活の向上とそれを支える技術として，心理学や社会学，システム論・生態学・精神医学・精神分析・経済学・経営学など多様な理論を取り込みながら生成発展してきた。

　個別援助技術では，個人の社会的機能を高めるために介入技術を開発してきたし，集団援助技術も同様である。たとえば，パールマン(Perlman, H. H.)の「ワーカビリティ」という概念や最近の「エンパワメント技術」に見られるように，利用者観や権利意識に相違は見られるものの，個人の社会的対応あるいは適応力を増進するための援助技法が開発されてきたのである。

　間接援助技術は，社会福祉環境を整える技術として理解されているが，そ

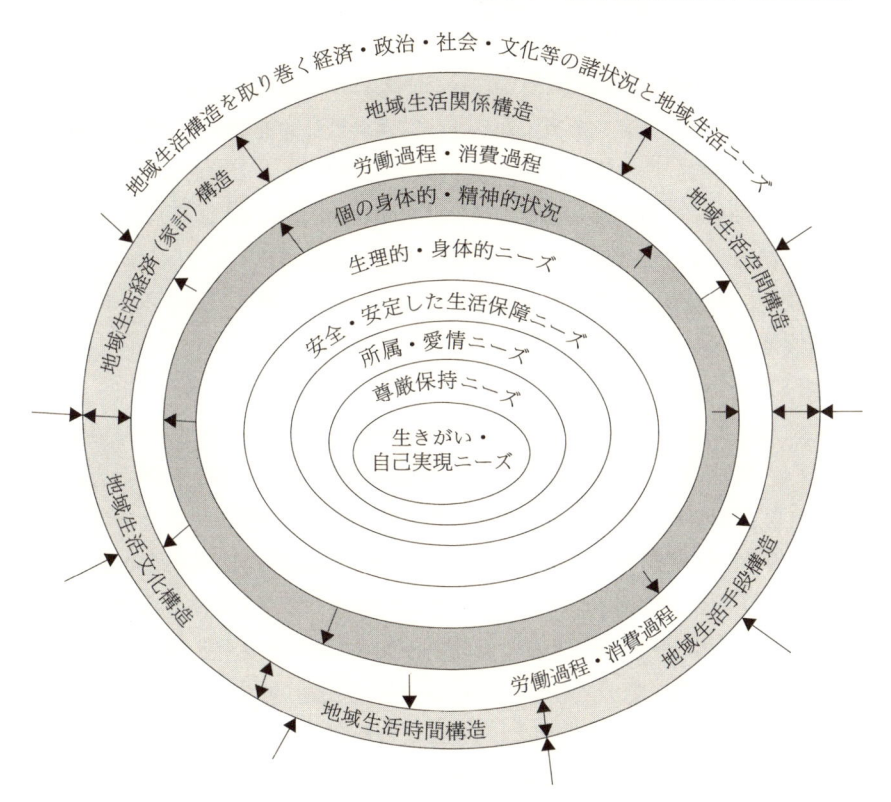

第5章　社会福祉援助技術の共通概念

（図：同心円状の生活構造横断図）

外周の矢印周囲：地域生活構造を取り巻く経済・政治・社会・文化等の諸状況と地域生活ニーズ

外側から内側への円の構造：
- 地域生活関係構造
- 労働過程・消費過程
- 個の身体的・精神的状況
- 生理的・身体的ニーズ
- 安全・安定した生活保障ニーズ
- 所属・愛情ニーズ
- 尊厳保持ニーズ
- 生きがい・自己実現ニーズ

周辺の構造名称：
- 地域生活経済（家計）構造
- 地域生活空間構造
- 地域生活手段構造
- 地域生活時間構造
- 地域生活文化構造

注　各構造要因は，相互に関連し合って存立している。それぞれの概要を知るため各構造因子の一端を注記しておく。
【生活関係構造】家族関係，近隣ないし地域関係，生活援助の人的ネット（専門，非専門）。
【生活手段構造】日常生活用具，移動・交通手段等の配置，医療・保健制度等，生活援助・回復・問題予防の制度・活動体。
【生活空間構造】住居，地域環境，生活環境に関する諸制度。
【生活文化構造】学問・芸術・娯楽等（享受・活動参加），教育・文化制度。
【生活経済（家計）構造】家計収入・支出。
【生活時間構造】日々の生活時間の配分状況。

**図5-1　生活構造横断図**

（出典）牛津信忠「生活構造と社会経済体制」『長崎外語論叢』24号，1981年，62-65頁

の目的は個人の社会生活の向上に向けられている。たとえば，社会福祉運営管理法である。社会福祉運営管理法は，広義には政策制度に基づくソーシャルサービスのマネジメント技法として，狭義には社会福祉施設の運営管理として理解されている。広義の意味でも狭義の意味でも，その目的は個人の社会生活の向上である。社会福祉施設の運営管理は，施設経営の効率を図り，人的，物的管理を行うが，効率や管理を促進して経営を安定させることだけではない。施設の経営を安定させることによって，利用者に対するケアの向上を図ることに目的があるのである。

　国際ソーシャルワーカー連盟は，2000年7月27日にカナダのモントリオールにおいて，ソーシャルワーク（社会福祉援助技術）を次のように定義した。「ソーシャルワークの専門職は，人間の福利（well-being）の増進を目指して，社会の変革を進め，人間関係における問題解決を図り，人々のエンパワメントと解放を促していく。ソーシャルワークは，人間の行動と社会システムに関する理論を利用して，人びとがその環境と相互に影響し合う接点に介入する。人権と社会正義の原理は，ソーシャルワークの拠り所とする基盤である」。そして，ソーシャルワークは「価値，理論，および実践が相互に関連しあうシステム」であるとした（巻末「資料編」参照）。

　ソーシャルワークは，「人間の福利（well-being）」の増進を目指した活動でありソーシャルワーカーは，そのために多くの役割を期待されている。その役割とは，ニーズや問題の性質によって異なるが，概ね次の7つの役割があるといってよいだろう[注1]。

① 相談援助者（Conferee）
② 支援者（Enabler），弁護者（Adovocator）
③ 管理者（Manager），保護者（Guardian）
④ 仲介者（Broker），調停者（Mediator）
⑤ ネットワーカー（Networker）
⑥ ケースマネジャー（Case Maneger）
⑦ エデュケーター（Educator）

　わが国の相談援助の専門家である社会福祉士は，「相談，助言，指導その他

## 第5章　社会福祉援助技術の共通概念

の援助」を実施することを業とするが，社会福祉士も現場で要請されている役割は前記の7つに加えて，組織変革，コンサルテーション，資源動員・資源開発，計画立案・参加等の役割が期待されている。　　　　　（佐藤克繁）

### 注

1) 太田義弘・秋山薊二編著『ジェネラル・ソーシャルワーク――社会福祉援助技術総論――』光生館，1999年，155-200頁参照。

### 参考文献

(1) 牛津信忠・星野政明・増田樹郎『社会福祉原論』黎明書房，2001年。
(2) 太田義弘・秋山薊二編著『ジェネラル・ソーシャルワーク――社会福祉援助技術総論――』光生館，1999年。

## 3 利用者

### (1) クライエントから利用者へ

 1980年の「バークレイ報告」は,「クライエント」の使用に関して,2つの用語すなわち「コンシューマー (consumer, 消費者)」「ユーザー (user, 利用者)」を対比的に検討している[注1)]。前者について,この用語は,商品取得を連想させるがゆえにソーシャルワークの過程に何も貢献しないと考えた。後者は,中立的で応用可能な用語であるが,ソーシャルワークが対人的サービスであるという意味内容を持たず,マネジメント的意味も持たないと考えた。結果として,依存的でスティグマ(烙印)の印象を与えるが,それでも前二者よりもクライエントという用語が望ましいと判断した。
 コンシューマーについては,これを「コンシューマー主義」として対人サービスに導入することは,サービスの質に関して「無意識かつ潜在的に有害となる可能性」を指摘している。これはクライエントの権利を公式化することの二面性すなわちソーシャルワーク実践あるいはワーカー＝クライエント関係を促進させるか阻害するかの両面に繋がっているという警戒感にほかならない。一方で,クライエントによる訴訟や苦情に伴うリスクは,意思決定を遅らせる一因であり,他方,より良いパートナーシップに基づくならば実践や関係を促進させることができるのである。〔報告書は,伝統的なソーシャルワーク関係に潜むパターナリズム(父権的温情主義)がこの警戒感を生み出していると指摘したうえで,権利の公式化が必要であると結論づけている。〕
 報告書のこうした概念化は,「クライエント」から「利用者」に至る経緯において,時代的なイデオロギーが影響していることが窺える。たとえば,ソーシャルワーカーの専門性に対する呼称と深く重なっている。1980年代前後から用いられている「イネーブラー (enabler)」は,直訳すれば「可能ならし

める人」つまり「クライエントの能力を引き出す人」という意味である。これはソーシャルワークの役割を象徴した呼称であるが，利用者主権の高まりの中で，米国では「可能ならしめる」ソーシャルワーカーが「シュリンク (shrink)」(「頭をこね回す人」の意) などと揶揄された背景と重なる。コンシューマーもまた消費者運動の高まりの中で，とくに米国の障害者が自らをサービスの「消費者」「雇用主―被雇用者の関係」として位置づけて，「商品（サービス）の質」を問いかけてきたことは記憶に新しい。

他方，クライエントという呼称は，もっともソーシャルワークの伝統を表したものであろう。弁護士，カウンセラー，心理療法士との関係においても総称されることから，「来談者」という意味として用いられている。ソーシャルワークでは，リッチモンド (Richmond, M. E.) のケースワーク関係に登場し，またロジャース (Rogers, C. R.) が提唱したクライエント中心療法なども大きく影響している。

## (2) 利用者主権

福祉分野においては「対象者」「要援護者」「被保護者」などがクライエントの呼称に該当する。こうした表現の中に「依存的でスティグマの印象」がないわけではない。サービスの対象という客体的な存在としてクライエントを捉えるならば，依存する者，保護される者，養われる者という被用感覚が付着することは避けられないのである。それに対して，前述のロジャースが「自己実現」や「共感的理解」という概念を用いるとき，そこに主客の転倒つまりクライエントの主体性の回復こそが援助関係の核心であり，援助者は側面援助の立場なのだという認識が成り立っている。これはパールマン (Perlman, H. H.) の「ワーカビリティ (workability)」つまりクライエントの多様な問題解決能力の活用・発揮こそが援助なのだという認識にも通底している。

そうだとすれば，クライエントという呼称は，援助関係の位置の取り方によって大きく認識が変わってくるということになる。利用者（ユーザー）という呼称は，その意味では，ソーシャルワークによるマネジメント機能とい

う性格は薄くなるが，利用者本位さらには利用者主権という立場性は明確になるということができる。たとえば近年の障害者の自立生活運動ひいては種々の当事者運動は，消費者運動や公民権（市民的権利の保障）運動に端を発し，他方で脱施設や脱医療を実現していこうとしている。施設や病院のサービスが結果的に彼らの生活力や社会性を奪い，依存や更生・保護を強いてきた歴史があるからだ。

その意味では，利用者という立場は，与えられる側，施される側ではなく，自らのニーズに対応して積極的にサービスを選択し，活用し，必要ならば拒否することも可能である。つまり，満足度や安心度も含めたサービスの選択の基準は利用者の側にあるのだ。こうした立場は，サービス評価の主体が誰であるかを示唆している。たとえば，福祉サービスに付着する惰民観では，永く「弱者」としてのイメージが濃厚であったが，今日の「利用者」イメージには，サービスの利用—提供関係という対等性を鮮明にする効果があると言えよう。

エンパワメントという概念は，こうした「利用者」観を象徴的に示している。言うまでもなく，これはパワーレスネス（無力化の状態）におかれた人々が，自らの内在的な力を認識し，人生の主人公として自己決定権を行使することを意味する。しかし，専門職によるパターナリズム（父権的温情主義）がこれと対立し，骨抜きにすることも可能である。

たとえば米国のオンブズパーソン教育は，「利用者の権利」に関する文言を示している[注2]。それによれば，まず①「利用者が日常的に権利を行使しない理由」として，自立の希望と援助の期待との板挟みに苦しみつつ，〈権利〉を理解し，主張し，行使する機会さえ与えられていないことを明らかにしている。次いで②「権利行使を妨げる障害」として，自己への信頼と強さに気づく機会がないことに加えて，援助スタッフが「利用者の権利」を恐れているがゆえに，「エンパワー」することに慣れていないと指摘している。そして③利用者のみならず，スタッフもまた「利用者の権利」について学習する機会（研修，指導，プログラム，労働条件，福利厚生）を設けることが重要であると説明している。

第5章 社会福祉援助技術の共通概念

　こうした背景には，社会福祉援助の〈関係性〉の根源的な課題があると言えよう。すなわち，「利用者の権利」として，第一に，利用者は自らのニーズとそれに対応するサービスに関して，十分な情報と学習機会を与えられなければならないこと。第二に，利用者がエンパワーしていく援助関係（たとえば施設ケアにおける「自由最大化状況」の意義など）を創ること。第三に，利用者の権利や行動を〈アドボケイト〉する援助者の存在が不可欠であること，などが求められているのである。

　利用者主権とは，こうした基盤の上にこそ具体的な姿を現すのであり，クライエントから利用者（ユーザー）へと転換する道筋もまた見えてくると言えよう。
　　　　　　　　　　　　　　　　　　　　　　　　　　（増田樹郎）

注
1) 英国バークレイ委員会報告，小田兼三訳『ソーシャル・ワーカー＝役割と任務』，全国社会福祉協議会，1984年，ⅩⅢ。
2) 政策資料 No.48『アメリカの介護オンブズマン養成プログラム』大阪地方自治研究センター，2000年，54-55頁。

# 4 援助者

## (1) 専門職

　社会福祉が専門職化していくことは時代の流れである。専門職化への道は，「援助者」としての意識や実践に大きな影響を与えていることは間違いない。専門職化とは，その行為が「問題」に対する専門的な技術・知識として有効であるという社会的・政治的承認によって成り立つものである。他方，そうした承認が国家的承認の下で「専門職制」として確立していく場合には，一定の目的的な集団として機構化することを意味し，それゆえに専門職の名のもとに「権力」を獲得していくのである。

　1987年「社会福祉士及び介護福祉士法」による国家資格は，それ以後の精神保健福祉士，保育士，介護支援専門員などの資格の新設あるいは改定も含めて，福祉に関わる専門職の時代が本格化していることを象徴している。専門職に課せられた倫理性や自律性は，それが社会的信頼（威信）に基づいているがゆえに，厳格に遵守される必要があるし，また逸脱行為があればペナルティ（罰則）の対象となることもある。

　こうした専門職の立場は，次のような特性として想定されている[注1]。すなわち，①技術的能力に基づく資格・免許である〔業績本位〕，②科学的な基準を採用する〔普遍主義〕，③自己の技術能力の及ぶ領域に活動を限定する〔機能的限定〕，④情緒的関与を避けて客観化の心性を養う〔感情的中立性〕，⑤利用者の利害を自己の利害に優先させる〔集合体志向〕である。

　とくに医療の専門職に内在するこうした特性は，急速に資格化していく社会福祉の専門職にも公的イデオロギーとして深く浸透している。しかし，社会福祉援助の特質として，医療，教育，保健そして地域など，その多様な非定型的な職場や現場から見れば，たとえば職能集団としての知識・技術のレベルの保証，サービス提供の普遍性に対する献身，そして何よりも専門職と

しての倫理への忠誠について見れば，いまだ未成熟な自律性にほかならないと言えよう。

(2) 専門倫理

さて，援助という行為は，それ自体がいつでも「倫理的」であり，「価値的」である。利用者のいのちと生活に深く関わる社会福祉援助であれば，その技術は利用者の生活に介入するために使用されるからである。

利用者は何らかの生活課題や心身の課題を抱えて，援助を必要としている。それゆえに，介入し，変化を促し，課題解決に向かって援助は遂行されていく。ある状態を変える（べきである）という不確定の現実に対する判断や行為を伴う過程だからこそ倫理的・価値的であるというのである。

こうした専門的な援助関係は，いつでも限定的であるし，普遍的で中立的である。それが保証されるのは，利用者と援助者との「能力格差」による「権力性」ではなく，利用者の信頼に応えるという〈責任倫理〉にある。

限定的であるというのは，援助者の専門的な判断がそのまま利用者のニーズ（必要性）ではない，あるいは利用者がリスクを持っているからといって必ずしも介入することを求めてはいないということである。さらに，利用者の信頼に応えるということは，利用者からの要求や期待に対する努力義務としての「応答責任（responsibility）」のみならず，サービス効果から費用明細，リスクまでを含めた利用者に対する「説明責任（accountability）」を果たすことを意味している。この位置ではじめて主・客が転倒して，利用者本位の援助関係が見えてくるのである。

(3) 専門的自己覚知

援助者に対するこうした倫理的な責任は，利用者との関係においてのみ問われていくことではない。援助者個人の信念や資質とも深く関わっている。援助者が持つ個人的な信念とは，その人が持つ「自己概念」といってもよい。信条，能力，資質といった個人的な水準と，倫理，知識，技術といった専門的な水準との両面で，援助者は自らの意義と限界を知っておくべきであろう。

利用者に対する援助者の支配的位置は，援助行為をいたずらに権威的にさせることがある。たとえば，貧しい人に対する劣等処遇は，ときとして「惰民観」を色濃く映し出すことがある。痴呆性高齢者に対する「身体拘束」は，リスク防止の名における「虐待」以外のなにものでもない。精神障害者に対する閉鎖病棟は，治療という「隔離」にほかならない。介護サービスの困難事例は，利用者・家族の問題であるよりも，ケアマネジャーの力量によって惹起する課題であることも少なくない。

　援助関係に顕れる上記のような課題は，援助者にとっては両立しがたい局面であり，選択肢であることが多い。それは専門職としての義務と価値の拮抗というべきものであり，制度や組織の狭間で，自らの立場と限界を自覚するときでもある。

　利用者の権利とは何か。ニーズとは何か。そして利用者が求めている生活とは何か。本来，援助者とはそのように課題を真摯に受けとめ，利用者をエンパワーするための援助を期待されている。しかし，社会福祉的な援助は利用者にとってたえず被傷的であり，ときにスティグマ（烙印）と密接であり，そして深く生の尊厳に触れている。この関係の繊細さに対する援助者の自己覚知は，利用者と共に同じ磁場に在るという感覚に裏付けられている。それは互いの「補充関係」（メイヤロフ，Mayeroff, M）と言い換えてもよい。

　つまり，援助者も共に理解し，受容し合う関係なくして，「ケアする能力」を身につけることはできないという援助関係の本質に気づくということなのである。利用者との間にある語りかけと応答の関係は，「他者の自己実現をたすけることが，とりもなおさず私たちの自己実現につながる[注2]」という原事実なのである。

　さて，援助という行為を専門的な職業とする場合，そしてその対象が「人間とその生活」であるという場合，それが明白に倫理的な次元を含んでおり，意識するかどうかは別として，人格と生活に対する良否の判断が容易にはたらく現場であることを明確に自覚することが不可欠である。そして，それこそが「援助者」としての出発点であり，基底なのである。　　　　（増田樹郎）

第 5 章　社会福祉援助技術の共通概念

**注**
1)　T. パーソンズ，佐藤勉訳『社会体系論』青木書店，1974 年，449-458 頁。
2)　M. メイヤロフ，田村真・向野宣之訳『ケアの本質』ゆみる出版，1988 年，197 頁。

## 5　援助関係

### (1) 援助関係とは

　"関係"とは，特定のつながりを持つことであり，またそのつながり方がどのような常態であるかを指している。援助関係とは援助を目的として成り立つ人間関係である。援助を目的とした対人関係である。人は誰しも生きていく上でさまざまな変化や困難，悩みや苦しみに出会う。それらは，社会的な問題，病気などの健康上の問題，経済的な問題，人間関係でのつまずきなど有形・無形であり，予期せぬ形で訪れるものである。人は大抵自分の問題をなるべくなら自分で解決したいと願っているが，ひとりでは困難な問題は，時には友人や家族などの身近な人の力を借りて解決する。多くは人を頼りたくないものであるし，援助を求めるよりは，可能なかぎり自力で解決しようと努力するか，諦めてしまい放置することもある。自分で解決できたときは成就感，達成感に満ち，自分に自信を持つことができる。解決困難な場合は，途方に暮れたり，自分を責めたり他人を責めたりであろう。解決方法として，家族や友人に援助を求めた場合，その助けは時には有効で非常に役立つ場合もあるが，しばしば問題を解明し，解決の方向に導くどころか，かえって悪化・混乱させる場合もある。人が抱える問題は，解決方法を見出すことができる性質のものばかりとは限らない。自身の問題にすっかり混乱するほど悩み，自分の話に耳を傾け受け止めてくれる人を求める場合，混乱する自分を十分受け止め，話を聞き，秘密を守り，理解してくれる相手が必要となるのである。

　直面する問題によって揺らぐ自分を安心させ支えてくれる相手が必要となる。このような援助を目的とした対人関係は，日常の生活環境における一般的な人間関係では成立することは難しい。また，本来，人は自分の問題は自分で解決したいという欲求を持っている。援助者はこの人の持つ欲求を尊重

し，解決する能力を有しているという確信をもって関係するのである。

　援助を目的とした対人関係は，「援助する側」と「援助される側」という相二分する関係を必然的に生じさせるという宿命を持つものである。しかし，このことは，「援助する側」と「援助される側」が所与のものであるということを意味しているのではなく，援助関係というものが同じ人間が関わり合うという対等の関係であるという援助関係の本質について示唆しているのである。援助関係は，援助者も援助を受ける側も同じ人間であることを前提として成り立つのである。

　援助関係をつくり，問題解決に向かって共に歩く過程で結ばれる関わり方の体験は，援助される側にとって解決方法の学びである。援助する側は，援助者としての専門的な自己の成長を求められる専門職としての宿命を背負う。

　両者にとって共同作業の関係であり，それは，支え合う関係であるということを意味しているのである。

## (2) 援助関係の形成

　社会福祉援助活動を進めていく際の援助関係は，専門職業的な対人関係である。専門職として人を援助するということである。援助する側と援助される側というワーカー＝クライエント関係を基軸に展開される。当然，援助者は，意図的・意識的に援助関係を形成する役割と責任を負う。この専門職業的な信頼関係を形成する方法は，ソーシャルワークの経験から生まれ，人間の欲求と行動とを解明する心理学や社会科学などの知見を取り入れ，援助関係を形成する方法・技術として結合し発達してきたといえる。ソーシャルワークの一つである基本的な援助技術としてのケースワークの根底には，①クライエントを尊重すること，②クライエントをありのままに受け入れること，③クライエントを非難しないこと，④クライエントの自己決定に対する権利を尊重すること，⑤クライエントの秘密を守ることなどの民主主義の原則から発展した援助関係の倫理的価値がある。このことは援助関係を形成する出発点であるといえる。ソーシャルワーカーとクライエントが専門的信頼関係を締結するにあたり，基本的なクライエントへの積極的関心や受容的態度を

形成するために援助者が持つべき態度については一般に「バイステック（Biestek）の7原則」が最も頻繁に引用されている。

さて，援助関係において，援助者も人間である以上，関係を形成する上での困難に出会うことがしばしばである。どんなに援助者が努力しても，クライエントが，心を開かないばかりか，拒否されたり，非難されたりすることがある。援助者はこのようなクライエントの感情や行動に影響され，冷静な判断力，共感的態度，職業的倫理観を見失うこともあり，援助者にとっては注意を要する点である（転移，逆転移の問題等）。

### (3) 援助関係と援助者の自己理解

援助関係において，信頼関係を成立，維持，発展させていくためには，援助者が自己の行動様式や態度，応答の仕方，感情の表現方法，言語的・非言語的表現の特徴などについて，より慎重かつ多くの注意を払い，自己について深い理解をすることが求められる。クライエントは，援助者のクライエント自身へのさまざまな反応によって，関係性のあり様を体験するが，それはいわば援助者の専門的に磨かれた態度によって可能となる。また，援助関係を創り合っていく過程で援助者は，クライエントが問題解決という目的に向かって自ら解決できるよう仕向け，クライエントの問題解決能力を高めて，自己実現を図るよう援助する。援助者は，この役割を自覚して，自身のありのままの姿に気づく努力を絶えず続け，自己理解を深めていくことが大切である。援助関係は，常に援助者の自己理解の作業を通してこそ，鏡に写し出されるといってよいであろう。それは，とりもなおさず専門職業的な自己訓練と合理的方法，スーパービジョンによって可能となるのである。

（川島貴美江）

## 6 援助過程

　援助過程とは、ソーシャルワークにおける開始から終結に至る一連の時間的な流れ、それらを考慮に入れた科学的な方法や手法のことである。援助過程は、その対象や方法によって多少異なることが考えられるが、「問題発見の局面」「情報収集の局面」「情報分析の局面」「援助計画立案の局面」「援助計画実行の局面」「評価の局面」「終結の局面」の7つの局面から捉えることができよう。ここでは、ソーシャルワークの展開過程を、①問題の発見、②アセスメント（事前評価）、③プランニング（援助計画の作成）、④インターベンション（援助計画の実行）、⑤モニタリング（実践評価）、⑥終結・エヴァリュエーション（評価）、という6つのプロセスから全体の流れを概観しよう。

### ① 問題の発見

　援助はワーカーとクライエントとの出会いから始まる。つまり、クライエントが抱える「問題」や「課題」について、本人あるいは本人以外によってその問題が発見され、ワーカーのもとに相談が持ち込まれることから援助が開始されるのである。またこの段階では、クライエントからの申請を待つだけではなく、ワーカーが地域や家庭に出向き、援助を受けることに対して消極的なクライエントを発見し介入する「アウトリーチ」の活動も重要である。

### ② アセスメント（事前評価）

　アセスメントとは、クライエントが抱える問題の解決やニーズの充足のために、どのような方法・手法で援助を展開すべきかを明確にすることを目的に、本人や関係者から情報を収集し、整理・分析を行い、総合的に評価することである。具体的には、①クライエントは誰か、②クライエントの主訴は何か、③問題の詳細（時期・期間・頻度・場所等）はどのようなものか、④問題に対するクライエントの感情や態度はどのようなものか、⑤問題はクライエントの生活にどの程度影響しているか、⑥問題の解決を図るためにどの

ような方法が考えられたのか，⑦クライエントが援助を受ける決意をした理由は何か，⑧問題の発生に関係する人々や出来事があるか，⑨クライエントの真のニーズは何か，⑩クライエントの持つ力や長所は何か，⑪問題解決のためにはどのような社会資源が必要か，⑫クライエントを取り巻く環境はどのような状況か，⑬クライエントの生育歴（家族関係・友人関係等）はどのようなものか，⑭クライエントの思想や価値観はどのようなものか，などが挙げられよう。また同時に，クライエントのみならず，ワーカーが所属する組織（機関・施設等）のアセスメントも必要である。つまり，ワーカーに対して求められていることを的確に判断し，所属組織で提供できるサービスの種類と範囲を考え，援助者としての力量を評価するのである。このようなプロセスを通して両者の共通理解を形成し，「援助契約」が結ばれるのである。

③ プランニング（援助計画）

援助計画を作成するにあたっては，まず「援助目標」の設定が行われなければならない。しかしながら，一言で「援助目標」といっても，その内容は多岐にわたることが考えられる。そのようなケースでは，「長期目標」やその長期目標を達成するまでのプロセスに設定される「短期目標」，「援助目標の優先順位」などを考える必要があろう。それらを踏まえて，目標達成のための具体的な援助方法が選択・決定されるのである。

④ インターベンション（介入）

インターベンションとは，作成された援助計画のとおりに援助を展開し，介入するものである。近年，福祉課題は多様化・複雑化しており，クライエントを適切にサポートするためには多方面からの協力・支援が必要である。そのようなケースでは，援助に参加するすべての機関の援助計画に対する共通認識が不可欠であり，それぞれの機関が果たすべき役割を明確化し，情報交換や連絡調整を綿密に行い効果的な援助を展開しなければならないのである。

⑤ モニタリング（実践評価）

援助を展開していく中では「モニタリング」（実践評価）を行うことも重要である。「モニタリング」とは，当初の計画どおりに援助が行われているか，

その結果として，クライエントの抱える問題や課題が解決に向かっているかを確認する作業である。当初の目標に対して結果が伴わない場合やクライエントを取り巻く環境に変化が生じた場合には，援助計画の見直しが必要となるのである。

⑥ 終結・エバリュエーション（評価）

「モニタリング」が一連の援助内容の実践的評価であるのに対し，「エバリュエーション」とは，援助の終結に向けて行われるものであり，目標の達成度やニーズの充足度，サービスの満足度などを測定し，援助の有効性や効率性を評価するものである。つまり，援助がどのような機能を果たしたのかということを確認・評価するのである。

以上，ソーシャルワークにおける援助過程について概観したが，これらはそれぞれが独立したものではなく，互いに重なり合いながら展開され，状況によっては前の段階に戻ることもあることを明記しておこう。　　（増田康弘）

**参考文献**
(1) 北島英治・副田あけみ・髙橋重宏・渡部律子編『ソーシャルワークの基礎理論』有斐閣，2002年。
(2) 平岡蕃・宮川数君・黒木保博・松本恵美子『対人援助』ミネルヴァ書房，1988年。

# 7　援助のスキル

　国際ソーシャルワーカー連盟によれば，ソーシャルワークは以下のように定義される。すなわち「人間の行動と社会システムに関する理論を利用して，人びとがその環境と相互に影響し合う接点に介入する」行為である（2000年7月採択）。この文言には，ソーシャルワークが「理論」，「価値」，「実践」によって構成されるシステムであり，「人と環境の接点」でその専門的行為が成り立ち，そこに「介入」することがソーシャルワークであると付記されている。

　さて，「人と環境の相互作用」に「介入」するとは何か。個人の生活危機や社会的障壁（不公正，不平等など）といった問題状況に対して，それを変えていくために積極的に支援していくこと，あるいは適切に対処していくことを意味しているとすれば，一方で，すでにそれ自体が価値的であり，倫理的である。他方で，「介入」行為という面からすれば，それはいつでも方法（method）的であり，技術（technique）的である。

　専門職としての知識や価値，技術や組織の体系を積極的に活用する，社会福祉的な援助行為がソーシャルワークであるとすれば，この総体（システム）を通常「スキル」と呼ぶことができる。その意味で，スキルとは，専門的な知識や技術に習熟し，特定の機能を持ち，目的的な活動を有する実践の総体を指している。

　岡村重夫は，「社会福祉の原理」はその実践理論として，問題の明確化として「対象構成の原理」，問題解決への援助としての「援助機能の原理」という両面性があり，それが固有の方法であるためには，「有効性」「能率」「目的合理性」という基準が不可欠であり，しかして，そこに実践の方法が成り立つと指摘している[注1]。前二者は，「人と環境の相互作用」に生ずる「問題」に対して，問題の対象が何かを「診断」し，どのようにそれを「治療」するかの原理であり，後の三つはそこに働く基準である。価値や知識の体系を前提

に，実践方法（専門的介入）を支える原理であり，基準であるとすれば，この総体をスキルと呼ぶことができよう。

その領域を具体的に言えば，以下のように想定できよう。一つは，個人，家族，集団，地域が福祉課題を抱えて機能不全に陥った場合に援助する行為能力である。二つには，対人援助の専門職として知識・技術の習熟を図り，かつ専門職倫理の確立を目指す行為能力である。三つには，個人や社会の資源を開発したり，整備したり，提供したりする行為能力である。四つには，社会福祉のサービスやシステムに関する情報を集約し，実践評価していく行為能力である。最後に，こうした行為能力を言語化し，経験知を蓄積し，体系化していく専門性こそソーシャルワークが備えるべきスキルであるということができよう。

①伝統的にソーシャルワークは，ケースワーク，グループワーク，コミュニティ・オーガニゼーション等の専門的な技術を持っている。これが個人，家族，集団，地域に対応した援助技術であることはいうまでもない。ただし，歴史的には，こうした援助技術は，その固有性や対象性をめぐって，たとえばクライエント（利用者）の変容か状況（環境）の改善かの論議，スペシャリストかジェネラリストかの論議が続いてきたことは記憶に新しい。その経過をとおして，「方法論統合化」が提起されてきたし，また「人と環境の相互作用」というアプローチが注目されてきたのである。（その内容については次章で詳述する。）

②専門職とは，基本的に理論的根拠に基づく「専門知識（学識）」，実践的効果に基づく「専門技術」，教育・訓練によって習得した知識・技術の保証としての「資格・免許（専門的権威）」，そして規範性や公共性などにより担保された「倫理綱領」によって成り立っている。ソーシャルワークに関しては，これに「コミュニティの承認」や「専門的文化」を加える見解［グリーンウッド（Greenwood, E.)］もあるが，いずれにしろ専門職が制度として社会的承認を得るためには，その専門性の成熟度つまり理論・技術の高度化と教育システムを不可欠とする。

1987年に施行された社会福祉士及び介護福祉士法は，社会福祉専門職の初

の国家資格化であるが，前述の専門職の諸条件をどのように充たしているか検証さなければならない。高校から大学院に至る養成教育が急増していくにつれて，専門職としての目標志向の明確化や，資格化だけでは担保できない専門職としての信頼の基盤がいま求められているのである。

　③ソーシャルワークの機能は，ニーズやデータの実証的な分析に基づいて，必要な問題解決のプロセスを遂行していくことである。そのために活用し得る社会資源あるいは資源システムを開発したり，調整したり，提供することは重要な実践技術の一つである。たとえば，人と環境の相互作用はある面で「人と資源との調整」と言い換えることができるが，その調整不全が人々の生活問題を引き起こしているとすれば，資源，サービスあるいは機会を提供するシステムを検証し，改善することで人々（利用者等）に対する効果的な援助を達成していく必要がある。このシステムとしてのアプローチがソーシャルワークの計画性であり，目標設定の客観性でもあるが，今日，一般システム理論や生態学的アプローチがこうした機能の理論的な裏付けとして大きな影響を与えていることは銘記すべきだろう。

　④知識や技術としての専門職においては，その有効性や効率性のみならず，実践の結果に対して倫理的，道義的な責任が伴うことはいうまでもない。評価とは，そうした実践や計画が的確であるかどうか，事前（アセスメント），中間（フィードバック）そして事後（エバリュエーション）において行う一連のシステムである。こうした評価が必要であるという理由としては，次の3点を挙げることができよう[注2]。一つはソーシャルワークが専門的行為であり，サービス利用者に対する結果責任が伴うからである。すなわちニーズに対してその目標や課題を達成したかどうかの評価が不可欠なのである。二つには，ソーシャルワークが公共性や公益性を伴う専門職であり，その動機や過程，結果に対する説明責任を求められるからである。インフォームド・コンセントやアカウンタビリティは，利用者のエンパワメントに対する信頼に基づいてこそ有意義なのである。三つには，ソーシャルワークが用いる実践方法や技術が有効かどうかをたえず検証する責任があるからである。たとえその実践が経験と勘に頼る面があるとしても，その行為自体はいつでも科

学的な検証に耐え得る内容や結果でなければならず，またそれなしに理論形成や実践知の体系化はおぼつかないといえよう。　　　　　　　　（増田樹郎）

**注**
1) 岡村重夫「社会福祉方法論の体系化をめざして」『精神医学ソーシャルワーク』第3巻第2号，日本PSW協会，1968年，5-10頁。
2) 平山尚，武田丈，藤井美和『ソーシャルワーク実践の評価方法』中央法規，2002年，18-19頁。

# 8　社会資源

　ソーシャルワークは，社会生活上の諸問題に直面しさまざまな生活困難に陥っている人々が，問題を解決したり緩和できるように側面的に援助していく活動である。そこでは心理的に不安定な状態にある人々を支持的に援助する心理的側面と，社会資源を活用し環境条件の調整を行い，具体的な社会福祉サービスを提供するという社会的側面がある。社会的存在としての人間は，家族，近隣，学校，職場などのさまざまな社会環境と関係を形成し，維持・発展させていくが，何らかの理由で個人と社会環境との間の関係がうまく機能しなくなるとそこに生活問題が発生する。ソーシャルワークは生きる主体としての個人と客体としての社会資源の間に介入し，その関係を結んだり調整したりする機能を果たし，それによって生活問題の解決・緩和を図ろうとするものである。つまり，ソーシャルワークにおいては個人の生活実態に合わせてどのように社会資源を活用して生活問題の解決を図っていくのかが課題となる。

　社会資源とは，「ソーシャル・ニーズを充足するために動員される施設・設備，資金や物資，さらに集団や個人の有する知識や技能を総称したもの[注1)]」であり，さまざまな社会生活上のニーズを充足するものの総体としてとらえることができよう。それはおよそフォーマルなものとインフォーマルなものの2つに類型化されている。行政，社会福祉法人・医療法人などの法人，農協・生協などの自助組織，NPOなどの民間団体，企業などの社会資源は，サービス提供の責任と権限が公的に認められているため，フォーマルと呼ばれている。一方，インフォーマルなものは，ゲマインシャフト的関係（血縁・地縁等）を基盤として家族，親類，友人・知人，近隣の人などによって提供されるものである。インフォーマルなものは柔軟な対応が可能であり専門性にやや欠けるという特徴を持ち，フォーマルなものは画一的・硬直的で，手続きに時間がかかるが，一定の基準を満たす専門的サービスが確保できると

いう特徴を持つ。これらの特性から，それぞれの役割と限界を把握したうえで，ニーズに応じて相補的に機能させていくことが期待され，援助の実際の場面では，両者の組み合わせによってサービスが提供されている。しかしながら，フォーマルな社会資源とインフォーマルな社会資源の間で競争や葛藤や混乱が生じたり，相互に関連を持たなかったりすることがあり，両者が協同して機能するためにはコーディネーターであるソーシャルワーカーの役割が重要であるということができよう。利用者のニーズが充分に把握され，適切なアセスメントが行われ，地域の社会資源がフォーマルなものとインフォーマルなものとの組み合わせによって有効に活用されるなら，生活の質の向上に向けたきめの細かいサービスが提供されることになろう。

　社会福祉サービスを利用者のニーズに合わせて適切に提供していくためには，さまざまな社会資源を整備することが必要になる。それらは，資源の創設，確保，維持，改善，解消などであり，通常，サービス運営の過程において取り組まれている。今日，社会資源の整備に関しては次のようなことが課題として指摘されている[注2]。すなわち，①科学的で効率的な整備を行うためには社会資源の整備を行う者の専門性を高めていく，②社会資源の整備のための情報収集や分析，協議が充分行われるために，時間・人材・資金を充分に保障していく，③当事者，地域住民，サービスの担い手など多様な主体が社会資源の整備に深く関与していけるようにする，④地域や施設ごとの発想が社会資源の整備に柔軟に生かされるように法律や財政面の仕組みを転換させていく，⑤社会資源の整備に関わる者の私的な利害が反映されたり，不正が行われるのを防ぐ，などである。

　近年，社会資源について注目されるようになってきたが，その背景にはコミュニティケアの推進がある。これは，人間はみな住み慣れた家や地域で暮らし続けていきたいという基本的欲求を持っているという認識に立ち，生活の最も身近な場所で地域の特性にあったサービスを提供していこうというものである。要援助者の地域社会での生活を支援していくためには，顕在化しているものだけではなく，潜在的なものも含めて総体として社会資源を視野に入れていくことが必要であり，個々の社会資源の内容や特徴を把握し，地

域の中でネットワークを形成することが求められている。

　また，利用者の選択の幅を広げ，より個別性や多様性に応じたサービスを提供していくために，社会資源の範囲を拡大し，その内容を充実させていくことが要請されてきている。社会福祉サービスの提供のあり方が措置から利用・契約へと変化してきたことによって，利用者がサービスを選択する時代になってきたといえるが，現実的には社会資源の整備状況には地域格差があったり，利用者が社会資源にアクセスすることに困難があったりする状況も見られる。社会資源が不充分であれば，利用者は自己決定を行使することができないばかりか，不本意な決定を強いられるという事態も起こるであろう。したがって，ソーシャルワークにおいては，常に社会資源に目を向け，状況の変化の中で適切に活用し，個人と社会資源をつないでいくことが必要である。そして，社会資源を新たに掘り起こしたり，組織化したり，修正・改善したりする機能も期待されている。ソーシャルワーカーの役割は，コミュニティにあるさまざまな資源を社会福祉の資源として見出して活用していくことにあり，それが福祉コミュニティの創造につながるといえよう。

（徳永幸子）

　注
1)　仲村優一他編『現代社会福祉事典』全国社会福祉協議会，1982年，225頁。
2)　太田義弘編『ソーシャルワーク実践と支援過程の展開』中央法規出版，1999年，184頁。

## 9 援助者の役割機能

　ソーシャルワークにおいて，援助者であるソーシャルワーカーは利用者の生活問題の解決を図る中で，ある役割機能を果たすことになる。それをここでは，適応，エンパワメント（empowerment），アドボカシー（advocacy）の３つの視点から述べていくことにしたい。
　ソーシャルワーカーの第一の役割は個人を環境に適応させていく機能である。
　私たちは，ある一定の環境の中で欲求を充足させながら生きているが，欲求充足が何かによって阻まれると内部に緊張が生まれ，その緊張をできるだけ早く解消して不快な状態から抜け出そうとする。これらの行動は個人が環境との間で調和的な満足した関係を保とうとするもので一般に適応と呼ばれる。心理学では適応を，「人が彼自身と彼の環境との間に，より調和的関係を生み出すために，彼の行動を変化する過程である」と同時に「調和の状態である」と意味づけている[注1]。
　適応には，社会・文化的標準に自己を合わせ他者と協調することにより安定を得ようとする外的適応と，主観的に自己を受容し精神的な安定を得ることによって環境に適合していく内的適応がある。適応の過程は人生の重要な問題を認知していく過程であり，環境に合わせてよりよい生活を作り出そうとする全人格的行動としてとらえていかなければならない。個人がその能力と置かれている環境を正しく認識し，両者の関係を自覚的に合理的に調整し，変化していく環境に自己の欲求を主体的に柔軟に対応させていくとき，個人は環境に適応し健康な状態を維持できるといえよう。
　しかし，日常生活において，個人の欲求は必ずしもすべてが充足され満足を生むような結果になるとは限らない。多かれ少なかれ欲求が阻止され，フラストレーション（frustration）の状態に置かれる。適応は狭義にはフラストレーション克服の過程であり，その努力であるともいえよう。人間はフラ

ストレーションや不安，葛藤に直面したとき，心理的な平衡状態を維持・回復するために無意識のうちにさまざまな心理的機制を行う。昇華，投射，合理化，同一化，補償，退行などの適応機制は自我の破壊を防ぐ安全装置のような働きをするため防衛機制とも呼ばれる。適応がうまくいかない場合を不適応あるいは適応障害と呼ぶが，非社会的行動の範囲にとどまるものもあれば反社会的行動として表出されるものもある。このような行動障害はどのようなものであっても，一般にその原因を特定することはできず単一の原因によって生じるものでもない。したがって，個々の事例については慎重に検討していくことが必要である。また，適応を強調することは不適切な環境への順応を強いることにもなりかねない。適応という概念は，生活問題の要因を個人の問題に矮小化してしまう傾向があり，適応すべき社会の病理現象を看過することになる。ソーシャルワーカーは，その環境に合わせて個人の行動・態度の変容を図り適応させていくだけではなく，環境に介入して改善し，社会資源の平等な分配や社会正義の実現を目指していくことも課題としていかなければならない。

　次に，第二の役割はエンパワメントの機能である。エンパワメントとは，力を失っている人々が，問題に対処できる力を回復したり，強化していくことである。伝統的な医学モデルのソーシャルワークでは環境への適応を目標としているが，エンパワメントはそれを越える概念としてとらえることができる。つまり，個人を環境に適応させるのではなく，環境システムが持つ差別的構造や価値観を問題にし，個人と環境の関係のあり方や環境そのものを改善していくことを課題としているのである。つまり，エンパワメントは利用者の内面的な力を回復し，増強していくだけではなく，社会の抑圧状況についても積極的に介入し，そのような社会システムそのものを変えていく実践なのである。そこでは，個人の心理的な力，能力などのミクロレベルから，社会的な力，政治的な力などのマクロレベルまで広い範囲にわたって関わっていくことになる。エンパワメントの実践においては，利用者との対等な関係のもとに，問題点や目標を設定し，それを社会的・文化的・政治的・経済的背景のもとで検討し，利用者が自尊感情を高め，自己認識を深めることが

できるように援助することが求められている。

　また，エンパワメントとともに，ソーシャルワークの実践に統合化されてきているアプローチとしてストレングス視点（strengths perspective）がある。これまでの利用者理解の視点は，ややもすると利用者の持つ問題や困難に焦点をあてたものになりがちであったが，個人の弱さや欠陥よりも，強さ，健康な側面，積極的・肯定的側面に注目し，焦点をあて，それらを伸ばしていくような援助が重要視されるようになってきた。

　ソーシャルワークにおいては，どのような人であっても問題に対処していく能力を備えているという人間理解のもとに，個人の潜在的な力を引き出して伸ばしていくということを基本的原則としている。しばしばソーシャルワークの場面では，援助を必要とする人々は少なからず疲れていたり混乱しているため，問題状況を自分で理解したり整理することができなかったり，弱々しく力が全くないように見える場合がある。しかし，それはその人の一部であり，その人を多面的に全体的に理解しようと努力することによって，今まで気づいていなかった強さや力を見出すことが可能になる。エンパワメントやストレングス視点は，利用者の自己決定や参加の権利，あるいは援助者と利用者の対等な関係が強調されるようになった時代においては重要な視点であり，そのような実践の広がりが期待されている。

　ソーシャルワーカーの第三の役割はアドボカシーの機能である。利用者が困難な生活状況に置かれているゆえに自己の要求や権利を主張できない場合，ソーシャルワーカーは利用者の要求や主張を代弁，弁護し，その権利を擁護していくことが必要であり，これをアドボカシーという。アドボカシーは，1960年代の米国の福祉権運動の中で強調されてきたもので，およそ，ケース・アドボカシーとクラス・アドボカシーとに分けられる。

　ケース・アドボカシーとは，サービスを受給できる資格があるにもかかわらず，サービスの不足や納得できない理由によってその権利を否定された場合，ソーシャルワーカーがその機関と交渉しその権利を擁護するものである。これは単なる仲介や調整とは違って対決的な姿勢が求められる側面を持つ。クラス・アドボカシーは，利用者が社会資源を利用できるように制度・政策

の改善を求めて運動を進めることで社会的正義を保障しようとする活動である。

　一般に，人間は自分で権利を主張し，獲得するというのが基本であり，これはセルフ・アドボカシーといわれる。セルフ・アドボカシーは，すべての人が行使できているわけではなく，痴呆性高齢者や障害者など意思表示や自己決定の能力が低い場合は困難である。しかしながら，そのような人々に対して意思表示や自己決定ができないという立場にたって援助を行うのか，できるという立場にたって援助を行うのかの違いによって，援助のあり方は異なってくるであろう。意思表示の方法は言葉に限定されるものではなく，その内容，程度に差はあっても，何らかのかたちで表現できよう。その意思を把握する方法や表現する方法を日常的なコミュニケーションを重ねていく中で明らかにしていくことが，利用者主体を原則とする福祉サービスのあり方であり，ソーシャルワークにおけるアドボカシーの課題となろう。

　近年，社会福祉サービスの質の向上が課題とされてきたため，権利擁護ののシステムづくりが推進されつつある。民法では，従来の禁治産制度の改正による成年後見制度が作られ，社会福祉法では，サービスの評価が法的に義務づけられたり，苦情解決を行う運営適正化委員会が設置された。また，社会福祉協議会では地域福祉権利擁護事業が実施されている。

　さらに，利用者の権利擁護を行う組織として福祉オンブズパーソンがあり，近年広がりつつある。オンブズパーソンはスウェーデン語で「代理人」を意味する。オンブズパーソンの機能には，①市民からの不服や苦情を受理し処理する機能，②行政をコントロールする機能，③行政の改善を勧告する機能がある。また，それらは，行政型福祉オンブズパーソン，施設単独型福祉オンブズパーソン，地域ネットワーク型福祉オンブズパーソン，市民運動型福祉オンブズパーソンの4つのタイプに類型化することができる。福祉オンブズパーソンには苦情の申請を待つにとどまらず，積極的に利用者の所に出向いていくことが求められている。また，権利擁護の機能を充分に果たすための課題として，業務の独立性，権限の範囲の明確化，利用者へのアクセスの方法，オンブズパーソンの資質や専門性，情報公開などがあげられている。

第5章　社会福祉援助技術の共通概念

　ソーシャルワーカーはこのような権利擁護のシステムを理解したうえで，利用者の権利を擁護する立場にあるという自覚のもとに，ソーシャルワーク実践において職業倫理を遵守していくことが求められているといえよう。

（徳永幸子）

**注**
1)　野西恵三編『心理学』北大路書房，1984年，194頁。

# 10　実践評価

　ソーシャルワークを有効に進めていくためには，その過程において実践のの評価がなされなければならない。およそ，ソーシャルワークの事前，中間，事後の段階に評価が位置づけられるのは，利用者のニーズが適切に把握されたかどうか，サービスがうまく実施されているかどうか，利用者のニーズが充足され問題が解決したかどうかを点検するためである。ソーシャルワークは直接的であれ，間接的であれ意図的，計画的に展開されるものであり，評価は問題解決において事前，中間，事後の3つの段階で行われることが望ましく，これによって問題解決をより有効に進めていくことを可能にする。

　事前評価はアセスメントと呼ばれ，利用者の問題に関して情報を収集し，整理・分析し，ニーズを明らかにしていくものである。中間評価はサービスが実施されている途中で，適切に運営されているかどうか，問題がないかを点検するもので，中間での評価によって問題があった場合早めに対応できるという利点がある。事後評価は最終的な結果の評価であり，ソーシャルワーク実践の結果を整理・分析し，まとめ，残された課題を明らかにするものである。事後評価は実施されるとそれで終わりではなく，サービスの向上に向けて，次の新たな課題を見出していくという意味を有している。

　評価の方法には量的方法と質的方法の2つがある。一般的に量的な方法は，援助技術の効果について数量化し，普遍的な結論を出そうとする統計学的方法である。この方法は，実践にすぐ役に立つものではないが，客観的指標が用いられるため普遍性や応用性を持っている。しかし，評価指標が限定されるため，個別的・多面的・質的側面の効果を有するソーシャルワークの実践においては充分とはいえない。たとえば，意欲が見られるようになったという変化を統計的に表すことは難しいが，それは質的変化としては評価される。つまり，客観的評価としては見逃される実践の効果があることから，量的な統計的な評価方法では充分な評価を行うことができないということもいえる。

## 第5章　社会福祉援助技術の共通概念

　一方，質的な評価方法は数量化しないで，日常の生活場面や援助関係の経過などを記録したり，面接することによって，その効果を見極めようとするもので，一般に事例研究法が用いられている。これは実践で役に立つような詳細な内容を持つが，実証性や普遍性に乏しいという限界がある。ときには恣意的に利用されることもあり，冷静な検討や客観的評価を困難にする場合もある。ソーシャルワークの効果は必ずしも目に見える形で現れるわけではない。援助者の主観が加味されたり，一つの尺度で計れず多面性を持っていたり，また，利用者の満足度によっても異なり，客観的評価になりにくいという特徴を持つことも理解しておかなければならない。近年は事例研究法に単一事例実験法を組み合わせるような，量的方法と質的方法の統合が図られつつある。これらの方法の有用性と限界を見極めたうえで評価のよりよい方法を検討していくことが必要となろう。

　ソーシャルワーク実践の適切な評価がなされるためには，的確な記録が整理されていなければならない。記録は誰が読んでもわかりやすいように簡潔明瞭に正確に書かれていることが望ましい。よい記録の前提には援助の目的やプロセスの明確化が求められる。援助の目的が漠然としていると記録の内容も漠然としがちである。また，援助者の観察力が不充分であると重要な言葉や行動を見逃し，記録に残すことができなくなる。したがって，相手の表情，態度，言葉遣い，行動，どのようなパーソナリティなのか，どのような気持ちなのかなど，できるだけ多面的に全体的に把握していくことが必要である。そのためには的確な観察力を養っていくことが大切である。また，よりよい記録のためには，単に客観的に物事を見るだけではなく，専門職としての感受性や直感に基づいた判断，見通しが加味されることも重要であるといえよう。

　評価は，ソーシャルワークの科学化の重要な局面ではあるが，人間の人格や心理，情緒，意識などは測定が困難であり，評価や効果測定の対象になりにくい側面を持つ。また，物事には両義性があり，一面から見ると良いと思われることも他の面から見ると逆のこともあり得る。援助の内容やプロセスが体系化，構造化されていない現場では評価する者の主観や恣意性に影響を

受け，客観的な評価が困難な場合もあり，評価の取り扱いには慎重さが求められることを覚えておかなければならない。

　社会福祉施設・機関ではソーシャルワーカーの専門性や能力を最大限に生かし，その成長を助けるためにスーパービジョンが行われている。スーパービジョンは管理的機能，教育的機能，支持的機能を有しており，そこで行われる評価は，実践そのものの評価と役割に対する姿勢や努力の評価がある。ソーシャルワーカーは，評価によってその活動の達成感や充実感を味わうことができたり，今後の実践の方向性が与えられたり，次の課題に向けて動機づけられたりする。そのため，評価者であるスーパーバイザーは，客観的・合理的基準に基づいて，具体的場面において評価を行い，スーパーバイジーの業務への不安を取り除き，自信を持って仕事ができるように働きかけていくことが大切である。もし，評価が不明瞭で独断的である場合，スーパーバイジーは自尊心を傷つけられたり，やる気をなくしたりすることもあるため，スーパービジョンにおいては，支持的機能が重要視されていかなければならない。共感的関係に支えられて初めて，ソーシャルワーカーは専門職としての自己覚知や自己洞察が可能になるのである。　　　　　（徳永幸子）

**参考文献**
(1) 白澤政和『ケースマネージメントの理論と実際』中央法規出版，1992年。
(2) 河合隼雄・星野命編『心理学4　人格』有斐閣，1975年。

# 第 6 章

# 社会福祉援助技術の体系とその内容

　社会福祉援助は伝統的な技法としてのケースワーク，グループワーク，コミュニティ・オーガニゼーションに加えて，社会福祉調査法，社会福祉運営管理法（ソーシャル・ウェルフェア・アドミニストレーション），社会福祉計画法（ソーシャル・プランニング）がある。さらに近年ではエンパワメント，ケアマネジメントなどが注目されている。領域的にはケアワークや保育・養護，看護やリハビリテーションにおいても，医療・福祉・保健の連携システムやチーム医療の観点から社会福祉援助技術に対する関心が高まっている。本章では基本的な援助技術を詳かにしつつ，関連領域における援助技術のあり方についても言及している。

# 1 直接援助技術と間接援助技術の概要

## (1) 直接援助技術

　社会福祉援助技術は，直接援助技術，間接援助技術，関連援助技術の3つから成る。ここでは，それぞれの概略を述べる。
　直接援助技術とは，「対人援助」や「臨床ソーシャルワーク」などと呼ばれ，サービス利用者に対して，援助者が直接関わることによって問題解決や課題達成を図っていこうとする援助技術である。直接援助技術は，①個人や家族を含む利用者を対象とし，面接を通して，福祉ニーズの充足と福祉的生活の回復・実現をサポートする「個別援助技術（ソーシャル・ケースワーク）」と，②小集団と利用者を対象とし，集団討議や各種グループ活動を通して，グループとそのメンバーの共通課題の達成を目指す「集団援助技術（ソーシャル・グループワーク）」とで構成される。

## (2) 間接援助技術

　間接援助技術とは，サービス利用者を取り巻く環境に働きかけていくものであり，直接援助技術がより効果的に機能するように行われる援助技術である。間接援助技術は，①地域社会で生じる諸問題を地域住民が主体的・組織的・計画的に解決していけるよう公的機関や専門機関が側面的援助を行う「地域援助技術（コミュニティワーク）」，②社会福祉の対象が持つ問題に関して，データの収集や整理，集計，分析を行い，その実証的な解明を図る「社会福祉調査法（ソーシャルワーク・リサーチ）」，③社会福祉施設や機関などが福祉サービスを合理的・効果的に展開するための「社会福祉運営管理法（ソーシャル・ウェルフェア・アドミニストレーション）」，④社会の動向を見据えながら，社会体系，あるいは社会の一部を一定の目標実現に向けて，方法的・合理的に変革し，社会福祉を望ましい方向に改善していく「社会福祉計画法

(ソーシャル・ウェルフェア・プランニング)」、⑤よりよい社会福祉を実現するために、制度や環境の変革を目指す社会福祉運動の展開を援助する「社会福祉活動法(ソーシャル・ウェルフェア・アクション)」で構成される。

## (3) 関連援助技術

近年、伝統的な個別援助技術や集団援助技術、地域援助技術に対して、社会の変容に伴って、関連する援助技術が注目されるようになってきた。具体的には、関連援助技術として、①医療・保健・福祉の連携、あるいは福祉機関や施設、団体との協力連携により効果的な援助の展開を目指す「ネットワーク」、②ケアを調整する機能を持ち、援助を必要としたときに最適なサービスを迅速に、効果的に提供するための技法である「ケアマネジメント」、③スーパーバイザー(熟練した指導者)が、ワーカーから担当しているクライエントや援助内容についての報告を受け、それに基づき適切な援助指導を行う「スーパービジョン」、④適応上の問題に直面しているクライエントに対して個別的・直接的な面接を通して援助を行う「カウンセリング」、⑤ワーカーが他機関や他部門の専門家から援助に必要な助言・指導などを受ける「コンサルテーション」などが挙げられよう。 (増田康弘)

## 2　直接援助技術の内容

### (1) 個別援助技術（ソーシャル・ケースワーク）

#### ① ソーシャル・ケースワークの源流

　ソーシャル・ケースワーク（social casework，以下ケースワークと略す）の源流は，19世紀の半ば，英国で生まれた慈善組織化運動に求めることができる。慈善組織化運動とは，慈善組織協会（Charity Organization Society, 略称COS）による組織化された救済事業である。当時の英国では，資本主義の発展に伴って，増大しつつあった貧困者に対する私的救済事業が活発にされていたが，それらは無計画に行われていたため，無差別施与による濫救・漏救が問題となっていた。それに歯止めをかけるべく，救済の組織化と適正化を図るため，慈善組織協会が結成されるに至ったのである。具体的な活動としては，貧困者の個別調査と慈善団体間の連絡調整を行い救済の適正化を図り，またその一方では，「施しではなく友愛を」という目標を掲げ，ボランティアが貧困者の家庭を訪問し，人格的影響を与え自立の助長を指導する「友愛訪問」を展開していった。

　その後，このような活動は米国に移り，その過程でボランティアの友愛訪問は有給化され，社会学，心理学，医学，経済学などさまざまな科学の知識を取り入れ，科学的根拠を備えたケースワークへと発展していくのである。このような時代に，ケースワークを最初に理論化・体系化したのはリッチモンド（Richmond, M. E.）である。彼女は，1889年にボルチモアの慈善組織協会の会計係となり，2年後には事務局長，雑誌「慈善」の編集者を経て，ラッセル・セイジ財団慈善組織部の責任者となった。そのような経歴の中で，彼女は最初の著書である『貧困者への友愛訪問』（1899年）を発表し，それまでの友愛訪問のあり方に疑問を持ち，改めて友愛訪問を「貧困者の家庭の喜び，悲しみ，感情，そして人間全体に対する考え方を共感を持って常に身近

第 6 章　社会福祉援助技術の体系とその内容

に知ることを目指すもの」と定義した。また彼女はこの書の中で，救済計画を立てる前提として徹底した調査の必要性と，個別の処置と社会的施策の相互補完性というケースワークの基本ともいえる主張をしている。その後，彼女は『社会診断』（1917 年）や『ソーシャル・ケース・ワークとは何か』（1922 年）を発表する。前者は，クライエントの問題を理解するための資料をどのように収集し，どのように解釈するべきかを検討し，社会診断の定義を試みたものであり，後者は，多くの事例分析をもとにケースワークの基本的な枠組みを明らかにし，「環境の力」を重視するケースワークの定義づけを行ったものである（リッチモンドの定義については後述）。

　このように，リッチモンドはケースワークの基礎の確立に多大な功績を果たしたわけであるが，その中で彼女は，キャボット（Cabot, R.）やサリバン（Sullivan, A.）らから大きな影響を受けたことを記しておこう。

② 　ケースワークの発展

　リッチモンド以降，米国におけるケースワークの歴史を見てみよう。

　1920 年代，ケースワークの基礎確立期に，ペンシルヴァニア州ミルフォード市において，分野の異なるケースワーク機関の代表者による共通基盤に関する会議が行われた（ミルフォード会議）。その中で，ケースワークの専門職化の方向として，さまざまな領域が存在しても共通の技術・技能を有する専門職（ジェネリック）か，あるいは領域ごとに別個の技術・技能を身につけた専門職（スペシフィック）か，をめぐって議論が展開され専門職化の初期の過程で重要な役割を果たしたのであった。1929 年の報告書『ソーシャル・ケースワーク；ジェネリックとスペシフィック』によると，「ケースワークは，あらゆる領域に共通するスキルを有すること（ジェネリック）を確認した」とされている。つまり，ジェネリック・ソーシャル・ケースワークは共通領域であり，ケースワークのそれぞれの専門的な形態は付随的なものとしたのである。このことは，のちに登場する「ジェネラリスト・ソーシャルワーク」に歴史的連続性を見ることができよう。

　リッチモンドによる理論化・体系化以降，ケースワークは，諸科学の影響を受けながら，さまざまな理論が登場し発展していくこととなる。

リッチモンドの理論は,「パーソナリティの発展」を取り上げていたものの「環境の力」を重視する傾向にあった。これに対し,ケースワーク理論の中心的課題は,精神分析学の影響を受け,「環境」から「人間の心の内面」へと移ることとなる。中でも,オーストリアの精神科医であるフロイト(Freud, S.)の精神分析理論は,ケースワークに多大な影響を与えた。この理論は,クライエントのパーソナリティの構造を生育歴や家族関係の中から明らかにし,自我の強化を図ることを通して,社会環境に対する適応能力を高めようとするもので,この立場をとる理論は「診断主義」と呼ばれた。その一方で,フロイトの弟子とされるランク(Rank, O.)の意志心理学を基盤とし,クライエントが本来持っている自我の力による自己成長・自己変容を重視し,その力を発揮できる場面を構成することが重要であるとする理論が台頭した。この立場は「機能主義」と呼ばれた。つまり,診断主義では,ケースワークを「ワーカーがクライエントに働きかける過程」とし,機能主義では,「クライエントがワーカーに働きかける過程」としたのである。こうしたパーソナリティの捉え方をめぐる視点の相違から,両者は対立を起こしたのである。しかし,その後,精神医学に偏り,社会環境を軽視したことに対する反省から両者は歩み寄りを見せるようになる。ここでは,診断主義の立場から機能主義との理論の統合に尽力したパールマン(Perlman, H. H.)や,機能主義の立場から両者の統合を試みたアプテカー(Aptekar, H, H.)の功績が大きいといえるであろう。

　1960年代になると,貧困問題,人種問題,公害問題,障害者問題などさまざまな社会問題が出現し,ケースワークの援助技術としての有効性や存在意義が問われ,援助のあり方に対する批判が起こるようになる。このような時代背景において,パールマンは「ケースワークは死んだ」と論文の中で発表し,自己のケースワークへの考え方を批判したのである。

　1970年代のケースワークは,心理学や他の社会科学を取り入れ,多くの援助モデルを作り出したことに特徴がある。具体的には,医学モデルと呼ばれる伝統的な「心理社会的アプローチ」や「機能主義アプローチ」に加えて,生活モデルと称される新たなモデルが生まれたのである。生活モデルは,そ

第6章　社会福祉援助技術の体系とその内容

れまでの医学モデルを批判し，システム理論やエコロジー理論を取り入れ，クライエントを治療の対象者としてではなく，環境との相互関係の中にある生活の主体者という視点から援助を展開するものである。そして，1970年代の中頃には，「課題中心アプローチ」「行動修正アプローチ」「危機介入アプローチ」など，多くのモデルが示されたのである。

その後，このような流れは，ケースワークやグループワーク，あるいはコミュニティ・オーガニゼーションなどといった専門分化された技術や機能が統合化される形となって現れるようになるのである。この統合化の方向として，ケースワークを展開する中で，状況に応じてグループワークやコミュニティワークを組み合わせて援助を行う「コンビネーション・アプローチ」，それぞれの援助方法に共通する原理や技能，あるいは相違点などを明確にし，方法の関連性を考慮しながら必要に応じて組み合わせていく「マルチメソッド・アプローチ」，ソーシャルワーク実践を包括的・統一的に捉えていくための共通基盤を確立し，総体としての方法を特徴づける視点と枠組みの構築を行い，再編成を試みるとされる「ジェネラリスト・アプローチ」の3つの方法が挙げられよう[注1]。なかでも「ジェネラリスト・アプローチ」は1980年代後半から90年代にかけて，方法論の一体化，システム論や生態学的な視座の導入など発展を続け，今日では単なるアプローチではなく，「ジェネラリスト・ソーシャルワーク」として注目されている。

以上のように，米国におけるケースワークの発展の歴史を概括してきたが，このような発展の歴史を知ることで，今後のケースワークの方向性を探ることは可能であろう。

### ③　ケースワークの定義

ケースワークとは，最も早く発展したソーシャルワークの体系の一つで，主に個人や家族を対象とする社会福祉援助の方法である。ケースワークは，19世紀半ば，英国で始まった慈善組織協会の友愛訪問員の活動がその原型とされ，その後，米国に移り，「ケースワークの母」と称されるリッチモンドによって，科学的に体系化されたものである。ここでは，ケースワークの代表的な定義をいくつか紹介しよう。

まず、ケースワークの母とされるリッチモンドの定義である。リッチモンドは、『社会診断』や『ソーシャル・ケース・ワークとは何か』を著し、ケースワークを「個人とその個人の社会環境との間に、個別的に意識して行われる調整を通じて、パーソナリティの発達を図る諸過程」と定義している。この定義では、環境を重視する点や環境の力を利用する点が大きな特徴である。

また、1949年に論文「ソーシャル・ケースワークの性質と定義」を発表したバワーズ（Bowers, S.）は、リッチモンドらのケースワークの定義を分析し、「ケースワークは、クライエントとその環境の全体または一部との間に、よりよい適応をもたらすのに役立つような個人の内的な力、及び社会資源の動員をするために、人間関係についての科学的知識や対人関係における技能を活用するアートである」と定義した。この定義では、「クライエントの内的能力の活発化」「社会資源の活用」「専門的対人関係の操作」「人間関係的観点」を取り入れたことが特徴である。

さらに、折衷主義派の代表的論者であるパールマンは、『ソーシャル・ケースワーク；問題解決の過程』（1957年）を著し、「ケースワークは、個人が社会に機能する際に出会う問題を、より効果的に処理できるよう援助するために、福祉機関によって用いられる過程である」と定義し、「問題解決アプローチ」を提唱した。

最後に、診断派の中心的な研究者であるホリス（Hollis, F.）は、『ケースワーク；心理社会療法』（1964年）を著し、その中で「ケースワークは、逆機能〈dysfunctioning〉の内的・心理的原因と外的・社会的原因の両面を認識し、個人が社会関係の中で、自らの〈要求〉（needs）をより完全に満足させ、より適切に機能することができるように援助すること」と定義した[注2]。彼女の定義では、ケースワークの構成要素を個人、環境、その両者の相互関係と捉え、「心理社会的アプローチ」を提唱した点に特徴が見られる。

これらの定義から、ケースワークとは、①対人関係についての科学的知識・技術を持ったソーシャルワーカーによる、②直接的な対面関係を通して、③援助をするという目的を持って、④生活の諸問題を抱え困難な状況にある個人と、その個人を取り巻く環境との間の個別的な調整を行い、⑤個人の持つ

能力と社会資源を活用・開発し，問題解決や課題達成を図るソーシャルワークの実践であるといえよう。

④　ケースワークの構造

前述のパールマンは，『ソーシャル・ケースワーク；問題解決の過程』の中で，ケースワークを構成する要素として，person（人），problem（問題），place（場所），process（過程）の4つを挙げている［のちに，profession（専門職ワーカー），provision（制度・施策）を追加］。ケースワークにおける「人」とは，生活上の諸問題に直面し，社会福祉の援助を必要とする人々や家族（クライエント）やクライエントへの援助活動を行う専門職（ソーシャルワーカー，ケアワーカーなど）のことである。また，「問題」とは，クライエントの抱える社会生活上の問題であり，「場所」とは援助が実際に行われる社会福祉機関や社会福祉施設を指し，さらに，「過程」とは，ケースワークの援助展開過程を示すものである。これらの4つの構成要素は，わが国において「4つのP」として広く知られている。なお，これらの他にケースワークを構成するものとしては，ケースワークの「目的」，クライエントとワーカーとの間に結ばれる対等な「援助関係」，援助の目的を効果的に達成するために利用される人的・物的な要素である「社会資源」などが挙げられよう。これらの要素によりケースワークは成り立っており，その一つでも欠けるとケースワークは成立しないのである。

⑤　ケースワークの原則

効果的な援助を遂行するためには，ワーカーとクライエントとの信頼関係が重要となる。よりよい援助関係を創造し，問題の解決を図っていくために，援助をしていく上で留意すべき原則がある。ケースワークにおける原則として，バイステック（Biestek, F. P.）が示した7原則を紹介しよう。

**個別化**

個別化とは，クライエントの人格や抱える問題，彼を取り巻く環境や置かれている状況を的確に理解し援助を展開するという原則である。つまり，たとえ同じようなケースでも，その独自性を理解することが重要ということである。この原則は，クライエントを，不特定多数の中の一人ではなく，個別

性や独自性を持った特定の個人として対応し，またその立場を尊重するべきであるというケースワークの基本的な原理である。

### 意図的な感情の表現

意図的な感情の表現とは，クライエントの感情を援助という目的を持って，自由に表現させるという援助原則である。クライエントが自由に感情を表現するということは，心理的な混乱を解き，問題の軽減につながる。この原則は，ワーカーの意図的な働きかけによってクライエントの感情を導き出し，共感的理解を通じてクライエント自身の機能を高めるよう努めるものである。

### 統制された情緒的関与

統制された情緒的関与とは，ワーカーが自らの感情を自覚し，適切にコントロールしてクライエントに関わるという援助原則である。ワーカーには，クライエントの抱える問題と感情を敏感に受け止め，その感情が何を意味しているのかを理解し，その上で適切に応答していくことが求められる。したがって，ワーカーは個人的な感情や自己満足を援助の中に持ちこむことはせず，専門的な立場から冷静に関わっていくことができるように自らの感情を統制することが必要となるのである。

### 受容

受容とは，クライエントの態度，行動，価値観など，あるがままの姿を受け容れるという援助原則である。クライエントは，ワーカーに受容されることにより，安心感や信頼感を持って自らの問題を語るようになるのである。この原則は，クライエントとワーカーとの間によりよい援助関係，信頼関係を築く上で非常に重要な役割を果たすものである。しかし，一言で受容といってもその内容は複雑である。受容というのは，クライエントの反社会的な言動や逸脱した考え方までをも認めることではなく，クライエントがそのような形をとって現すに至った感情や行動の機制を積極的に受け容れるということである。

### 非審判的態度

非審判的態度とは，クライエントの言動や態度などに対してワーカーの価値観や倫理観のみに基づく判断は避け，またそのような価値観や倫理観をク

ライエントに強制しないという援助原則である。しかしながら，援助を展開する際に，クライエントの過ちや失敗を適切に理解することは必要である。ワーカーの役割は，クライエントを批判したり，審判的な態度で接することではなく，クライエントが社会に適応していけるように，人間的な関わりを通して援助を提供することである。

**クライエントの自己決定**

クライエントの自己決定とは，クライエントの意思を尊重し，クライエントが自分自身で選択・決定できるように促すという援助原則である。援助を展開する中で，判断・決定するのは本質的にクライエント自身である。ワーカーは，この自己決定の原則を尊重し，クライエント自らが積極的・主体的に問題の解決に取り組むよう促し，自主的な自己の生活が展開できるように援助するのである。しかし，知的障害者や痴呆性高齢者等にあっては，選択や決定の能力に欠けている場合がある。そのようなケースでは，ワーカーが，クライエントのニーズを明らかにすると同時に，選択・決定の代弁（アドボカシー）を行い，クライエントの権利擁護に努めることが重要である。

**秘密保持**

秘密保持とは，援助をする中で知り得た情報は公にせず，クライエントのプライバシーや秘密を守り，信頼感を保つという援助原則である。ワーカーは，援助を展開するさまざまな局面において，クライエントの個人的な生活や秘密に触れる機会が多くある。それらの秘密を守ることで，クライエントは自らの問題について語ることができるのである。しかし，この原則は，「受容」や「自己決定」同様，無制限に遂行されるものではなく，クライエントの利益を優先に考え，他職種・他機関等との情報の共有が必要な場合には，クライエントの承認を得て，また秘密保持の原則が守られるように配慮しながら援助を展開していくことが必要である。

なお，これらの原則は，概念として説明することから7つに分けて記述されているが，当然のことながら，個々独立したものではなく，いずれの原則も互いに関連するものであり，どれ一つ欠けてもよい援助は期待できない。これらの原則を基底によりよい援助関係を創造し，心の通った援助を展開す

ることがクライエントを真に支えることにつながるであろう。
 ⑥　ケースワークの展開過程
　今日，社会福祉のサービス提供機関・施設・団体は多岐に渡っている。社会福祉援助活動は，関係機関や施設において，そこで働く職員によって行われるものであるが，さまざまな援助を展開する際に，その場の思いつきで行われるのではなく，クライエントのニーズやクライエントに関する情報を把握し，時間的な流れや問題解決の状況を考慮しながら，科学的な方法を持って展開されるものでる。この方法や手法を「過程」と呼ぶのである。ケースワークの過程は，①インテーク（受理面接），②アセスメント（事前評価），③プランニング（処遇計画），④インターベンション（介入），⑤評価，⑥終結，とされる。ただし，これらは個々独立したものではなく，互いに重なり合いながら展開され，場合によっては，前の段階に戻ることも考えられるのである。

**インテーク（受理面接）**
　ケースワークの援助展開過程において，最初の段階をインテークという。インテークとは，直訳すると「受付」という意味であるが，単なる事務的な受付ではなく，クライエントの不安や緊張の緩和，クライエントの問題確認，援助機関の説明等を行う初期の面接を指すのである。このインテークの目的は，クライエントの置かれている状況や抱えている問題を明確に把握・理解し，援助機関・施設の機能についての説明を行い，その上でクライエントの援助への意思確認をすることである。また，この期においては，クライエントに関する基本的な情報の収集（名前・年齢・家族構成等）が行われるのであるが，多くの不安を抱えているクライエントに対して，ワーカーは，クライエントが自らを語る機会や雰囲気を創造することに努める必要がある。そのためにも，ワーカーは，クライエントの言葉に耳を傾ける（傾聴）姿勢や受容的な態度で接していかなければならない。そうした中で，クライエントとワーカーとの間に専門的な援助関係，信頼関係（ラポール）が創造され，次の段階へと引き継がれるのである。インテークの最終段階は「援助契約」である。クライエントの援助を受ける意思が確認され，援助に関する合意が

得られる場合には契約が成立する。しかし、クライエントの意思が確認されなかったり、合意が得られなかったり、あるいは当該機関で援助を受けることが適切でないとされた場合には、できる限りの助言を提供し、他機関への紹介や引き継ぎが行われるのである。

### アセスメント（事前評価）

アセスメントとは、クライエントに関する正確な情報（生育歴・生活環境・問題状況等）を収集し、その情報の分析・整理を行い、解決すべき問題を明確にし、クライエントにできることは何か、当該機関やワーカーの役割は何かなどを検討する「事前評価」の段階である。情報の収集にあっては、主にクライエントとの面接を通して得られるものであるが、クライエントの発する言葉だけではなく、表情や反応、心理状態を観察することからも得ることができる。また、本人のみならず、家族や専門家、友人や近隣の人たちなどから情報を収集し、総合的・客観的に判断することも重要であろう。なお、このような情報収集を行う際には、クライエントや彼を取り巻く人たちのプライバシーの保護に十分留意すべきである。さらに、情報の分析にあっては、集められた情報を的確に把握することから始まる。家族関係や近隣との関係、また社会資源との結びつきなどの社会的環境を明確にするために、「エコマップ」や「ジェノグラム」などのマッピング技法が有効となる。

### プランニング（援助計画）

プランニングとは、援助の具体的な方法を選定し、援助計画の立案を行う段階である。まず、アセスメントの結果を踏まえた上で、援助目標の設定が行われる。その際には、問題解決の優先順位や援助目標の実現可能性などを考慮に入れ設定されるべきである。次に、援助目標の達成に向けての具体的な方法、すなわちどのように目標を達成するのかについての計画が立てられる。このようなプロセスにおいて、ワーカーによって、クライエントの解決すべき課題、ワーカーの役割、援助方法、社会資源などの説明が行われ、それらに関して同意を得ることで、クライエントの権利擁護と効果的な援助の展開が実現するのである。なお、この「説明―同意」（知る権利、選択の自己決定権）の援助者―被援助者関係をインフォームド・コンセントといい、「説

明に基づく同意」「知らされた上での同意」などと訳されている。

### インターベンション（介入）

インターベンションとは，立案された援助計画に沿ったかたちで実際に計画を実行に移す段階である。つまり，ワーカーが個人面接や家族面接，各種のグループ活動を通して，クライエントに働きかける段階のことである。援助活動には，2つの働きかけによるものがある。一つは，クライエントのパーソナリティに直接働きかけ問題解決を図る方法である。たとえば，面接という場面を通して行われる心理的な援助などがそれに当たる。もう一つは，クライエントを取り巻く環境に働きかけ，また問題解決に有効な社会資源を活用するといった間接的な援助方法である。社会資源とは，生活ニーズを充足するために活用される人材や物資の総称をいい，具体的には，社会福祉施設・機関，個人・集団，制度，資金，知識・技能などが挙げられる。当然のことながら，これらの社会資源の活用にあっては，クライエントの自己決定が前提となる。このような直接的な援助と間接的な援助は，それぞれ単独で行われることは少なく，両者を効果的に組み合わせ展開することが求められるのである。また，モニタリング（実践評価）を行うことも重要である。モニタリングとは，一連の援助内容の評価であり，計画された援助が効果を上げているかどうかを実践的に評価することである。万が一，援助効果が得られない場合には，再検討され，援助目標や援助計画の見直しが必要となるのである。

### 評価

評価とは，援助が計画通りに展開されたか，設定された目標や課題がどの程度達成されたかなどの援助の有効性や効率性を測定する段階である。評価にあっては，クライエントとワーカーとの共同作業で行われ，援助の終結を決定することを目的とするものである。

### 終結

終結とは，援助過程の最終段階である。援助を終結するにあっては，①問題がクライエントによって解決され，②問題解決についてクライエントとワーカーとが確認・同意し，③残された問題はあるがクライエント自身で解決

可能であり，④そのことについてクライエントとワーカーの共通理解ができている，ことが条件となる。終結段階における援助内容としては，今後クライエントが同様の問題に直面した際に，一人で問題の解決が図れるように，これまでの問題解決のプロセスを確認・評価すること，また残された問題を確認し，同時に将来的に問題になると予測されるケースについても対応できるよう助言を行うこと，さらにクライエントが当該機関を再利用する可能性を視野に入れ，終結後においても困難が生じた場合には援助の再開が可能であることを伝え，クライエントに安心感を与えることなどが挙げられる。

## (2) 集団援助技術（ソーシャル・グループワーク）

### ① ソーシャル・グループワークの源流

ソーシャル・グループワーク（social group work，以下グループワークと略す）の萌芽は，19世紀後半に英国で起こった青少年団体運動やセツルメント運動などの人道主義による「社会改良運動」に求めることができる。青少年の社会教育としては，1844年にウィリアムズ（Williams, G.）によって創設されたYMCA（Young Men's Christian Association；キリスト教青年会）の活動が起源とされている。YMCAの活動は，キリスト教の精神を基盤に，クラブ活動やレクリエーション活動などの機会を青少年に提供し，精神的指導や生活技術の指導を行うことで，充実した余暇を過ごさせようとするものであった。また，セツルメント運動における活動内容は，援助者がスラム街に住みこみ，その地域の人々との人格的交流（たとえば教育やクラブ活動など）を通じて，問題の解決を図り，地域社会の改善を目指すものであった。このような活動にいち早く取り組んだのがバーネット夫妻（Samuel and Henrrietta Barnett）であり，彼らは1884年，ロンドンのイーストエンドに世界初のセツルメントハウスとされる「トインビーホール」を建設し，その活動に従事した。

一方，米国においても19世紀末葉，セツルメントでは，1886年コイト（Coit, S.）によって，ニューヨークに「ネイバーフッド・ギルド」が設立され，また1889年には，アダムス（Addams, J.）によって，シカゴに「ハルハウス」が

設立された。さらに，青少年活動においては，YMCAやボーイスカウトなどのレクリエーション・プログラムや野外活動が，青少年の健全育成のために活発に行われたのである。

② グループワークの発展

グループワークの発展を見てみよう。ここでは，米国におけるグループワークの歴史を概括する。

1930年代以降，米国では集団に関する実証研究が盛んに行われていた。その中でグループワークは，レヴィン（Lewin, K.）らのグループ・ダイナミックス理論の影響を受け，グループを構成するメンバーの性格やグループ内の人間関係，グループワークの過程の重要性が説かれるようになった。またこの時期，グループワークは専門職化への道をたどることとなる。1935年には，全米ソーシャルワーク会議（National Conference of Social Work）において初めてグループワーク部会が設置され，翌年にはグループワーク研究会が発足するに至った。1946年には，アメリカ・グループワーカー協会（American Association of Group Workers，略称AAGW）が設立され，さらに1955年には，他のソーシャルワーカー団体と合同して全米ソーシャルワーカー協会（National Association of Social Workers，略称NASW）が結成された。これによって，グループワークはソーシャルワークの専門技術として確立されていったのである。ときを同じくして，グループワークの実践分野では，治療グループワークが注目され，精神病院や総合病院などにおいて，情緒障害児の治療方法の一つとして，また患者のリハビリテーションに効果を上げていたのである。1960年代以降になると，方法論の統合化が叫ばれ，ソーシャルワーカーの養成方法や教育内容が再検討され，ソーシャルワーク実践においても従来のケースワーク，グループワーク，コミュニティ・オーガニゼーションなどの専門分化された技術や機能が統合化の道を歩むこととなったのである。

③ わが国の現状

今日，わが国においてグループワークは，どのような場面で展開されているのだろうか。前にも述べた通り，もともとグループワークは，セツルメン

ト運動，YMCA，ボーイスカウトなどの社会教育やレクリエーションを目的とした場で活用されてきたのであるが，今日では，高齢者や障害者の社会的機能の回復，児童や青少年の人格発達と社会化，さらに生活上困難を抱える者のケアに当たる人々へのサポートなどを促すために適用されるケースが多くなっている。たとえば，地域の老人クラブや福祉施設内のクラブ活動，あるいは児童館での学習活動，障害児を持つ親の会の活動などがそれに当たる。このようにグループワークの活用の場は多岐に渡り，その多様化が進んでいるのである。

④ グループワークの定義

グループワークとは，ソーシャルワークの主要な方法の一つであり，グループ・ダイナミックス及びプログラム活動を援助媒体として活用し，個人の成長や問題の解決を促す社会福祉援助の方法である。グループワークは，19世紀半ばから20世紀の初めにかけて，英国や米国で起こった青少年団体運動やセツルメント運動などの人道主義による社会改良運動にその原型を求めるものである。グループワークの代表的な定義を見てみよう。

グループワークを最初に定義したのは，ニューステッター（Newstetter, W. L.）であるとされている。彼は，1935年の全米ソーシャルワーク会議において，グループワークを「自発的なグループ参加を通じて，個人の発達と社会適応を図る教育的過程であり，そのグループを社会的に望ましい諸目標まで推し進める手段として活用することである」と定義している。この定義では，グループワークの「結果」ではなく，「過程」を重視したところに特徴がある。

また，コイル（Coyle, G. L.）は，「ソーシャル・グループワークとは，任意に作られたグループで，余暇を利用して，グループリーダーの援助のもとに実践される一種の教育的活動であり，集団的な経験を通して，個人の成長と発達を図るとともに，社会的に望ましい目的のため，グループのメンバーがグループを利用することにある」と定義している。

さらに，『ソーシャル・グループワーク；原理と実際』（1948年）を著したトレッカー（Trecker, H, B.）は，「ソーシャル・グループワークは，社会事

業の一つの方法であり，それを通して，地域社会の各種の団体の場にある多くのグループに属する各人が，プログラム活動の中で，彼らの相互作用を導くワーカーによって助けられ，彼らのニードと能力に応じて，他の人々と結びつき，成長の機会を経験するのであり，その目指すところは，各人，グループ及び地域社会の成長と発達にある」とした。

最後に，『ソーシャル・グループワーク；援助の過程』(1963年)を著したコノプカ (Konopka, G.) は，「ソーシャル・グループワークとは，社会事業の一つの方法であり，意図的なグループ経験を通じて，個人の社会的に機能する力を高め，また個人，集団，地域社会の諸問題により効果的に対処しうるよう，人々を援助するものである」と定義している。

これらの定義から，グループワークとは，①意図的なグループ活動の中で生まれるメンバー間の相互作用とプログラム活動を通して，②メンバー各人の成長やグループの発達を促しニーズを充足させ，③同時に地域社会の発展に貢献する，④ソーシャルワーカーによるグループとグループのメンバーを対象としたソーシャルワークの実践であるといえよう。

⑤　グループワークの構造

グループワークは，①グループを構成するメンバー，②グループ，③ソーシャルワーカー，④社会資源，⑤プログラム活動，から成り立っている。

グループを構成するメンバー，つまりグループ活動に参加する人たちは，①デイサービスの利用者や老人クラブのメンバーなど，自分自身の福祉のためにグループ活動に参加する人，②痴呆性高齢者をケアする家族の会や障害児を持つ親の会のメンバーなど，生活上の困難を抱える者のケアに当たっている家族関係者，③市民ボランティア団体のメンバーなどに代表される社会福祉の発展・向上のために社会的運動を進めている人，の3つに大別することができる。これらの人たちが集ってグループが成り立つわけであるが，グループの種類も，自然発生的なグループや趣味活動のグループ，セルフヘルプグループや社会運動グループなどさまざまある。ワーカーは，それぞれのグループの特質を理解し，当該グループにふさわしい社会資源（たとえば活動の場所・活動に必要な設備・活動に協力してくれる専門家やボランティ

ア団体など）を活用しながら援助を展開していく必要がある。

　グループワークの特色としてプログラム活動の展開が挙げられる。プログラム活動とは，グループの目標達成のために具体的に行われるあらゆる活動（たとえばスポーツ・ゲーム・会食・ロールプレイングなど）を指し，その活動の計画から評価に至るメンバーの共通体験の全過程をいうのである。プログラム活動を行う上で大切なことは，ワーカーが一つひとつのプログラム活動の意義や特質などを理解し，同時に援助目標やメンバーの諸条件，グループの発達段階などを充分に把握しておくことである。

### ⑥　グループワークの原則

　グループワークの実践においても，援助を効果的に行うためには，ケースワークの原則が適用される場面が多くあるが，グループを対象とする点で新たな原則が求められる。グループワークの主な原則を紹介しよう。

#### 個別化の原則

　ここでいう個別化とは，「グループ内の個別化」と「グループの個別化」という2つの側面を持つものである。前者は，グループを構成するメンバーそれぞれが個性を失うことなくグループ活動に取り組めるよう，その個人差を理解した上で援助を展開するという原則である。つまり，グループを構成するメンバーは，人格や抱える問題，性格や能力，取り巻く環境や置かれている状況など，それぞれ異なったものであるから，その個別性を重視するということである。また後者は，社会に存在するグループは，それぞれ独自の性格を持っているため，それを把握した上で援助を行うということである。グループを理解するための手がかりとしては，①グループの成立方法，②グループの目的，③メンバーの条件，④グループの構造，⑤グループ内の相互作用，⑥グループ内のリーダーシップの形態，などが挙げられよう。

#### 受容の原則

　グループのメンバーが，どのような価値観や倫理観を持ち，どのような態度や行動をとろうとも，あるがままの姿を受け容れるという原則である。ワーカーが受容的な態度を示すことは，当該グループが受容的な雰囲気を作り出すことにもつながるのである。

### 参加の原則

グループ活動に対して，メンバーの自主的・主体的参加を促す原則である。つまり，ワーカーは，メンバーの参加への動機づけと，メンバーが主体的に関わっていけるような環境を創造することが必要となる。また，関連することとして，リーダーシップの重要性が挙げられる。リーダーシップは，グループの目標や課題を達成するための有効な役割機能である。その役割機能は，課題を達成するための機能と集団を維持するための機能とであり，いずれも，他のメンバーから好感や尊敬を得るケースが多く，メンバーのグループ参加を強めることにもつながるのである。

### 葛藤解決の原則

さまざまな葛藤や課題をグループ自らが解決できるように導くという原則である。グループ活動を継続する中では，他者から傷つけられたり，自分に劣等感を抱いたり，グループに抵抗感を感じたりと，さまざまな問題に直面することが考えられる。そのような場面において，自らの力を持って問題の解決に取り組めるよう援助を展開するものである。

### 経験の原則

グループ活動を通して，さまざまな経験をすることで，社会的成長を図るという原則である。グループ活動の特徴は，何よりも複数のメンバーと問題の解決に取り組むことである。他のメンバーたちと課題に取り組むことで，意見の衝突や協力することの重要性，その中から生まれる怒りや喜びなどの感情，あるいは目標を達成したときの満足感や充足感などを得る機会が多く与えられる。そのような経験は，自己の存在を再確認し，自信を持たせ，新しいものへチャレンジする意欲をかき立てることにつながる。また同時に，人との関わりを通して，孤独からの解放，優しさや思いやりの気持ちを創造する契機になるのである。

### 制限の原則

グループの行動に制約を設け，一定の条件下でも効果的な活動が行えるように促すという原則である。一連の活動の中で，グループの決定は尊重されるべきではあるが，たとえば，メンバーの言動や決定が他者を傷つけたり，

人間関係を崩壊させるようなケースでは，ワーカーが介入し，制限していかなければならない。そうすることで，グループワークを効果的に，安全に展開することができるのである。

**継続評価の原則**

グループ活動を継続的に分析・評価し，次の活動へ発展させるという原則である。ワーカーは，グループ経験を通して，個人及びグループがどのように発達・成長したのかを丁寧に評価する必要がある。評価されるべき主な視点として，①目標の達成度，②メンバー及びグループの変容・成長，③メンバー間の相互作用，④援助のあり方や方向性，などが挙げられよう。なお，評価の際に記録が重要な役割を果たすことはいうまでもない。

**⑦ グループワークの展開過程**

グループワークの援助展開過程は，「準備期」，「開始期」，「作業期」，「終結期」の4つの段階に分けられる。以下，一つずつ見てみよう。

**準備期**

援助を行うスタッフの準備段階であると同時に，メンバーとの波長合わせや参加者の生活，感情，ニーズなどを的確に理解し，問題を明確にする段階である。この段階では，メンバーに関わる事前の資料をもとに，メンバー各人が持つ問題や課題，悩みや思いを理解し，またグループワーク開始後に起こるであろう問題について予測し検討することが重要である。

**開始期**

実際にグループのメンバーが集まり活動を始める段階である。この段階では，グループの緊張した雰囲気を和らげ，メンバー同士がお互いに知り合うことが目標であり，そのためにもアイスブレーキングの技術などを用いて，メンバーに安心感や親近感を持たせ，グループの形成に取り組むことが重要となる。また同時に，グループの目的や運営方法，ワーカーの役割などについての説明を行い，グループ活動であることを意識づけることも必要であろう。

**作業期**

メンバーが自分たちの課題に取り組み，目標を達成していく段階である。

この段階では，メンバー間の相互作用が生まれるよう促すことが重要である。メンバー間の相互関係が発達すると，グループの凝集性が生まれ，グループの規範が確立していく。そのような流れの中では，メンバーの否定的感情や抵抗などが現れ，メンバー間の対立，孤立者の出現など危機的状況が生じるケースもある。そのような場合には，ワーカーが介入し，修正していかなければならない。この期におけるワーカーの役割には，個人の目標達成に向かっての援助計画を立て主体的な活動ができるようにサポートしていく個人への援助と，メンバー間の結びつけの強化などグループ発達への援助とがある。またワーカーの技術として，グループの目標達成をサポートする技術，グループを支持する技術，プログラム活用の技術などが挙げられよう。

**終結期**

グループ活動を終わりにする段階である。終結の理由としては，①目的・目標を達成した場合，②計画していた回数や期間を満たした場合，③ワーカーが退職や異動等で不在になった場合，④参加者が減少し自然消滅した場合，⑤グループ活動を継続しても効果が期待できない場合，などが挙げられる。この段階では，メンバーの感情（終結することへの悲しみや不安など）を受容し，メンバーのグループ経験を評価することが重要である。また同時に，ワーカーとしてのグループ活動の振り返りと事後評価を行い，適切な援助が展開されたかどうかの確認をすることも必要であろう。　　　　（増田康弘）

注
1) 硯川眞旬編著『新社会福祉方法原論』ミネルヴァ書房，1996年，238-239頁。
2) フローレンス・ホリス，本出祐之他訳『ケースワーク——心理社会療法——』岩崎学術出版社，1966年，7頁。

参考文献
(1) 仲村優一監修，日本ソーシャルワーカー協会倫理問題委員会編『ソーシャルワーク倫理ハンドブック』中央法規出版，1999年。
(2) F.P.バイステック，尾崎新・福田俊子・原田和幸訳『ケースワークの原則』

## 第6章 社会福祉援助技術の体系とその内容

　誠信書房，1996年．
(3)　M. E. リッチモンド，小松源助訳『ソーシャル・ケース・ワークとは何か』
　中央法規出版，1991年．
(4)　牛津信忠・星野政明・増田樹郎編著『社会福祉原論』黎明書房，2001年．
(5)　武井麻子・春見靜子・深澤里子『ケースワーク・グループワーク』光生館，
　1994年．
(6)　太田義弘・秋山薊二編著『ジェネラル・ソーシャルワーク』光生館，1999
　年．
(7)　斎藤吉雄・石澤志郎編『ソーシャルワーク実践の基礎』中央法規出版，1988
　年．
(8)　全米ソーシャルワーカー協会，竹内一夫・清水隆則・小田兼三訳『ソーシャ
　ル・ケースワーク――ジェネリックとスペシフィック　ミルフォード会議報
　告――』相川書房，1993年．

## 3 間接援助技術

### (1) 地域援助技術(コミュニティワーク)

#### ① 地域援助技術の歩み

　現今の地域福祉の増進を命題とする社会福祉の趨勢の中で，地域社会における生活問題解決のための間接的対応技法としてのコミュニティワーク(地域援助技術)の重要性は増大してきている。このコミュニティワークは，その萌芽としては，英国の慈善組織協会(COS)やセツルメント運動を挙げるべきであろうが，今日の形態を整えるのは，米国におけるコミュニティ・オーガニゼーション(CO)の理論形成を待つといえる。ここでは紙幅の関係から米国のCOの理論形成と英国コミュニティワークの中心に据えられるコミュニティケアの流れを垣間見ておく。

　COが理論化されていく端緒ということになると，「レイン報告」(1939年)を挙げねばならない。これは「ニーズ・資源調整説」として著名である。その後の展開を見ると，「インター・グループワーク説」(W. L. ニューステッターに代表される，1947年)に注目すべきである。それはグループ間における調整により特定目標の相互受容を可能としていく方途を地域活動に導入する。さらには地域住民の主体性に基づき計画性導入や地域組織化を図る「地域計画・組織化説」が登場する。この立場の主たる論者としてはビュエル(Buell, B.)やロス(Ross, M. G.)を挙げることができる。1960年代となり，米国における，いわゆる「貧困戦争」を契機にしたコミュニティ・アクション・プログラム等が次にくる潮流を形づくる。理論的には，この60年代においては，ロスマン(Rothman, J.)の『CO実践の3つのモデル』(1968年)等が代表的立場を形づくる[注1]。この3つのモデルは，地域開発，社会計画，ソーシャルアクションの各モデルによって構成される。

　次にわれわれは，英国の流れを見ることにする。コミュニティワークの萌

第6章 社会福祉援助技術の体系とその内容

芽とされるCOSセツルメント活動の議論もさることながら，英国については，1919年の地方社会福祉協議会(LCSS)の連合体として全英社会福祉協議会（NCSS）が組織されたプロセスを重視すべきであろう。そこで重要なのは，地方ないし地域から全国組織が形成されていったことである［NCSSは1980年に全英民間組織協議会（NCVO）と改称された］。

ところで，英国では，1945年には全国コミュニティ・アソシエーションが設立され，近隣住区における組織化やサービスの展開が全国的広がりを示す。

ここで，英国におけるコミュニティケアの発端とその後について触れておく。それは1946年のカーチス報告から1959年の精神衛生法に至るプロセスの中で方向性が確固たるものとなる。この方向性は，「シーボーム報告」(1968年)を経て，さらに「地方自治体サービス法」（1970年）制定後，地方自治体レベルで整備されていくことになる。

こうした動きの中で，コミュニティワークの専門的展開が進行していく。このプロセスでのコミュニティワークの専門性強化は，その専門職業集団の組織化にも現れている。それは，英国ソーシャルワーカー協会（BASW）に加え，とくに1968年設立のコミュニティワーカー協会（ACW）に代表される。

さらにその後の主要展開を見ると，「バークレイ報告」（1982年）によりコミュニティ志向はさらに強化され，コミュニティを軸にしたソーシャルワークがその専門性を高める。これに続くのが，「グリフィス報告」(1988年)，「英国コミュニティケア白書」(1889年)，「コミュニティケア法」(1990年)である。こうした流れの中で，地域社会の対応力と公的施策が交錯し，協働行動となってゆく道が探られていく。コミュニティケア法は，英国ナショナル・ヘルス・サービスの効率的整備のために活用されていくことになる[注2]。

② プロセス・ゴールとタスク・ゴール

地域援助技術のゴールとは，上記のように地域社会に存在する生活問題の予防や除去という何らかのタスク（業務ないし仕事）の達成状況すなわちタスクゴール(Task Goal)を意味する。これに対して，プロセスゴール(Process Goal)という言葉があるが，これは目指される目標よりも，むしろその解決

行為のプロセスの一コマ一コマの中にこそ真の目標があるという考え方を指し示す。何らかの問題解決への歩みは，地域社会の諸問題に直面し，調査等で明確に把握し，各種の活動体を問題解決のために組織化し，計画化と解決実践さらには評価を実施していくというプロセスをたどっていくことになるが，そうしたプロセスの中に重要なゴールを見出すことができるという考え方である。

ゴールの内実理解をもう少し進めておくと，タスクゴールが，地域問題状況の除去ないし解決（予防的対応含む）の達成を目指すのに対して，プロセスゴールの方は，①地域住民，地域のボランティア，各種民間福祉団体等による問題解決行動への参加意欲向上や自発的参加・連帯感醸成，②地域生活者による問題への協働対応促進，③地域資源の認識・利用促進，また生活問題を媒介にした集団・団体への所属交流，④人権意識の向上，⑤疎外からの開放，⑥人格の向上・発展，⑦地域住民の情緒安定，⑧自己形成・自己実現，⑨問題解決能力の増強等々，総括的にいうと，以上を通じての住民の主体力増強が目的ということになる。このプロセスゴールといえる目標こそ，永続性を持って地域社会を強化し，地域の自立性とそれを通じての住民の主体性を向上させていく地域社会のエンパワメントの源となる。そこに成立していく主体的地域社会を意志的コミュニティないし，とくに福祉領域においては福祉コミュニティということができるであろう[注3]。

### ③ 地域援助技術の原則

他の援助技術領域と同様に地域援助技術においても，専門職に携わるワーカーがそれに拠って行為すべきとされる諸原則がある。主要なものを5項目挙げておく。

最初に，ニーズに緊急性の高いものから即応していくことを求める①ニーズ即応原則がある。次に地域社会のニーズを抱える個人，機関，団体それぞれが主体となって問題対応していくことが求められ，専門職はそれを助力する。これは②主体性の原則と呼ぶことができる。さらに地域における援助を地域社会の資源を動員しつつ組織的に進めていくことを求める，これが③組織化の原則である。その援助は協働活動を促進する方向に従い前進を図って

いく必要がある。ここに④協働活動の原則を確認できる。それは公私の役割分担と協働についての配慮をなすことを求める原則である。

社会資源を充分活用するとともに，現在資源が存在しない場合には，それを開発することも原則論上の課題となる。⑤社会資源活用・開発原則といえるものがこれである[注4]。

### ④ 地域診断に関わる諸事項

コミュニティワークの実践を進めるにあたっての当該地域社会の把握ないし診断について言及しておく。地域社会の類別については各種各様の類型がこれまで示されてきた。われわれは，奥田道大等の議論を参考にした類型に従い，地域社会をコミュニティ型，市民社会型，伝統社会型，アノミー社会型として4領域を切り取り，①の領域においては意志的主体的行動（市民としての自覚を持ち，意志的主体的に協働する），②の

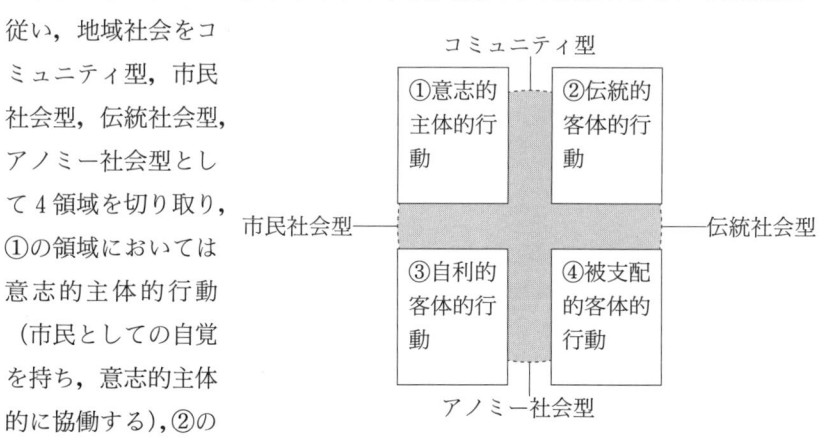

|  | コミュニティ型 | |
|---|---|---|
| 市民社会型 | ①意志的主体的行動 | ②伝統的客体的行動 | 伝統社会型 |
|  | ③自利的客体的行動 | ④被支配的客体的行動 |  |
|  | アノミー社会型 | |

領域には伝統的客体的行動（伝統的共同性に従い，それに依拠した行動をする），③の領域には自利的客体的行動（自己の利益を守るという行動枠の範囲内行動に終始する），④の領域には被支配的客体的行動（他の言動に支配され流動的行動をする）を趨勢的に見出し位置づけておく。いずれも地域分析の用具としての意味を持ち，地域社会における住民の行動累計を見るときに念頭に置くと対応行動の判断が容易となる[注5]。

この地域の診断をなすためには，地域の人口構成，産業構造，歴史性等に関する詳細な情報収集を不可欠とする。同時並行的に，地域における諸団体，組織や集団の特性把握を伴いつつ，地域ニーズの把握に至る判断の基礎となる地域理解が進められていく。

### ⑤ 地域ニーズの把握

次に，地域ニーズの把握に触れておく。そのニーズには，①地域において顕在的ニーズとして把握可能なものと，潜在的ニーズとして調査等の綿密な分析に拠らなければ把握が困難なものという類別，あるいは②ニーズ保持者の特性に基づく類別(貧困，高齢者，障害者，児童，母子世帯，低所得者……)あるいはまた，③ニーズとその充足方向に基づく類別，たとえば，経済的安定ニーズ，健康（保健，医療）ニーズ，能力開発ニーズ，社会参加ニーズ，身辺介助ニーズがあるであろう。また従来からよく用いられた④貨幣的ニーズ，非貨幣的ニーズあるいは市場的ニーズ，非市場的ニーズの類別法，⑤公的ニーズ，私的ニーズの充足責任主体による分類など，地域ニーズを見つめる場合の視点を，コミュニティワークに従事するものは，明確にしかも多様に用意しておく必要がある。

最後に，そのようなニーズ把握からコミュニティ活動実践へ至るプロセスに言及しておく。

まず，ニーズ把握の準備段階として，地域特性の把握，福祉問題の予測，さらには住民の考え方・態度・動機の特性が把握できればそれをも明らかにする。同時に地域社会の福祉水準・社会資源の基礎的把握もなすべきこととしてある。

次に，解決を図るべきニーズを把握（既存資料の分析，新たな調査，活動，事業，専門家による判定）を通じて，ニーズの実体を明らかにすることが求められる。その場合，緊急性のあるものから優先順位をつけるという作業が重要になる。

それは，統計調査以外では，既存の文献資料によるニーズの把握，会合(住民座談会，専門家からの情報収集)，地域観察（地域踏査），事業活動を通じて行うニーズ把握を挙げておくべきであろう。

統計調査によるものとしては，個別面接調査，配票調査，郵送調査，集合調査（住民座談会等を利用し，数値把握調査）等があることも付記しておく注6)。

## ⑥ 福祉コミュニティの形成

　以上のような地域診断からニーズの明確化というプロセスをたどり，それへの対応としての諸活動が，とくに福祉コミュニティの形成という目途を持った実践活動が開始される。まずは広報活動や，動機付けを伴い「地域福祉活動計画」の策定及びその着実な実施が期待されるが，そのプロセスにおける地域住民の組織活動への支援が重要性を持つ。また社会資源の開発などへの配慮と活動展開を欠かせない。実際の福祉コミュニティづくりにおいて，グループ・ダイナミックスや組織化の諸種の実践が重要性を帯びる。さらには広報や教育を中心とした情報活動が持続的に幅広く展開されねばならない。

　このコミュニティ実践活動の展開に際しては，ケアマネジメント，ケアプランニング，ネットワーキング，各種機関・団体とのコーディネーション等の実践的展開が密接に関わることになる。

　その地域社会において形成されていくことを求められる福祉コミュニティとは，いかなる機能を内包しているのであろうか。いささか上述の議論とも重複するが，福祉コミュニティという枠付けをして概要を示しておく。まず，福祉コミュニティに値する地域社会においては，地域内にケア・ネットワークが開発，資源化される営みを不可欠とする。さらには，ボランティア活動の促進，活動体相互連携促進，セルフヘルプグループの奨励，活動促進の方向での努力がなされていく。そこにおいては，組織連携・計画立案・小地域開発・アクション活動も欠かせない内容となる。

　そのような福祉コミュニティの存立のためには，前提としての次のような地域福祉の活動領域を強化し，定立させてゆかねばならない。それには，地域生活者のニーズの発見・把握，社会福祉施設や福祉機関・団体の連携，連絡調整，福祉及び関連事項の学習・訓練，保健・医療・教育との連携促進，新たな社会資源や制度の整備・開発，情報提供福祉サービスの開発さらには住民の社会福祉に関する理解・活動への参加促進，当事者及び住民一般の組織化・活動支援社会福祉機関・団体の福祉度の評価等があげられる。

　このように見てくると，福祉コミュニティとは，一般的コミュニティづくりたる地域組織化活動の展開と連動しつつ，福祉の問題を抱える人々及びそ

の家族を中心として問題解決行動・活動・支援システムを拡充する福祉組織化活動と見ることができる。すなわちそれは地域の福祉ネットワークを広げようとする活動の総括的基軸と見ることができる[注7]。

⑦　コミュニティワーカー

最後に，コミュニティワーカーと呼びうる専門職に触れておく。コミュニティの特定部門の専門職（specific community worker）としての社会福祉協議会の各部門担当者，社会教育部門，ボランティア・コーディネーターがまず挙げられる。次に，コミュニティづくり全般に関わる専門職（generic community worker）として社協の地域福祉活動指導員がある。さらに他の関連専門職群として社会福祉施設職員，保健担当職員，訪問看護職員，精神衛生相談員，児童相談所ケースワーカー等を挙げることができる。さらには，民間非営利団体，ボランティア団体，民生児童委員等を，単なる福祉支援者・補充代替者としての役割に留めることなく，かなりの専門性を持つ人々及び団体組織として捉えておく必要がある。そうした人々の団体が，単なる日常の支えに留まらず，専門性の高い領域まで，民間の立場から担いうるという確証が各所に存在する。その役割増大と今後の一層の強化が期待されている[注8]。

（牛津信忠）

注

1) 高田真治『アメリカ社会福祉論——ソーシャル・ワークとパーソナル・ソーシャル・サービス——』海声社，1986年，143-156頁。

2) Adams, R., Dominelli, L. & Payne, M. (ed.), "Social Work", Macmillan press, 1998, pp. 161-164. 牛津信忠「欧米社会福祉の歩み」内「英国の歩み」保田井進・鬼崎信好編『社会福祉の理論と実際 改訂版』中央法規出版，2001年。高森敬久・高田真治・加納恵子・定藤丈弘『コミュニティ・ワーク』海声社，1989年，25-29頁。

3) 上掲，『コミュニティ・ワーク』100-109頁。

4) 福祉士養成講座編集委員会編『社会福祉援助技術論II』中央法規出版，2001年，108-112頁。

5) 岡村重夫『地域福祉論』光生館，1974年，71-85頁参照。

6) 前掲書4），119-124頁。
7) 前掲書5），70-71頁。
8) 日本地域福祉学会編『地域福祉事典』中央法規出版，1997年，182-197頁参照。

### (2) 社会福祉調査法

#### ① 現代社会と社会調査の意義

今日，私たちの生活する社会は常に変化し，非常に多様な社会状況を創出している。このような状況においては，これまでの私たちの経験やかつて用いられた手法だけでは，さまざまな形で生じる社会現象に適切に対応し，問題を解決していくことが非常に困難になってきている。現代社会において，私たちが社会に適応していくには，自分の所属する社会や集団に生起する社会事象の継起的関係や相互の機能的関連についての基本的知識を正確に持ち，それについての十分な理解をすることが必要である。そのためには多様な社会状況について，常に科学的・合理的な状況把握及び問題解決の態度や能力が不可欠である。

そこで用いられる有力な方法が社会調査である。社会調査は，一定の社会あるいは社会集団における社会事象に関するデータを，主として現地調査によって直接収集し，処理し，分析する過程である。社会調査が対象とするのは，注目する社会事象に関する社会または社会集団自体の特性であり，ここで重要なことは，その全過程が客観的方法によって貫かれていなければならないという点である。採用された方法は，調査方法論上の批判（たとえば統計学理論，コミュニケーション理論などの観点からの批判）に耐えうるものでなければならないし，方法上の条件が整えば，他の調査者による追調査が可能でなければならない。また採用された方法及び調査対象が明示されていることも重要である。もしも社会調査がある恣意のもとに行われたとすれば，その結果がもたらす状況への認識は，現実とは異なったものであり，問題解決につながらないのみならず，誤った解決策を導いてしまう。

近年，行政による住民のニーズを把握するための社会調査も多々実施され

ている。とくに福祉意識の高まりと人口の急速な高齢化によって，社会福祉に関する調査が盛んに行われるようになった。多様化し，構造・機能的にも複雑多岐に分化し続ける現代社会の仕組みや実態を客観的に把握することが，現代社会の危機的な問題状況の解決に貢献するであろう。

② 量的調査と質的調査

社会調査には，主として行政を施行する上で必要な客観的資料を作成するために行われる人口や産業などに関する統計調査，社会事業のような実践目的や社会計画・地域計画策定のために，その実態を把握し，改善策を探求するための社会踏査，サービスの探求または営利目的のもとに行われる世論調査や市場調査，科学的な理論構成のための学術的あるいは社会科学的調査などがある。これらの社会調査は，量的調査または質的調査，あるいは両者を組み合わせて実施される。

量的調査は，比較的多数の調査対象者に対する大量観察に基づいて，平均・度数分布・比率・分散・相関係数・検定などのいわゆる統計的手法を用いて分析し，記述し，推測する調査手法で，統計的調査とも呼ばれる。量的調査には，調査対象として設定された範囲内に入るすべての調査単位をもれなく調査する全数調査（悉皆調査）と，調査対象と定めた母集団全体を調査するのではなく，その中から一定の割合の標本（サンプル）を選び出し，これを調査する標本調査とがある。全数調査の代表的なものとしては5年ごとに実施される国勢調査があるが，これは日本国内のすべての世帯・個人の基本的な特性を把握するために行われる。国勢調査の調査対象者は，調査年の10月1日現在，日本に在住している全個人である。そのため調査の実施には莫大な費用と時間，労力を要する。今日，一般的に実施されている量的調査の大半は標本調査である。調査技法の進展により，すべての調査単位を調査しなくても，標本調査の結果からかなりの精度で全体（母集団）の特性を推計することが可能だからである。しかしここで重要になるのが母集団から抽出される標本の代表性である。統計的技法にのっとった抽出過程（サンプリング）が重要な意味を持つ。

量的調査（統計的調査）は，調査対象の特性の量的把握に適しており，調

査結果がきわめて客観的に明示されるため，他の調査や過去に実施された調査の結果との比較も容易で，社会調査の中に占める比重が増大している。しかしこの調査方法の長所である客観性は，一方で短所にもつながる。すなわち大量観察による数量化は，その事象の持つ特殊性や個別性を捨象することによって可能であり，母集団についての全体的概括的把握は可能であっても，個々の個体の特性を記述したり，多数の要因間の複雑な構造を把握するには不適である。

　質的調査は，限定された比較的少数の事例について，時間をかけて集中的に調査を行い，調査課題の質的構造を明らかにしようとするものであり，事例研究とも呼ばれる。対象の事例の時間的経過，空間的広がり，人間関係，社会関係をも調査し，多数の要因間の関連を解明し，対象の持つ普遍性，典型性，個別性を把握することを目的としている。質的調査（事例研究）の調査対象者は，量的調査における標本のように，母集団を代表するように無作為抽出されたものではなく，調査課題に見合うように意図的に有意抽出されたものとなる。したがって質的調査の結果からは，量的調査のように母集団の傾向を推計することはできない。質的調査の結果は，事象の全体の中に位置づけた上で，その個性の意味を全体的一般と関連づけて理解することが重要である。

　理想的な調査方法としては，量的調査によってその事象の全体的傾向を把握し，そこで捨象された特殊性や個別性を質的調査で補う方法をとることであろう。とくに社会福祉の分野では，全体のニーズの把握とともに，個別のさまざまな事例が想定され，これらの事例についてのきめの細かい状況を明確に把握し，クライエントが切実に必要とする要望に応えるためには質的調査が適当であろう。

### ③　社会調査の制約要因

　本来，設定された問題を解明するには，最も望ましい理想的な調査方法を検討し，採用することは当然である。しかし現実の調査の実施においては，現実的障害の存在により実現可能な調査方法を選択しなければならないことが多い。社会調査を外的に規定する要因についてあげてみる。

### i 費用による制約

調査の計画を立てるにあたっては，決められた予算に応じて調査の規模を考えなくてはならない。合理的な予算計画のもとに，与えられた費用の範囲内における理想的な調査方法を検討することが重要である。無理な計画を立てて，途中で調査を継続する費用不足に陥ってはそれまでの努力がまったく無意味になってしまう。日本の国情を把握するために実施される国勢調査も，莫大な費用を必要とするため5年に1回の実施となっている。ちなみに前回の2000年度の国勢調査に要した予算は約701億円であった。

### ii 時間による制約

調査方法の選択や調査項目の量については，時間的な制約を受ける場合がある。たとえば行政や企業によってある施策が検討されており，それに対する地域住民の意向を調査する場合，施策が決定あるいは開始される前に調査結果が出なければ調査の意味がない。このように結果を出す日時が前もって定められている場合がある。また内閣支持率や選挙予測のように，できうる限り早く結果を出すことが至上命令のようなケースもある。

### iii スタッフによる制約

現在，社会調査を行うにあたって，企画から立案，実査，集計，分析のすべてのプロセスを個人で実施することは不可能であり，複数による組織的作業が必要である。そのためには能力があり，うまいチームプレーができるスタッフをいかに揃えうるかが，調査の成否を左右する大きな要因となる。またスタッフの顔ぶれによって，調査方法の採用にも影響が及ぶ場合もある。

### iv 調査員による制約

調査の実施段階においては，調査員の質と量が問題になる。調査員の質的問題によっては，調査方法を根本的に検討することが必要になる。とくに事例研究の場合などでは，経験の豊富な熟練した調査員が必要なケースも多い。また調査員の量的問題としては，調査員が少ない場合，調査員一人当たりの負担を多くするか，あるいは標本数や調査項目の上で調査の規模を縮小するかを検討しなければならなくなる。調査員の負担を多くする場合，調査実施に要する期間が長期化するので，時間的制約との関係についても検討が必要

である。

　ⅴ　フィールドによる制約

　調査の実施にあたっては，調査対象者の側の事情も十分に考慮する必要がある。調査の時期としては，農村地域で実施する場合は農繁期は避けて農閑期を選ぶべきであり，商業地域の場合は中元や歳暮の売り出しの時期は避けなければならない。また選挙が行われているときは，選挙絡みとの誤解を受けやすいので避けたほうがよい。また面接調査や調査票の回収にあたっては，調査対象者の属性も考慮に入れなければならない。サラリーマンの多い地域の場合は，訪問日に土曜，日曜日を含めたほうが効率があがる。調査対象と関連のある役所や労働組合などの団体や機関などにも，あらかじめ調査の主旨を説明し，了解を得て協力を依頼しておくことが大切である。

### ④　調査票の意義

　社会調査において，最も重要な役割の一つを果たすのが調査票である。調査票は，多数あるいは広範に分布した人間や集団からデータを収集するために考案されたフォーマル・リストで，社会調査においてあらかじめ想定された仮説を検証するために必要な調査項目を，統一された定義と用語法に基づいて見出し語あるいは質問形式にして，回答記入様式にまとめたものである。社会調査における調査対象を観察するための用具として，客観性のある科学的データの収集には不可欠である。

　調査票の意義としては，調査票を用いることによって，私たちの観察力を著しく拡大することが可能になる。すなわち個々の調査対象を同一の観点から調査し，その結果を記録に残すことによって，調査を正確かつ広範に行うことも可能になる。また調査票は調査員の観察を標準化し，客観化することを助長する。同一の事実について，同一の調査結果が得られるようにするための必要条件である。加えて調査票は1項目ごとに観察の要素を分離することを可能にし，そのため個々の要素について一時的に集中して調査を行うことを可能にする。調査対象の構成要素を個々に分離して集中的に観察するのが科学的分析の特徴である。

　調査票の中心をなす質問の作成にあたっては，次の点に留意しなければな

らない。

a) その質問に対して調査対象者の回答が得られるかどうかを吟味する。あまりにも抽象的な質問であったり，想像的なもの，専門的な質問内容に対しては，無回答や「わからない」という回答が多くなってしまう。

b) 用語の定義を明確にする。すべての調査対象者が同じ意味や解釈で理解がなされるように，調査対象者に応じてやさしい言葉で，しかもあいまいな点がないように細心の注意を払うことが大切である。人によって解釈の異なるような用語については，明確にその意味を規定し，また社会福祉の専門用語などについては，その意味について解説しておく必要がある。

c) 用語法（ワーディング）には十分注意する。粗雑な質問や嫌悪感や反感を持たれるような言葉づかいは避ける。また暗示的あるいは誘導的な表現も避けなければならない。

d) 1つの質問に2つ以上の論点を含んだ質問は避ける。これはダブル・バーレル質問といい，調査対象者の判断基準がどこに置かれるかによって，異なった尺度によって測定された結果となる。

e) 質問の順序は，質問者の観点からではなく調査対象者の側から考えて，答えやすいように，かつ回答に歪みが生じないように配慮する。前の質問が次の質問の回答に影響を与える「持ち越し効果」が生じることがあるので，質問の並べ方についても十分検討する。

f) 質問の量は，あまり多すぎないようにする。質問の数があまりに膨大な調査票に対しては，回答がいい加減になったり，途中で回答が中断されることが多くなるので，なるべく20〜30分程度で記入できるものが望ましい。

以上の点に十分配慮して調査票の作成にあたることが，実りある調査結果を得ることにつながる。

(八田正信)

**参考文献**

(1) 安田三郎，原純輔『社会調査ハンドブック』〔第3版〕有斐閣，1982年。

(2) 島崎哲彦編著『社会調査の実際』学文社，2000年。
　(3) 井上文夫，井上和子，小野能文，西垣悦代『よりよい社会調査をめざして』創元社，1995年。

## (3) 社会福祉運営管理法
（ソーシャル・ウェルフェア・アドミニストレーション）

### ① 社会福祉運営管理法の意義

　社会福祉運営管理法は，ソーシャル・ウェルフェア・アドミニストレーション（social welfare administration）として，広義では国家や地方自治体による福祉政策や行政，さらには社会福祉組織や関係団体に対しての運営管理法として捉えられている。狭義では社会福祉施設における運営管理法の意味でも用いられている。

　わが国では，社会福祉運営管理法はソーシャル・ウェルフェア・アドミニストレーションとソーシャル・アドミニストレーションが明確に区別されることなく用いられてきた。しかし，今日の社会福祉ニーズの多様化や，それに伴う社会システムの発展により，社会福祉運営管理法を国家や地方自治体による行政や政策形成から広範囲の社会福祉サービスの提供側としての組織や団体〔福祉事務所，社会福祉協議会や社会福祉施設などの機関や施設，さらには民間非営利組織（NPO）や企業など〕における運営管理の方法と研究，そして，その実践まで，広い範囲で捉えて考えるようになった。

　社会福祉運営管理法は直接的な援助を包括するのみならず，社会福祉サービスの提供側であるさまざまな機関，組織，団体の運営管理を目的とした間接的な援助技術として理解されるであろう。つまり，さまざまな社会福祉ニーズに対応すべき関係組織の機能を，社会福祉システムとして確立し向上させることが社会福祉運営管理法の目的なのである。

　このことを，ティトマス（Titmuss, R. M.）は，「広義な社会諸サービスの研究」と定義し，さらに「基本的には一連の社会的ニーズの研究と欠乏状態のなかでこれらのニーズを充足するための組織が持つ機能の研究」と定義している。

社会福祉運営管理法とは，社会福祉システムを合理的・効率的に展開するために用いられる方法のことである。社会福祉を構成する諸要素が拡大し，複雑化，多様化したことで社会福祉サービスに関わる専門的で高度な運営理論や管理法が求められることになった。社会福祉運営管理法はその必要性から生じたともいえる。

　社会福祉サービスの提供側は，激動する経済的・社会的状況を背景とした広範囲で多元的なさまざまなニーズに対応することが要求される。その要求を十分に充足させるために，組織機能を最大限に活用することを目的とする研究とその実践が必要なのである。社会福祉運営管理法とは，社会福祉サービスを提供する組織とその機能のあり方を問うことでもある。

### ②　社会福祉運営管理法の方法

　社会福祉運営管理法には「組織としての機関の内部的な構造と機能」，「福祉体系内部の組織間の関係」，「社会福祉体系と他の社会制度との関係」の3つの局面から社会構造と関連づけたアプローチがある[注1]。

　その方法は，組織の機構・運営過程を調整し，職員の勤務条件その他の環境整備を図るなど，その組織の目的を完遂し，また社会的変動に伴う社会福祉ニーズの変遷に対応して，目的を必要に応じて修正するなど，多面的な組織の活動である。簡略化すれば，計画 (plan)→実施 (do)→評価 (see) のプロセスの繰り返しといえる。

　組織における運営管理法の詳細は，社会学，経済学，経営学，政治学，心理学など人間に関わる学際的な領域の上に成り立ち，計画化，組織化，経営，人事，労務管理，指揮系統，調整，広報，財政，調査，計画，立案，実行，評価，点検などから構成され，さらに関係機関との連繋や調整などの広い機能を含むものである。

### ③　社会福祉運営管理法の実践

　社会福祉運営管理法の実践は，それぞれの組織のあり方において多少の違いは見られる。それは，組織が持つ役割と位置づけの違いと捉えることができる。

第6章　社会福祉援助技術の体系とその内容

1) 社会福祉施設の運営管理法

　20世紀のはじめ，アメリカにおいて社会福祉施設の運営管理は企業や工場の運営管理を参考として研究されてきた。

　わが国の社会福祉施設の運営管理法は，社会福祉施設の理念や目的の達成をするために効果的かつ効率的に実施するための専門的方法である。

　それは，運営（アドミニストレーション）よりも経営（マネジメント）に力点を置いた発想として考えることができる。経営を，「経営＝やりくり」と解釈し，施設が本来の目的をないがしろにした利益を追求することなく，その目的を達成するために必要な財源の確保と運用を施設が持つ機能を工夫して有効に利用する専門的技術と捉えなければならない。

　この経営の概念は，「サービスの利用者主権」へと社会の意識が大きく変化している現在，介護保険制度や支援費制度に見るように措置費制度から契約制度への移行に伴い，社会福祉施設において経営管理という視点がより重要となってきている。

　次に，社会福祉施設の運営管理としては，大きく「財務管理」「労務管理」「業務（サービス）管理」に分けることができる。

　財務管理は，施設の目的と計画遂行に必要な財源調達，予算管理，財務分析・診断，設備・備品管理などを含む機能である。つまり，施設運営に必要なお金（財源）や物（建物や備品）の確保と運用である。

　労務管理は，施設での職員の採用，配置，研修と労働条件の整備などの機能である。施設で提供されるサービスのほとんどが直接，人から人へ提供されており，職員の資質のレベルはただちにその施設の質的な評価として反映されてくる。また，施設では数多くの専門職種の職員が従事しており，施設の目的と計画に従って異職種間の協働する体制が図られなければならない。

　業務（サービス）管理は，施設の目的を実現する具体的な業務（サービス）の計画，実施，評価にわたる過程の総括と点検，さらには改善などである。その果たす役割はきわめて大きく施設の中心的活動であるといっても過言ではない。今日では，施設でのサービスの質が問われるようになり，有効なサービスの質の改善と向上を目的とした自己評価と第三者評価が多くの施設で

実施されるようになっている。

### 2) 社会福祉行政機関での運営管理法

社会福祉行政の主体は，国と地方自治体である。担当する行政組織は，国は厚生労働省であり，地方自治体には社会福祉サービスを担当する部局が設置されている。これらの行政組織が福祉を行う場合には，国や地方自治体の行政施策に基づいて実施することを基本としている。

社会福祉行政機関での運営管理法としては，「計画管理」「調整管理」「運営管理」の3つの段階がある。

計画管理は，行政機関が福祉行政を行う場合には，行政計画に基づいた行政機関全般の連携と整合性を図ることである。

調整管理は，福祉の財とサービスが適正に配置されるように，社会福祉ニーズに対しての財政予算や公共資源の配分を調整することである。

運営管理は，社会福祉サービスの提供側と利用側を対象として相互の関係が合理的・整合的・効率的に施行，実施されるように社会福祉サービスの活動促進を図るものである。

社会福祉行政機関は，行政組織機構の中に位置している。そのため社会福祉行政機関は，行政機関全体の中での包括的な連携が図られなければ社会福祉行政としての機能は充分に発揮することができない。

今日，社会福祉基礎構造改革においては，行政から住民へのトップ・ダウン方式ではなく，住民から行政へのボトム・アップ方式による住民主体の柔軟で有効な社会福祉行政の運営管理が期待されている。

### ④ 社会福祉運営管理法の課題

社会福祉運営管理法の求めるものは，社会福祉サービス提供側の組織の効率ではなく効果である。組織の効率を第一に求めた運営管理は，社会福祉の運営管理ではなく一般企業の経営管理と同じになってしまう。社会福祉運営管理には，社会福祉ニーズに対する社会福祉サービスの効果が問われている。

社会福祉サービスの提供は，直接的に援助者が行うことだが，援助者は一人ではなく社会福祉サービスを提供する組織に属して援助がなされる。組織の発展は組織が提供する社会福祉サービスを発展させることである。その結

果として，社会福祉サービスの利用者の利益に還元していくことを忘れてはならない。

これからの社会福祉の運営管理では，組織単独の運営管理よりも社会全体の中の組織として，官民相互の協力体制での柔軟で迅速な対応が求められる。そのためにも，計画と調整の機能が今後ますます強化されていかねばならないことはいうまでもない。さらに，社会福祉サービスを受けているサービスの利用者（ユーザー）が積極的に運営管理に関わっていけるシステムを取り入れなければならない。　　　　　　　　　　　　　　　　（土田耕司・星野政明）

**注**
1)　仲村優一・三浦文夫・阿部志郎編『社会福祉教室』有斐閣，1983年，264頁。

**参考文献**
(1)　重田信一『アドミニストレーション』誠信書房，1971年。
(2)　高橋重宏・宮崎俊策・定藤丈弘編『ソーシャルワークを考える』川島書店，1981年。
(3)　ジョン・バートン，飯田精一・小田兼三監訳『社会福祉施設の処遇と運営』勁草書房，1995年。
(4)　伊藤よね・小舘静枝・松本佑子編著『社会福祉実践の方法』川島書店，1984年。
(5)　右田紀久恵・高田真治編『地域福祉講座2』中央法規出版，1986年。
(6)　H. B. トレッカー，今岡健一郎監訳，星野政明他訳『コミュニティ・サービスのための新しいアドミニストレーション』YMCA同盟出版部，1978年。
(7)　Neil Gilbert・Harry Specht, "Dimensions of Social Welfare Policy", prentice-hall, 1974年。

## (4)　社会福祉計画法（ソーシャル・ウェルフェア・プランニング）

### ①　社会福祉計画法の意義

社会福祉計画法とは，元々はソーシャル・プランニング（social planning）と呼ばれ，時代の変遷に対応した社会福祉の構築を計画的に実現していくた

めに将来の展望を持った計画を立てる方法とその技術である。

それは社会福祉の理念に基づいて特定の目標を設定し，調査などから実情を把握し，将来を予測した具体的な目標及び方針を立案し，それを効率よく達成するための段階的な計画を作成することである。つまり，社会福祉サービスを必要とする人たちに直接的に働き掛ける援助技術ではなく，社会福祉の施策やその方向づけを目的とした間接的な援助技術として捉えることができる。

次に，社会福祉に計画化が求められた理由としては，5つが挙げられる注1)。

第一には，社会福祉サービスの利用者が，そのニーズに対応するさまざまなサービスを必要なときに系統的，かつ機能的に利用できる均整のとれた社会福祉の組織化が必要であった。そこで，社会福祉サービスの総合調整を目的とした計画化が要請されるようになった。

第二には，社会福祉サービスの利用者の拡大に対処するべく，社会資源としての社会福祉の人的・物的な諸側面を効率的に開発し，動員することの必要性に迫られた。そこで，ハード面とソフト面の両方から社会福祉資源の調達を目的とした計画化が必要となった。

第三に，公的責任に基づく国民の生存権保障として，社会福祉サービスを受けることができる権利という認識が根づいてきた。その結果，住民が国や地方自治体の行政機関に対してサービスを権利として要求する社会福祉の機会が多くなった。それに対処すべき福祉サービスが急務となり，行政施策のシステムでの社会福祉施策を系統立てて組み込むための計画化が必要となった。

第四に，社会福祉部門と他の関連部門との調整の必要性からである。質の高い社会福祉サービスが提供されるためには，社会福祉部門と密接な関係にある医療・保健，雇用，住宅，教育，年金などの関連する分野との連携を図る目的として計画化が求められた。

第五に，国家や地方自治体の総合的な開発計画の中での明確な位置づけからである。そこには，社会開発の必要不可欠な領域として社会福祉の計画化

が求められている。

以上，社会福祉計画法の意義は，社会福祉ニーズに対応すべき，公的に保証される社会福祉サービスと社会的な諸施策が最適の状態で統合し，システム化していく必要性から生じた計画化と理解することができる。

② わが国の社会福祉計画法の動向と現状

戦後，わが国において最初に計画的な施策の推進が行われたのは経済領域といえる。敗戦直後は経済復興が重点課題と考えられ，経済開発が中心に捉えられていた。急速な経済成長と社会資本の充実や産業構造の変化に伴う数多くの経済計画が実行されて，わが国の経済は世界に例を見ない急激な成長を遂げるに至った。しかし，経済開発が優遇された結果，社会面，生活面での対応の遅れが顕著となってきた。そこで社会開発の必要性に迫られ，行政計画の一環として社会福祉の計画化が図られるに至った。

近年，少子高齢化の影響とライフスタイルの急激な変化に伴い，「ゴールドプラン」「エンゼルプラン」「障害者プラン」の福祉3プランに例を見るような，国家施策としての社会福祉計画が制定されている。さらに，21世紀の社会福祉のあり方と方向づけを示したといえる「社会福祉基礎構造改革」についても同様である。

このように，近年の社会福祉計画の動向は，従来の福祉施設建設などのような福祉インフラ整備としてのハード面より，介護保険制度などに見られるような福祉システムとしてのソフト面の整備や充実を目指した計画化にシフトしているといえる。

また，国家レベルの社会福祉計画に対して，都道府県レベルや市区町村レベルの地域福祉計画では，より身近な生活領域を対象としている。とくに，地域福祉計画は，地方分権化の影響から住民が主体となったボトムアップ方式による，より生活に密着した社会福祉の計画として期待されている。

③ 社会福祉計画法の方法と課題

社会福祉サービスを計画的，かつ合理的に提供する必要から間接的な援助技術の方法として社会福祉計画法が用いられている。

社会福祉計画法には，計画の方法と枠組みを方向づけるために，社会福祉

についての基本的な考え方が最初に確立されていることが重要である。次に，サービスの利用者の参加が不可欠である。それは社会福祉計画が誰のための計画かということを踏まえて，計画段階から社会福祉サービスの利用者が参加することで効果的な社会福祉計画の作成が可能となるからである。

社会福祉計画法の策定過程としては，「構想」「課題」「実施」「評価」の4つの段階から進められることが一般的である。

構想とは，事業方針や政策策定のことであり，問題を明確に定式化し，ビジョンを作成することである。課題とは，設定されたビジョンを遂行するために考えられる課題（試案）を明確化し，さらに比較検討を行い計画として具体化することである。実施とは，具体的に計画を遂行する過程を意味し，手順，時間，資源の運用，費用の推計などが課題となる。評価とは，計画の締めくくりとしての役割を持ち，目標の設定と計画策定，計画遂行に投入された資源，その過程の展開，結果などを評価し，次の計画に結びつけるために行われるものである。

以上のような過程を経て，フィードバックを繰り返しながら，洗練された計画の立案が可能となり，成果が得られるのである。

社会福祉計画法を進める技法としては，一般には「情報収集」と，その収集した「情報の整理・分析」，「計画の実施」の3つ要素に分けることが考えられる。

まず情報収集については，自らがアンケートなどの調査を用い情報の収集を行う場合と，既存の機関などによる資料収集の方法が用いられる。次に，収集された情報の整理・分析を行い計画の具体化が進められる。さらに収集されたデータは，チームで比較検討が加えられ，実際的なプログラムとして作成される。最後の実施の段階においては，財源や人員の確保などが不可欠な要因であり，また課題でもある。

計画は，いかなる目的を持って，いかなる立場で作成されているか，また誰のために策定されているのかが重要な課題である。このことは社会福祉計画においても同じことがいえる。

社会福祉計画法は，社会福祉ニーズを充足させる目的において，社会生活

第6章　社会福祉援助技術の体系とその内容

上の問題解決のために社会福祉の基本的な視点に立った積極的な検討が必要である。そのために今後の計画の総合化，科学的技法の開発，計画者の倫理，さらに計画の過程に当事者としての住民がいかに参加するかが課題として問われている。

(土田耕司・星野政明)

**注**
1) 仲村優一他編『現代社会福祉事典』全国社会福祉協議会，1982年，24-25頁。

**参考文献**
(1) 高田真治『社会福祉計画論』誠信書房，1979年。
(2) 定藤丈弘・坂田周一・小林良二編『社会福祉計画』有斐閣，1996年。
(3) 岡本民夫・小田兼三編著『社会福祉援助技術総論』ミネルヴァ書房，1990年。
(4) 仲村優一・三浦文夫・阿部志郎編『社会福祉教室』有斐閣，1983年。

## (5) 社会福祉活動法（ソーシャル・ウェルフェア・アクション）

### ① 社会福祉活動法の意義

社会福祉活動は，社会福祉援助技術の領域でのソーシャル・アクション (social action) の一つの方法として考えられる。

社会福祉活動法とは，社会福祉ニーズの充足を求めて，社会福祉政策や制度などの改善や維持，さらには新しい社会福祉サービスの設置を目指し，国や地方自治体などの行政機関や議会に働きかける組織的・集団的な活動，及びその方法や技術をいう。それは，地域援助技術との関連が深く，地域社会での地域援助活動を促進するための重要な方法ともいえる。

このことから，ソーシャル・アクションの本質として，政治運動や労働運動などのような社会構造そのものや政治経済体制の改革を求めるものとは異なり，社会福祉ニーズの充足を目的とした社会改良的な意味を持つということが理解できる。しかし，社会福祉や社会保障の向上を求めた運動ではあるが，そこに援助技術としての方法的プロセスとソーシャルワーカーの技術的

介入がなければ社会福祉活動法とはいわない。

また，ソーシャル・アクションは現実の社会生活の中から発生した問題を住民の力を結集して解決していこうとする活動であると理解しておきたい。

② 社会福祉活動法の動向

社会福祉活動法の起こりは，18世紀からのイギリスにおける監獄改善運動や工場法制定の運動に端を発したといわれ，その後コミュニティ・オーガニゼーションの発展に伴いセツルメント運動や生活協同組合運動などへと発展していった。

そして，アメリカにおいて社会福祉活動法は，専門のソーシャルワーカーの用いる方法・技術として実践と研究が進められ，公民権運動や福祉権運動として展開され，今日のようなかたちへと発展していった。わが国においては，戦前の方面委員（現在の民生委員）による救護法の制定と実施促進運動が有名である。

社会福祉活動法の形態としては，2つのパターンに分けることができる。一つは，社会的発言力が弱い身体面や精神面などにハンディキャップを持つ当事者に代わって，当事者と関わりのある福祉関係者とか，当事者の家族が中心に行動する形態である。その一例としては，家族が中心で行動する知的障害者の親の会である「手をつなぐ育成会」や「肢体不自由児・者父母連合会」などの活動が挙げられる。また，当事者と関わりのある福祉関係者が中心となるものとしては，介護や福祉機器の専門家による「テクノエイド協会」や「社会福祉士会」，「介護福祉士会」などの活動を挙げることができる。

もう一つは，当事者が自らハンディキャップを克服し，要求の実現のために組織化を図る形態である。その一例としては，「難病友の会」や「頸椎損傷友の会」などがある。1960年代からアメリカのカリフォルニア州で展開された重度障害者の自立生活運動であるIL運動はとくに有名である。また，わが国においては，ハンセン病患者の長きにわたった活動は，「らい予防法」を廃止へと導き，さらに裁判や世論に訴え国の施策を変えさせた有名な活動でもある。

前者は福祉ニーズの具体的な充足やアドボケイド（代弁機能）がその目的

となる。後者においては，それに加えて当事者の権利主体としての育成や政策決定過程への参加が志向されている。

また，同じような苦しみや悲しみを経験したり，問題を抱えている人々がお互いを理解し助け合いながら，それぞれの持っている問題の解決を目指していくセルフヘルプ活動は，社会福祉活動法と重ねて見ることができる。

### ③ 社会福祉活動法の展開とその課題

社会福祉活動法の展開とその課題としては，コミュニティワークのプロセスと大差はなく，下記のように進められるのが一般的であるといえる[注1]。

① 主たる集団もしくは運動体を形成する。
② 学習会，調査，視察などの活動によって問題の把握，要求の明確化を図る。
③ 集団討議を通じて解決すべき課題の限定，行動計画を立てる。
④ 広報・宣伝活動によって世論を喚起し，支持層，支援層をふやす。
⑤ 住民集会，デモ，署名，陳情，請願，団体交渉，裁判闘争などの直接行動を展開する。
⑥ 運動の成果，影響，問題点を総括し，新たな展開を提起する。

社会福祉活動法は，社会福祉運動を推進する組織としての活動でもある。しかし，さまざまな問題や社会福祉ニーズを持ちながらも組織されない人々に対して援助していく場合，問題の性格や当事者の置かれている環境により多種多様であるため，統一された組織化や運動を展開することが困難な一面を持っている。

しかし，いずれにしても，住民運動などのトータルな社会組織との連帯や当事者の自立的な権利基盤の拡大などによって改善が図られるものと考えられる。また，このことが今後の課題としても捉えることができるのであろう。

(土田耕司・星野政明)

#### 注
1) 岡本民夫・小田兼三編著『社会福祉援助技術総論』ミネルヴァ書房，1990年，167頁。

**参考文献**

(1) 南雲元女・安藤順一編『社会福祉方法論』福村出版，1983年。
(2) 小田兼三・杉本敏夫・久田則夫編著『エンパワメント実践の理論と技法——これからの福祉サービスの具体的指針——』中央法規出版，1999年。
(3) R. J. クーツ，星野政明訳『イギリス社会福祉発達史』風媒社，1978年。

## 4 エンパワメント

　エンパワメント (empowerment) は，17世紀に法律用語として使われたのが始まりだといわれる。その当時は「公的な権威や法律的な権限を与えること」という意味で使われた。語源としては力を意味する「power」に「……にする」という意味を持つ接頭辞の「em」と名詞形を作る「ment」という接尾辞がついた英語である。動詞型は「empower」で，形容詞型は「empowering」である。

　この用語がそれまでの法律用語の枠を飛び出し，広く使われるようになったのは，第2次世界大戦後である。とりわけ，1950年代から1960年代にかけての米国におけるアフリカ系アメリカ人を中心に展開した公民権運動，障害者の脱施設化，地域での生活を目指した自立生活運動，1970年代の女性による性差別からの解放を目指したフェミニズムなど，多くの社会変革活動を契機としている。

　この契機を迎える以前の米国のソーシャルワークは，たとえば，貧困の問題であればその解決にのみ目標を置いていた。しかし，上述した社会変革の活動期を経て，貧困はいくつかの問題が絡み合っており，以前のように貧困の解決という目標を置いただけでは問題の解決が難しくなった。それまでの医学モデルのように問題の原因を個人の病理としてとらえ，それを治療する方法では解決できなくなったのである。

　また，その当時の米国のソーシャルワークは，ケースワーク，グループワーク，コミュニティワークを伝統的に用いていた。そこでは，ケースワークを主として用いる専門職，グループワークを主として用いる専門職，コミュニティワークを主として用いる専門職といったようにそれぞれのワーカーたちの得意な方法で問題を抱える利用者に対応する傾向があった。その結果，利用者が抱える問題に適した方法ではなく，ワーカーが得意とする方法が用いられた。このため利用者主体ではなく，ワーカー（専門職）主体の対応と

いう問題が生じた。その反省から，ケースワーク，グループワーク，コミュニティワーク，主要3方法の統合化が図られた。そして，その過程でソーシャルワークを発展させる視点としてエンパワメントが注目されたのである。

ソーシャルワークにおいてエンパワメントを先駆けて使ったのが，ソロモン (Solomon, B.) の『黒人のエンパワメント——抑圧されている地域社会におけるソーシャルワーク』である。ここでエンパワメントは，差別などによって経済的・社会的・政治的・心理的に抑圧されているアフリカ系アメリカ人彼ら自身が，社会に対し経済的・社会的・政治的・心理的に影響を与えることができるための目標とされている。つまり，社会的に差別や搾取を受けたり，自らをコントロールしていく力を奪われた人々が，その力を取り戻していく過程を意味しているのである。そして，その過程においてソーシャルワーカーは，その奪われた力を取り戻すために活動する。

エンパワメントの源流からすると，それまで法律用語であったはずのこの言葉が，ある時期に少なくとも福祉の分野において上述のような意味を付加されて使われ始めた。その使われ方は，厳密にいうと本来の意味とは少し違っている。なぜエンパワメントという言葉が使われたのかは定かではないが，元来「権限を委譲する，自由裁量を与える」という意味と，人々が奪われた力を取り戻して自立していく過程をイメージするのに適したわかりやすい言葉だったからであろう。現在，エンパワメントは，社会福祉，医療と看護，経済と経営，教育，発展途上国の開発などさまざまな領域・専門分野でも使われており，「エンパワメント」という言葉は，当初の狭い意味での法律用語からさまざまな領域や専門分野を越えて使われている。

エンパワメントという言葉が，多く使われる分野の一つとして男女の性差や女性への差別を主たる問題として扱う「ジェンダー」をあげることができる。女性は，家庭や社会での役割規定や政治的・経済的活動への規制などにより，社会的に低い地位や栄養不良，不健康，重労働，虐待などにさらされてきた。女性は，このような差別の社会的構造の中で本来持っているはずのパワーを奪われ発揮できないことが多い。そして，女性のエンパワメントに関して世界的な合意を表したものとして，1995年9月の第4回世界女性会議

第6章　社会福祉援助技術の体系とその内容

があげられる。ここでは，行動綱領の第1節において，女性のエンパワメントが会議の主要なテーマとして位置づけられている。

　発展途上国におけるエンパワメントは，経済開発中心から人間中心の開発への転換という意味合いで使われてきた。発展途上国は，しばしば貧困とそれからの脱却という文脈から語られる。発展途上国は，その名が示す通り経済的な指標の向上が主要な目標とされていた。そこで，経済的先進国が経済的発展途上国に対し，資金や資材，技術などを投入しその目標を達成しようとする介入が多かった。そういった介入は，現地において外部からの企業が計画し，援助する側の計画通りに開発援助が行われた。そして，それまで豊かであったものはますます豊かになり，貧しかったものとの貧富の差の拡大という結果を生み出した。現地の住民はイニシアチブを取ることができず，意欲や希望を失わされてきた。このような関係を経済的先進国による非常に巧妙な経済的侵略・搾取と解釈することは無理があるだろうか。こういった状況に対し，エンパワメントはそれまでの経済的な指標の向上という目標に対し，人間そのものの発達や能力向上こそ重視されるべきで，経済発展はそれを支援する副次的目標であるという視点を示し，新たな目標を提示した。この新たな目標下では，それまでの「援助する側」と「援助される側」という構図から「共に働き，協力し合う」というパートナーシップ的構図の形成を見ることになった。

　先進国においても貧困対策として，たとえば，アメリカのビル・クリントン前大統領が提唱した国や州，企業や非営利団体などが協力して深刻な貧困・失業などに苦しむ地域に対し，自立的かつ長期的な経済開発を行おうとする「エンパワメント・ゾーン」「エンタープライズ・コミュニティ・イニシアチブ」があげられる。ここでは，現地住民自身による貧困対策や対策能力構築などがうたわれている。とりわけ，スラム化の進んだ都市部（インナーシティ問題）への対策として「エンパワメント・プランニング」という手法がとられている。

　教育の分野におけるエンパワメントは，公民権運動などの社会変革活動期と同時期の1950年代から1970年代にかけて実験的・実証的検討が行われ概

念化が進んだ。ここでは，学習者の意欲を高めさまざまな問題に対する解決能力を伸長するという意味合いで使われた。教育の分野では，パブロフ以来の外部からのコントロールのための「外発的動機付け」が主流を占めていた。ここでは，たとえば教師が学習内容，時間，方法などをすべて選択・決定し，誉めたり叱ったりという方法で学習させようとする。この結果，子どもはごほうびのために学習をし，ごほうびがないことについては学習しなくなる。これに対し発達心理学や社会心理学の発展から登場した「内発的動機付け」は子どもが本来持っている好奇心や自己決定を重視した。ここでは，学習内容や時間などは子ども自身が決定し，教師や親は指図をせずに子どもの疑問に対して反応する。この過程で子どもは，自分で決めて自分で行うことや経験を積んで習熟していくことに効力感や達成感を感じる。教師や親は，失敗にも成功にも共感的に反応する。この結果，子どもは課題を与えられたり，ごほうびがなくても，自分で課題を探し，学習していくようになる。教育の分野におけるエンパワメントは，この内発的動機付けとリンクしてさらに発展・理論化する可能性がある。

　ビジネスの分野におけるエンパワメントという言葉は，1990年になり多く使われるようになった。ここでは，たとえば多くの企業における意思決定は，トップダウン方式でなされていた。しかし，そういった意思決定方式は，時代の変化についていけずに企業を停滞させることとなった。ビジネスの分野におけるエンパワメントは，企業における意思決定をむしろ，より顧客に近い位置にいる従業員に移し，再び企業を活性化させようという意味合いを持つ。この結果，現場の従業員がその場に応じた対応をすることができ，顧客を満足させることができる。そして，以前の意思決定のあり方と比べて時間と過程が短縮されているためにコスト削減と従業員のやる気向上といった副次的効果も期待できる。

　医療の分野におけるエンパワメントという言葉は，1980年代になってから無気力に陥った患者自らが身体と生活のコントロールを取り戻すことにより，気力の充実した生活を回復していく過程を表す概念として検討がなされるようになった。それまでの医療のあり方が医療従事者を中心とした患者をコン

トロールするための看護や過剰医療による患者の医療依存増大，施設化などの問題を抱えており，それに対する反省から患者中心あるいは医療従事者とのパートナーシップ関係形成の重視という影響等からエンパワメントが注目され始めた。

　これまで，社会福祉以外の分野・領域におけるエンパワメントを概観してきた。エンパワメントは，それぞれの分野においてそれぞれの文脈で使われている。しかし，それぞれの分野の垣根を越えて共通する点が多く見られた。それは，「すべての人間に対しその潜在能力を信じて，その潜在能力が発揮できるような，あくまで人間を尊重した平等で公正な社会を目指す」という共通項である。さらに，エンパワメントがこのように多くの領域において，その広がりを見せるのは，大きな社会の動きが関与しているもと推測される。誤解を恐れずにいえば冷戦後の超大国米国やそれを取り巻く世界規模での政治構造や民主化，市場経済化，都市化などが振興する中で生まれた概念であり，またそれを促進するために利用されてきた概念であると考えられる。

　さしあたり社会福祉におけるエンパワメントは，他の領域における意味付けと，より社会の動向に根ざした上での意味付けとを加味しながら研磨していかなければならないだろう。こういった意味において社会福祉におけるエンパワメントは，まだまだ発展段階にあるといえる。したがって，社会福祉の分野においてエンパワメントという概念を使用するにあたり，アドボカシー以来の流れをくむ利用者主体の福祉援助を形成する概念であるという認識以上に，われわれ福祉従事者はエンパワメントが生み出す効果をそれぞれの実践現場において常に意識する必要があるだろう。　　　　　（遠田康人）

#### 参考文献

(1)　和気純子『高齢者を介護する家族――エンパワーメントアプローチの展開に向けて』川島書店，1998年．

(2)　C. C. マンツ，H. P. シムズ Jr.，守島基博監訳『自律チーム型組織――高業績を実現するエンパワーメント』生産性出版，1997年．

(3)　小田兼三・杉本敏夫・久田則夫編著『エンパワメント実践の理論と技法――

これからのサービスの具体的指針』中央法規出版，1999年。
(4) L. M. グティエレース，R. J. パーソンズ，E. O. コックス編著，小松源助監訳『ソーシャルワーク実践におけるエンパワーメント——その理論と実際の論考集』相川書房，2000年。
(5) 牛津信忠・星野政明・増田樹郎編著『地域福祉論』黎明書房，2000年。

第6章 社会福祉援助技術の体系とその内容

# 5 ケアマネジメント

## (1) ケアマネジメントとは

　ケアマネジメントとは「対象者の社会生活上での複数のニーズを充足させるため適切な社会資源と結びつける手続きの総体[注1)]」と定義される。これを要素に分解してみると次のようになる。
① 対象は，生活していく上で，困難を抱えている人（たち）である。
② 目的は，ニーズが充足され，地域（生活している所）で自立的な生活が営めることである。
③ 方法は，社会生活上のニーズを把握し地域にあるさまざまな社会資源を，対象者の必要に応じてパッケージ化し，調整を図りながら結び付けたり提供したりしていくことである。

　これらをベースにケアマネジメントについて論じていく。まず，生活と暮らしについて辞書を紐解いてみると，生活……生きて生体として活動すること，暮らし……日常生活，となっているが，われわれは意識することなくこの2つの表現の使い分けを行っている。しかし「暮らし向き」とはいうが「生活向き」とはいわない。このことから考えてみると，日常生活の一瞬一瞬が暮らしであり，生活が静態的な側面を表し，暮らしは常によりベターな生活を目指す動態的な側面を表しているようである。

　では私たちの生活はどのように為されているのだろう。ある大学生の場合，履修登録した時間割りに従ってその日一日の行動が決まる。加えて夏休みはどう過ごそうか，クラブ活動は，アルバイトは，等さまざまなものが組み合わされて生活が成り立っている。これが彼の「今の生活」である。彼の今の生活は，周囲の人々の力を借りながらも自力で行われる。ところが運悪く楽しいはずの仲間とのドライブが大事故に巻き込まれ，気が付いたら病院のベッドの上。どうやら脊椎損傷らしい。これからの移動は車椅子で行わなけれ

ばならない。本当に足は動かないの？　排便・排尿は？　入浴は？　医療費は？　退院してからの生活は？　学校に行ける？　運転は？　仕事は？　結婚は？　考え出したらきりがないくらい問題が山積みされている。いっそ死んでしまいたい。これが彼の「今の生活」「今の心情」である。どうやら自力では生活が立ちいきそうもない。

　彼を含め人は常にどのような状況にあっても「より生き生きと生活したい」といったニーズを持っている。しかし，すぐにでも助けが必要なのに，どうすれば良いのか，どんな制度があるのか，どこにどんな施設があり，どんな人たちがいるのか，皆目検討がつかない。そんなときに「より生き生きと生活したい」彼にとって現在考えられる最も適切な社会福祉サービスが，自分の生活拠点を中心に迅速かつ効果的に提供され，そしてそのニーズが満たされるという一連の展開が必要である。「そういった展開をマネジメントすること」をケアマネジメントという。

　ソーシャルワーカーは，エンパワメント（自分の人生を自分が主人公としてやっていくパワーを回復・みなぎらせる関わり）をベースにし，人々との出会いを大切にしながらさまざまな社会資源を活用したり，新たに作り上げたりして関わっていくが，その一つがケアマネジメントなのである。

### (2) ケアマネジメントの歴史

　1963（昭和38）年米国のケネディ教書に端を発した精神障害者に対する脱施設化の動きは，知的障害者がコロニーのような大規模な施設でではなく，地域で生活できるようその基盤整備が行われ出した流れを受け始まった。脱施設化による精神障害者の収容施設としての病院から地域への移動は，ノーマライゼーションの具現化としての移動なので，当然に彼等の地域での生活が立ちいくような行政施策や指導が行われ，地域が彼等と共に生活していくよう成熟し，彼等も地域の住民として生きる力を身に付けていくという文脈で語られるはずであった。しかし，州立精神病院のベッドを急激に減らすという退院促進の取り組みは，確かに数千人規模の州立精神病院の規模を大幅に縮小させたりしたが，ベトナム戦争で経済的に疲弊した状況の中では思う

にまかせず，結果としてストリート・ピープルの増加をもたらし，売春や麻薬・覚せい剤などの運び屋，その他さまざまな社会問題を生み出していった注2)。

そこで彼等が精神病院の中ではなく地域で生活するためのさまざまな施策が試みられ，閉鎖病棟まがいのスキルド・ナーシングホームや食事つきのボード・アンド・ケアホーム，自炊が原則のハーフウエーハウスといった生活施設が作られたりした。1970年代に入ると，彼等の生活をどうマネジメントしていくかということで「ケースマネジメント」が精神障害者の地域で生活していくための援助技術として登場し，発達していった。このような背景から発達したためか，症例としてのケースを管理するというイメージ，つまり，ケースの処遇が中心というイメージが強い。

一方，英国においては，ベバリッジ報告からスタートした戦後の社会福祉施策は，世界の情勢や国家の財政状況との絡みの中で変化していったが，シーボーム報告，バークレイ報告，グリフィス報告で示されたように家庭や地域での援助・支援へと大きくシフトし，1990年国民保健サービス及びコミュニティケア法が成立し，ケアマネジメントとアセスメントサービスの指針が打ち出され，ケースマネジメントという用語ではなくケアマネジメントという用語が定着していった。

日本においては，1984（昭和59）年に東京都社会福祉審議会の「社会福祉の総合的な展開について」の中間報告でケースマネジメント（この報告書ではケースマネジメントという用語が使用されている）の必要性が論じられたのを皮切りに，1994（平成6）年厚生省の高齢者介護・自立支援システム研究会が介護保険の導入とケアマネジメントの確立を同時に提唱した報告書（この報告書ではケアマネジメントという用語が使われた），1998（平成10）年には厚生省の3障害者用のケアガイドライン，その他多くの報告書や試案が出され，高齢者介護・自立支援の分野のみならず，障害者の生活援助・支援の分野でもケアマネジメントが重要な方法であるとの認識が広まってきている。

ところで，新津ふみ子によると，地域保健の分野では「ケアマネジメント」

ではなく「ケア・コーディネーション」が用いられているが、その理由は「マネジメント」への抵抗感であるという[注3]。確かにマネジメントをする側、される側といったニュアンスがあり、主役は誰かという疑問は残る。主役は国民であり、利用者であり、クライエントであるという確認作業をないがしろにするところで用いられてはいけない、といった警鐘とも受け取れる。今後3つの類似用語は慎重に検討されるべきであろう。

### (3) ケアマネジャー

次に当然にケアマネジメントを実施する専門家（ケアマネジャー）が必要とされるわけであるが、社会福祉学を学び国家資格を持つ社会福祉士や精神保健福祉士が期待され、あるいは介護福祉士が期待されるべきであろう。しかし現在法的に整備されているものは、1997（平成7）年に制定された介護保険法によるもののみである。その中では専門家を「介護支援専門員」とし、資格試験受験資格を上記3者以外に医療に携わる者や社会福祉の仕事に携わる者を特定し、受験→合格→実技実習→資格付与の流れで資格を与え（合格のみでは与えられない），介護保険にまつわるケアマネジメントを担当させることになっている。しかしその所属が問題となっているように、誰がどのような立場でケアマネジメントを行うかなども大きな問題である。

### (4) ケアマネジメントの機能と過程

ところで入所から在宅へ、措置から契約へと大きく方向転換した福祉のあり方は、必要なサービスを店で買い物をするように出向いていって国民自らが確保するよう求めている。病院や社会福祉施設への入院や入所という形で受けていたさまざまなサービスを、身体や精神に障害を持つ者や心身の機能が衰えた者自らが出向きそれらを確保し、自宅で受けるのは至難のことである。このようにたくさんでしかも長期にわたるサービスを必要としながらも、自分の力や家族の力だけではニーズとサービスを繋ぎ合わせたり、調整することが困難な場合、ケアマネジメントが機能するのである。

したがってケアマネジメントの機能としては、①そのようなニーズを持つ

第6章　社会福祉援助技術の体系とその内容

人との出会い（申請，相談，通報，発見などによる），②継続的な相談活動，③フォーマル，インフォーマルを問わずさまざまな社会資源やサポートシステムの確認，④サポートシステムの構築，⑤ニーズとサービスの繋ぎ合わせ，⑥個別的・全体的な調整，といった機能が考えられる。しかし日々時々刻々と変化する生きとし生ける者へのよりベターなサービスをと考えた場合，⑦更なる社会資源やサポートシステムの開拓や産出，改善もその機能として加えておきたいものである。

次にケアマネジメントの過程は一般的には次のように考えられている。①必要な情報の公開，②受理面接（インテーク），③事前評価・判定（アセスメント），④目標設定と計画作成（プランニング），⑤計画の実施（インターベンション…仲介―連結―調整―権利擁護―社会的ネットワーク形成―技術支援とコンサルテーション），⑥確認と追跡（フォローアップとモニタリング），⑦事後評価（エヴァリュエーション），⑧包括的サービスの実現，終了。確認と追跡の結果が思わしくなかった場合，③に戻り，再アセスメントから改めて再出発することになっている。なぜならば，生活というものは静止画面ではなく日々時々刻々と変化するものだからである。

### (5) ケアマネジメントの理念と視点

介護保険が施行されての現場での戸惑いは，情報を共有した専門家や機関が，現在存在する枠の中でのみの計画を押しつけるかのような印象を受けるあたりから出てきているような気がしてならない。ケアマネジメントは，障害や困難を抱えた人が生き生きと生きるための関わりの技術であり，個人や特定家族の情報（秘密）を複数の専門家や機関が共有し検討することの意味や意義，危険性，ケースワークでいう個別化や秘密保持，エンパワメント，QOLの重視，自己決定の原則，利用者の主体的参加，ワーカビリティの高まり，地域で生活する意味や意義，ケアマネジメントの柔軟性，等が検討される中から技術として高まっていくのであろう。

（山田州宏）

**注**

1) 白澤政和『ケアマネジャー養成テキストブック』中央法規出版，1996年，5頁。
2) 加藤正明「アメリカの社会復帰施設をみて」『日本精神病院協会月報第4号』1979年，31-39頁。
3) 新津ふみ子『ケア・コーディネーション入門』医学書院，1995年，6-22頁。

**参考文献**

(1) 白澤政和『ケースマネージメントの理論と実際』中央法規出版，1992年。
(2) D.P.マクスリー，野中猛・加瀬裕子監訳『ケースマネージメント入門』中央法規出版，1994年。
(3) 野中猛『図説ケアマネジメント』中央法規出版，1997年。

## 6　スーパービジョン

### (1) スーパービジョンとは

　スーパービジョンはかつて「指導・監督」と訳された時代があったが，現在では原語のまま使われる場合が多い。スーパーバイズする人をスーパーバイザー（以下バイザー）と呼び，スーパービジョンを受ける人をスーパーバイジー（以下バイジー）と呼ぶ。歴史的には慈善組織協会（COS）で，ボランティアとして活躍した友愛訪問員を教育・訓練したり指導・管理を行ったりしながら，処遇方針に責任を持った有給職員の活動があった。このような活動がスーパービジョンの始まりといわれている[注1]。

　その流れからかつては「スーパービジョンとは専門職といわれる人に対し指導したり監督したりすること」との定義が用いられ，バイザーとして法的根拠を持つものは福祉事務所の「査察指導員」，社会福祉施設の「主任指導員」がある。しかし指導や監督だけでは逆に萎縮したり緊張してしまい，バイジーの職務遂行能力向上や成長に繋がらないばかりか，ときには燃え尽きてドロップアウトする場合もあり，以下に記すような支持や支援，フィードバックの機能を含めてスーパービジョンを定義することが大切であろう。スーパービジョンとは，バイザーとバイジーの間での具体的な事例を基にした「今何が問題になっているのか」「今後どのように進めていったらよいか」「その際に起こる問題や課題は何か」「新たな潮流や技術や制度」等についての相談・支援・援助・教育・指導・管理等の過程である。

　現時点でのスーパービジョンの体制整備はこれからというところが多く，スーパービジョンに関して「精神療法」「精神分析研究」「現代のエスプリ」などで特集が組まれたり，日本ソーシャルワーカー協会や日本社会福祉士会，日本精神保健福祉士協会，日本医療社会事業協会などでも，スーパービジョン実践，体制作り，理論化などに取り組んでいる[注2]。

このように相談・支援・援助・教育・指導・管理のどの部分が強調されるか，その時代の要請や機関の機能，専門家集団の倫理・哲学，個人の考え方などによって異なるので，静的（スタティック）に捉えるのではなく，動的（ダイナミック）に捉えていく必要があろう。

(2) スーパービジョンの目的や意義

クライエントがベストなサービスを受けられるためには，機関の機能の充実やソーシャルワーカーの情緒安定，知識・技量・価値の高まりが必要であるが，個人の力だけでは困難な場合が多い。ソーシャルワーカーは一例一例を大切にしながら問題解決やニーズの充足に向けてクライエントと関わるわけであるが，学生や初任者，慢心者，極端な体制擁護者，過剰感情移入者，疲弊状態にある者等の関わりは，稚拙であったり問題を抱える場合が多い。彼等だけではなく，ベテランの域に達している人たちも更なるレベルアップが望まれるし，自らも望んでいる。そこで前述したように，具体的な事例を基に「今何が問題になっているのか」「今後どのように進めていったらよいか」「その際に起こる問題や課題は何か」「新たな潮流や技術や制度」等についての的確な相談・支援・援助・教育・指導・管理等が必要となり，それらに向けてのスーパービジョンが大切になる。

(3) スーパービジョンの機能

スーパービジョンの過程を通し，ソーシャルワーカーの情緒の安定や知識・技量・価値の高まり，自己覚知がなされ，所属する機関の中で的確な対応や関わりができるようになることが期待されている。これらの期待に応えるスーパービジョンの機能として，現在は4つの機能があげられている。

第一の機能は「管理的機能」である。これはワーカーが機関の機能を十分に把握しているか，効果的なサービスを提供しているか，個人的な興味や関心や感覚で関わっていないか，金銭に関しルーズになっていないか，抱えている仕事量やケースの数は適当か，組織としての機能（とくにコミュニケーション機能）が有効に働いているか，などについてチェックしていくことで

ある。精神分析でいうスーパーエゴ機能に該当する部分であるが、監視・禁止・命令機能だけでなく、夢や希望を目指す自我理想の機能が加わったバイザー、バイジー関係の中で展開されなければ葛藤的となり、本来の目的から外れる場合がある。

　第二の機能は「教育的機能」である。所属機関や他機関の機能・役割、さまざまな社会資源、人の発達や行動様式、関わり等についての情報の提供や意見交換、課題解決に向けた方法の検討、経験者の教育的役割取得への支援等々、ときには研究に関しての支援もこの中に含まれる。ここで心しておきたいことは、バイザー、バイジー関係は「教える―教わる」「育む―育てられる」「伝える―伝授される」といった上意下達の関係ではなく、共に主体的に関わる関係である、ということである。したがって「教える―学ぶ」「育む―育つ」「伝える―受け取る」この３つがキーワードである。

　第三は「支持的機能」である。「ソーシャルワーカーといえども人間である」がキーワードである。サービスより収益を、学問より現実を、適材適所より基準充足を、といった機関の機能の範囲内や一定期間（時間）内、少ない社会資源の範囲内での役割遂行を求められ、クライエントに対する劣等処遇感情や転移―逆転移感情との対決を迫られ、守秘義務を守り、ついには燃え尽きドロップアウトしていったソーシャルワーカーが大勢いる。基本的信頼関係をベースにした関係を通して、自らの抱えている問題や課題を解決しつつ、燃え尽きてしまうことの防止も含め自らが成長していくことが大切である。具体的なクライエントとの関わりに関しバイザー、バイジーが共に考え、悩み、解決の糸口を探す過程がソーシャルワーカーの情緒の安定や知識・技量・価値の高まりに繋がり、更には自己覚知に繋がるのである。

　第四は「フィードバック機能」である。これは評価的機能として管理機能に含めたりするが、「評価」の響きが「される」というマイナスイメージと繋がりやすいので、むしろ「フィードバック機能」としたほうが良いのではなかろうか。スーパービジョンの振り返りも含め、適正なフィードバックはバイジー側も求めるところである。

⑷　スーパービジョンの構造

　フェースシートや経過録，逐語録，録音テープ，ビデオテープ等を用いながら行われるものである。ときにはロールプレーを使って行われる場合もある。そのようにして行われるスーパービジョンの構造は次のようなものである。

　まず，第一に「バイザーとバイジー」が上げられる。バイザーに誰がなるかについては，専門家としてのアイデンティティーに関わることであり，他職種の場合コンサルテーションとの区別がつきにくくなりやすいので同一職種が望ましい。組織内で役割として決まっている場合もあるし，同一機関内に求める場合や他に求める場合もある。バイジーに誰がなるかについては，組織内で決められる場合があるが，自らの活動を振り返り今後に資するわけであるから，自らの意思でなるのが望ましい。

　第二はスーパービジョンの「場所，時間，費用」である。面接室のような個室，会議室のような広い場所，バイザーやバイジーの自宅などが考えられるが，自宅はバイザーとバイジーが役割を越えた関係に陥りやすいので要注意である。機関内か外かも重要な選択肢である。さらに，勤務時間内か時間外か，1回の時間の長さは，有料か無料か等も決めておく必要がある。さらに定期的に行うのか，単発で行うのか，回数は，といったことも大切な構造である。

⑸　スーパービジョンの方法

　スーパービジョンの方法として次のような形式内容が一般的である。

　第一は「個人スーパービジョン」という形である。これはスーパービジョンの基本形で，1対1を基本とし，バイザーとバイジーがクライエントとの関わりについて話し合う形である。まさに自らをさらけ出す話し合いであるので，依存的になったり攻撃的になったり，痛く傷ついたりすることが考えられる。そのために，バイザーとバイジーは共に謙虚であり，基本的信頼関係を軸に目的意識を明確にして行うことが大切である。

第二は「ライブ・スーパービジョン」である。たとえばバイザーとバイジーが共に家庭訪問を行ったり，バイジーの面接場面にバイザーが同席したりしての，記録上ではできない here and now のスーパービジョンである。この同道訪問や同席面接等の場合，とくにクライエントの了承・同意が必要であることを意識しておきたい。

第三はグループ単位で行われる「グループ・スーパービジョン」である。グループ・スーパービジョンの場合参加者は，ほぼ同程度の義務，役割，責任を持ち，具体的な事例を基に「今何が問題になっているのか」「今後どのように進めていったらよいか」「その際に起こる問題や課題は何か」「新たな潮流や技術や制度」等についてメンバー間で意見を出し合ったり，議論したり，検討したり，提案したり，情報を提供・共用したりする。集団の持つ力や特性（グループ・ダイナミックス）がスーパービジョンに生かされるのである。バイザーを交えた事例検討会などがそれに該当する。

個人スーパービジョンの亜形をここに入れるかどうか疑問の残るところであるが，一応入れておく。つまり1対1で行われるスーパービジョン場面に幾人かが同席し，多少感想や意見を述べるという形で参加するというのが亜形である。研修会などでよく用いられる方法である。この場合，参加者は守秘義務などいくつかの役割を持つが，当事者ではないのでその分気楽であろう。個人スーパービジョンに抵抗が強い場合には，この方法から始めると比較的入りやすい。バイジーはバイザー以外のメンバーにも自らをさらけ出すので，支持的な雰囲気の醸成が必要である。

第四は「ピア・グループ・スーパービジョン」である。とくにバイザーを決めずに行われる事例検討会などがそれに該当する。ワーカー同士や学生同士，仲間や同僚同士で行われるので，上下関係は生じにくい。そのため気楽に発言できたりするが，方向が定まりにくかったり，深まりに欠けたりする場合もある。

第五は「チーム・スーパービジョン[注3]」である。同一組織内で共通する利用者へサービスを提供する人たちの集まりで，チームとしての互助やよりよいサービス提供に焦点が当てられる形式である。今後チーム編成が同一組織

内に限らず行われるとしたら,グループ・スーパービジョンとこの形式を連動させた形のスーパービジョンが必要になってこよう。　　　　　(山田州宏)

**注**
1) 山縣文治他編『社会福祉用語辞典 第2版』ミネルヴァ書房,2001年,207頁。
2) 各協会誌,各専門誌。
3) 塩村公子『ソーシャルワーク・スーパービジョンの諸相』中央法規出版,2000年,98頁。

**参考文献**
(1) 荒川義子編著『スーパービジョンの実際』川島書店,1991年。
(2) 黒川昭登『スーパービジョンの理論と実際』岩崎学術出版社,1992年。

第6章 社会福祉援助技術の体系とその内容

## 7 その他の関連技術

### (1) カウンセリング (counseling)

アプテカー (Aptekar, H. H.) はケースワークとカウンセリングと心理療法の3つの違いに言及し，事実そのものによって社会的サービスを行うものをケースワークとし，サービスとかみ合わせず問題とかみ合わせる，つまり具体的サービスを伴わないケースワークをカウンセリング，深いパーソナリティーの変換に焦点を合わせるものを心理療法とした[注1]。その是非はともかく，カウンセリングは今では心理的なものを含む問題すべてを解決する魔法の手段のように思われ，その対象は不登校問題や非行問題，PTSD，引き籠もり，家族問題，依存症問題，神経症，死の受容，障害受容，上げれば切りがないくらいである。まさに世を席巻しつつあるくらいの勢いであるが果たしてそうであろうか。そこで筆者の経験からケースワークとカウンセリングと心理療法の類似点や相違点を一覧表にして比較してみたい。

このようにケースワークは生活問題を抱えた個人や家族を対象とし，集団

表6-1

| | ケースワーク | カウンセリング | 心理療法 |
|---|---|---|---|
| 手段 | 言語的・非言語的コミュニュケーション<br>社会資源，面接 | 言語的・非言語的コミュニュケーション<br>面接 | 言語的・非言語的コミュニュケーション<br>面接 |
| 目的 | 生活問題解決<br>パーソナリティーの成長と変容 | 心理的問題解決<br>パーソナリティーの成長と態度の変容 | パーソナリティーの成長と行動の変容<br>病理問題解決 |
| 対象 | 個人，家族 | 個人（家族，小集団） | 個人（家族，小集団） |
| 健康度 | 限定しない | 健常なパーソナリティー | 病理的パーソナリティー |

は対象としない。集団を対象とする社会福祉技術はグループワークといい，グループワークも生活関連上の問題を取り扱う。手段としては言語的・非言語的コミュニュケーションやさまざまな社会資源を用い，それらをつなぎ合わせたりしながらさまざまな生活関連ニーズの充足を図り，生活問題解決に向け関わるのである。そのプロセスでパーソナリティーの成長と変容が行われるのであって，それが主目的ではない。

カウンセリングは個人（ときには家族や小集団）を対象とし，言語的・非言語的コミュニュケーションを通して適切な助言や指導を行い，個人の心理的問題解決に向けて関わるのである。パーソナリティーの成長と態度の変容は一部目的となるが，主目的ではない。社会資源は基本的には補助手段である。

心理療法は主に個人（ときには家族や小集団）を対象とし，言語的・非言語的コミュニュケーションを通してパーソナリティーの成長と行動の変容を図り，個人や家族，小集団の病理性の解明と解決に向け関わるのである。社会資源はまれに補助手段として使われる場合がある程度である。

ここで注目したいことは「精神的健康度」である。ケースワークは生活問題を抱える個人や家族が対象であり，精神的健康度が問題なのではない。したがっていかなる精神的健康度の人たちも対象なのである。ここにソーシャルワーカーのカウンセリングや心理療法を学ぶ必要性があるのである。しかし，カウンセラーや心理療法家を目指すために学ぶのではない。

カウンセリングといえばロジャース（Rogers, C. R.）の来談者中心療法［1964年以降は人間中心アプローチ（person-centered-approach）と呼ぶようになった］が真っ先にあげられるので，その理論を簡単に紹介する。無条件の好意による受容と共感的理解がクライエントをして自ら成長させ，問題解決に向かうと考え，クライエントの不一致が一致し，自己概念が変容すると考える[注2]。

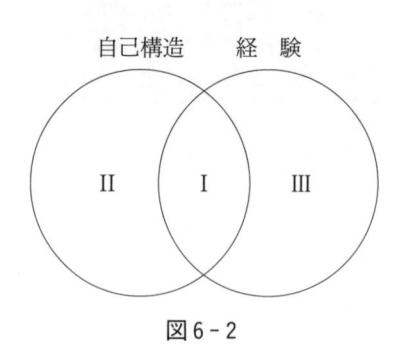

ⅡとⅢは自己認識と経験とが不一致の部分であり，Ⅰは両者が合致した部分で

図6-2　自己構造　経験　Ⅱ　Ⅰ　Ⅲ

ある。この不一致や合っている部分への固執が統合され，新たな段階へ進むと考えるのである。

このような立場のカウンセリングと人間の行動は無意識的に行われるイド—スーパーエゴ—エゴの力動的関係により決定されるとするフロイトの考え方を中心に発展してきたカウンセリングと，問題は誤って学習された結果から生じるとの学習理論や行動主義理論から発展してきたカウンセリングとがあげられる。

### (2) コンサルテーション (consultation)

ソーシャルワーク分野でのコンサルテーションとは，自分の分野だけではよくわからないこと，決めかねることについて，他の専門家や専門機関から意見を聞いたり助言を求めたりすることをいうが，精神医学の分野では，他科の依頼に応じて精神科医が相談に乗ることをコンサルテーションといい[注3]，その方向性が異なる。とくに保健医療現場でのソーシャルワークは，医師や薬剤師，看護師，作業療法士，理学療法士，保健師，臨床心理士，等の専門家から意見・助言を求めながら展開する必要があり，その実績の積み重ねから発展し，広まった技術である。類似語としてリエゾン (liaison) があるが，これはフランス語で連携や連絡を意味し，チームの一員として構造的に活動し，問題の発見や関わり，専門的知識や技術の教育・認識に寄与するという意味である。

コンサルテーションは医療ソーシャルワークや精神医学ソーシャルワーク，精神医学の分野だけでなく，すべてのソーシャルワークの分野や保健医療全般，更には医療や福祉に限らず，教育，療育，矯正，労働，その他人間関係が発生するところすべてに必要とされている。したがって，紙の表裏のように「意見や助言を求めることと意見や助言を提供すること双方をコンサルテーション」とし，他の専門家や専門機関と関わることが今後求められるのである。さらには，たとえば社会復帰施設におけるソーシャルワーカーの活動など，関係調整的な機能が求められる時代になりつつあるといっても過言ではない。

コンサルテーションはスーパービジョンと似ているが，①助言を求める対

象は他の領域の専門家や機関であること，②管理的機能を持たないこと，③支持的機能は結果として発揮されることはあっても，それが目的ではないこと，等から区別される。

### (3) コーディネート (coordinate)

コーディネートとは元々「対等にする」「適当な順序に並べる」「一定の秩序に整える」「調整する」「調和的に働く」「釣り合う」という意味である。医療機関では「医師の指示や指導」の下に行われ，それらがコーディネートの役割を兼ねる場合が多い。社会福祉の分野では，医療分野のように「治療」という限定的な目的ではなく，「生活関連ニーズの充足と自立的な生活の立ち行き」が目的となる。そのためには本人をはじめとし，家族，学校関係者，職場関係者，ボランティア，地域住民といった人たちや，複数の機関や専門家が共働して目的達成に向かうことが重要である。これらの関係や関わりがモザイクのようであっては意味をなさないので，とくに地域で生活するクライエントへの生活支援・援助は，当然に連携や調整が必要となり前提となる。そうして効果的な援助や支援が行われるわけであるが，その担い手（コーディネーター）としてソーシャルワーカーが期待され，今後この技術はますます重要なものとなる。 (山田州宏)

**注**
1) H. H. アプテカー，坪上宏訳『ケースワークとカウンセリング』誠信書房，1964年，108-118頁。
2) 野島一彦「クライエント中心療法」氏原寛他編『心理臨床大事典』培風館，1992年，291頁。
3) 黒澤尚・山城成人責任編集『リエゾン精神医学・精神科救急医療』臨床精神医学講座第17巻，中山書店，1998年，5-6頁。

**参考文献**
(1) 伊東博『カウンセリングとは何か』人間開発総合センター，1965年。
(2) 國分康孝『カウンセリングの理論』誠信書房，1980年。

第6章　社会福祉援助技術の体系とその内容

# 8　関連領域とその技術

## (1)　介護

　介護福祉士やホームヘルパー（訪問介護員）など，介護を仕事とする新しい専門職が誕生し，高齢者や障害をもった人々の身近な支援者としての役割が期待されている。しかし，介護を職業とする人々がどのような業務を行っているのかについて，充分な理解が得られていないというのが現状である。この項では，はじめに介護職が行う介護の内容を確認する。次に公的介護保険制度実践の原動力として，今後も推進されていく介護福祉士の養成問題や現任教育の課題について検討する。

### ①　介護業務

　税金による公的サービスとして実施されてきた高齢者の介護サービスは，平成12年から社会保険方式に切り換えられ，これまでの病院や施設内ケアから在宅ケアへと転換されてきている。ここではホームヘルパーによる介護サービスを例にとり，具体的な介護業務を説明する。

　ホームヘルパーの業務には3本の柱があり，その中心的業務が身辺介助である。これは，利用者の身体的な不自由に対して直接援助を行うことである。

　在宅介護サービスの開始とともに注目されている業務として，家事援助がある。介護保険制度が開始される以前は，身体介護には技術を要するが，家事援助に特別の技術はいらないと考えられていた。しかし，実際家事援助サービスが入り，その目的や利用者への働きかけによって，単に「できないところを替わりにやる」だけではない家事援助があることが確認されてきた。さらにいえば，自立という目的がなく，ただできないから手伝うという身辺介助が，無気力や寝たきりをつくることもはっきりと認識されるようになってきたのである。

　外見では同じ家事援助であっても，代替補完的ではないサービス，たとえ

ば痴呆の高齢女性と共に調理をしたり，大好きだった庭の手入れを一緒にするなどの関わり，これらは単に家事を援助しているのではなく，心身機能の低下のための介護であり，生活に根ざした真の生活力回復への援助であるといえる。家事と身体介護という業務内容の違いのみでのサービスの分類は，形だけを見てその機能を見逃す可能性がある。効果的な介護サービスの提供は，利用者が住み慣れた場所で，自分なりの時間を大切にしながら，自分なりのやり方を大事にした生活力の再獲得を可能にしたといえよう。利用者の生活を大切にし，本当の自分らしい生活を自立して行えるよう支援している介護者は，リハビリテーション介護の理念を最前線で実践している人々であるということができる。

　ホームヘルパーには，介護の方法や介護予防に関して，利用者とその家族に相談・指導する役割もある。介護問題は，強いていえば介護する家族の問題である。痴呆高齢者を介護する家族は，1年から2年目がターニングポイントであり，その時期になると介護疲れなどの現実的な問題が表出し，負担感がピークになるといわれている。高齢者介護の問題は，身体的・精神的介護負担を取り除くため，介護サービスを導入すれば完結するというものではない。家族が抱える精神的不安定が被介護者への虐待という形で表れるという指摘もあり，今後検討していかなければならない重要な課題である。介護職の仕事の中で最も重大で最もやりがいのあることは，介護することの意味をその家族と共に模索していくことである。介護者は，介護の経験を通して新たな家族関係を構築したり，介護で得たことをその後の自分の生き方に反映させることができたとき，初めて高齢者を介護することの本当の意味を知る。そのことが老いを肯定的にとらえる契機となり，自分自身が老いることへの不安を消してくれるのである。

### ② 介護福祉士の養成と卒後教育の現状

1) 厚生労働省指定養成校での教育

　介護福祉士は，「専門的知識及び技術を持って身体上又は精神上の障害があることにより日常生活を営むのに支障がある者につき，入浴，排せつ，食事その他の介護を行い，並びにその者及びその介護者に対して介護に関する指

導を行うことを業とする者」と定められている（昭和62年「社会福祉士及び介護福祉士法」第2条2）。この国家資格を得るためには，厚生労働省指定養成校で2年間学ぶ方法と実際の介護業務を3年以上経験し国家試験合格を目指す，という2つの方法がある。現行の養成カリキュラムは，基礎科目4単位（120時間），専門科目15科目（990時間）と実習540時間，計1650時間が必修となっており，各校ごとの選択科目を合わせると約2000時間程度の時間数となっている。

養成校の指定にあたっては，理念・カリキュラムが厳しく確認されることはもちろんであるが，開校後の教育成果についても，カリキュラム通りに授業が実施されていたか，学生の授業参加が良好であったか，求められる知識・技術を修得しているかなど，細かな要項を設けて厚生労働省への報告が義務づけられている。にもかかわらず，養成校間での卒業生の質的格差が大きく，国家試験受験者の方が養成校卒業生に比べて実践力があると評価されるなど，指定校における教育にはさまざまな課題が残されている。その対策として国は，全国共通の卒業試験実施やカリキュラムへの訪問介護実習の導入，実習環境の整備などさまざまな試みを指導している。

2) 介護職の現任教育について

養成校を卒業した後，介護福祉士は，主として，身体介護，家事援助，介護予防に関する相談・指導の3つの業務を行う。就職の場としては，医療機関や介護保険施設，あるいは指定介護サービス事業所など多種多様な職場がある。一般に，介護福祉士は特別養護老人ホームや障害者（児）施設，ホームヘルパー資格取得者は通所や訪問介護の事業所などからの求人が多い。しかし介護の現場では，実際介護の経験があることや豊かな生活体験を持っていることが資格の有無以上に重視される側面もあり，無資格者であっても介護職として就業し3年後国家試験を受験しようとしている者もいる。

看護と介護は多くの点で共通する問題を抱えている。たとえば，准看護師と介護福祉士は，どちらの養成課程においても必要時間数は概ね1500時間程度である。では，就業後の現任教育の機会はどうであろうか。准看護師の場合，その多くは進学コースへの入学を希望している。職場内でも積極的に進

学を支援する雰囲気がある。公的な教育機関に入学してキャリアアップを図ることは最も好ましい学び方である。それ以外にも日本看護協会に加入することにより，中央と県での看護協会員対象の研修に参加することができる。看護協会員になり研修に出ることに関しては，多くの施設において勤務時間内での出張を認め研修費や交通費を補助している。各地区ごとの看護師対象の研修は，医療機関よりは介護保険施設勤務者を対象とした研修が活発である。さらに，各医療機関では，現任教育の担当者を立て，計画的に疾患の理解や治療，看護診断，医療事故の防止などについて活発に研修が企画されている。

　このような看護職の豊富な研修機会の提供に比べて，介護職にはどのようなキャリア開発プログラムが用意されているのであろうか。介護保険施設では生活相談員や主任ケアワーカーが日常的な業務指導に当たっている。しかし日本の施設のように入所者50人程度の施設規模では，特別に現任教育担当者を抱えることは困難である。従来より，行政が福祉施設職員の研修の機会を提供することになってはいたが，実施機関として都道府県社会福祉協議会が明記され，具体的に制度として盛り込まれたのは「社会福祉法」改正以降のことである。

　現在，医療機関に所属している介護職の多くは，看護補助者として看護職が企画運営している現任教育プログラムに参加している。療養病床が新設され医療機関に勤務する介護職は増えたが，給与が安いこと，介護の専門性が発揮しにくいことが理由となり，定着率は必ずしもよくない。多くの医療機関では，卒業間もない介護職を抱えて，どのように研修の機会を提供したらよいかとまどっているというのが現状である。

　看護職の研修においては，就職後の一定期間はその時期に合わせて段階的な目標を掲げ，個々の成長に合わせた指導やグループワークなどの学習方法が組み込まれている。しかし，それ以後となると，知識のある者（たとえば医師や薬剤師あるいはそのことに精通している先輩看護師など）が一般の看護師を対象に講義形式で，主として知識を伝達するための研修を行っている。看護師は，めまぐるしい医療技術や器械の進歩の中で，「研修を受けなければ

遅れてしまう」という意識が強く，病院側が用意した研修には，できるだけ機会を作って参加しなければならないと考えている。

　では，介護職にはどのような研修の機会を用意すべきなのであろうか。また，看護と介護のキャリアにはどのような違いがあるのだろうか。その答えを見出すことは容易ではない。しかし，介護職は，利用者一人ひとりの個別性に目を向け，業務優先ではなく必要に応じて利用者の立場で物事を考えるという倫理性が強く求められる職業である。そのため，研修においては，「業務を効率よく遂行するための標準的技術」を身につけることだけではなく，そこに勤務する一人ひとりの職員が利用者中心の介護とは何かを考えなければならないであろう。施設の介護力がどれだけ強力になったかを問題にするのではなく，一人ひとりの介護者が，介護という業務を通して何に疑問を持ち，どうしたいと願うようになったかを知り，そこを出発点として利用者中心の介護のあり方を共に考えていかなければならない。表6-3は，筆者の勤務する施設の介護職研修である。受講者個人に焦点を当て講義を受けるのではなく，研修の企画者になれるような機会提供を意図して計画されている。研修時の様子はお知らせとして各部署に配布し，他の専門職が介護職について理解したり，一人ひとりの介護職員を紹介する機会としている。

（倉持亨子）

**参考文献**
(1) 野川とも江『介護家族のQOL――介護家族のQOLを支える地域ケアシステムの構築をめざして』中央法規出版，2000年。

## (2) 保育

　社会福祉専門職の中で，直接処遇職を代表するのが「介護福祉」と「保育」である。「保育」という言葉は，一般には乳幼児に対する保護と教育を意味する概念として使われている。保育の専門職は，従来保母と呼ばれ，女性の仕事と見なされてきたが，現在は「保育士」に名称変更された。保育士は児童福祉法関連施設の直接処遇を主たる業務とし，保育所を筆頭に乳児院，児童

表6-2

### 介護職キャリア研修

研修目的
　施設内介護の現場で起こるさまざまな問題，特に職業人として「介護」に携わることによって生じた問題に対して，専門職の中で話し合い，問題解決するための知識や倫理を学ぶ。

研修方法
　月一回　第4水曜日　13：30〜17：30

研修場所
　特に指示がないときは小会議室

研修対象者の要件
- 勤務状況が良好であり，婦長から推薦が得られていること。
- 事例をまとめ，発表するための基礎的な力があること。
- 担当は持ち回りでおこなうので，自分の担当分に関しては責任を持って話題提供できること。

スケジュール　　　　　　　　　　　　　　　　　　　　　資料準備係
第1回　10／24　研修ガイダンス　　　　　　　　　　　　副総師長
　　　　　　　　医療と福祉の諸制度
第2回　11／28　サービスの質とは何か　　　　　　　　　老健K.F氏
第3回　 1／23　施設内で問題となった虐待事件　　　　　老健M.T氏
第4回　 2／27　リスクマネジメントの方法　　　　　　　療養M.U氏
第5回　 3／27　措置制度から社会保険制度に変わって　　老健K.O氏
第6回　 4／24　施設業務運営　　　　　　　　　　　　　老健H.I氏
第7回　 5／22　福祉施設関連の諸問題　　　　　　　　　GH E.S氏
第8回　 6／26　人材育成の方向と研修の機会　　　　　　療養A.H氏
第9回　 7／24　事例のまとめ方（その1）　　　　　　　副総師長
第10回　8／28　事例のまとめ方（その2）　　　　　　　副総師長
第11回　9／25　介護のKey概念　　　　　　　　　　　　副総師長
　　　　　　　　QOL／自立支援／自己決定／リハビリテーション
　　　　＊発表会は平成15年2月を予定しております。

※5年目以上の職員の中から希望者を募り研修会を企画している。月一回ではあるが半日を研修にあてている。

第6章 社会福祉援助技術の体系とその内容

表6-3

**介護職　院内研修計画**

| 回 | 月 | 日 | 研修テーマ | 司会 | 担当 | |
|---|---|---|---|---|---|---|
| 1 | 10 | 3 | 通所リハの実践「車椅子でできる体操」 | | K氏 | |
| 2 | 10 | 10 | 生活の中での転倒予防実践 | | N氏 | I氏 |
| 3 | 10 | 17 | アセスメントツールの使い方<br>（早見表の使い方と長谷川スケール） | | I氏 | N氏 |
| 4 | 10 | 31 | モニタリングの方法と3ヵ月評価 | | M氏 | H氏 |
| 5 | 11 | 7 | 根拠に基づいた痴呆利用者の対応とは | | N氏 | I氏 |
| 6 | 11 | 14 | 陰部洗浄と足浴の手順 | | O氏 | E氏 |
| 7 | 11 | 21 | 褥創の予防と発生時のケア | | S氏 | I氏 |
| 8 | 12 | 5 | 清潔の度合いを分類する | | I氏 | T氏 |
| 9 | 12 | 12 | 便秘時の観察と対応（浣腸と摘便） | | H氏 | K氏 |
| 10 | 12 | 17 | 高齢者の生理と薬物の効果 | | H薬局長 | |
| 11 | 1 | 9 | 酸素ボンベの取り扱い酸素療法時の管理 | | K氏 | E氏 |
| 12 | 1 | 16 | 疥癬患者の生活管理 | | | |
| 13 | 1 | 23 | 車椅子の点検と整備 | T氏 | M氏 | |
| 14 | 1 | 30 | タオル・リネンの管理 | S氏 | T氏 | |
| 15 | 2 | 6 | 汚物室・器具の消毒 | T氏 | M氏 | |
| 16 | 2 | 13 | 水虫の予防とフットケア | | S氏 | I氏 |
| 17 | 4 | 17 | おむつ交換 | T氏 | T氏 | |
| 18 | 5 | 1 | コミュニケーションの取り方 | | M氏 | H氏 |
| 19 | 5 | 8 | 環境整備の仕方 | S氏 | | |
| 20 | 5 | 15 | 安全な入浴の実施と皮膚の観察 | | | |
| 21 | 6 | 5 | 嚥下困難のある人の食事介助 | | H氏 | N氏 |
| 22 | 6 | 12 | 脱水の兆候と水分補給の方法 | | I氏 | A氏 |
| 23 | 6 | 19 | 口腔ケアと義歯の手入れ | | I氏 | K氏 |
| 24 | 7 | 3 | MRSAと疥癬発生時の対応 | | K氏<br>K氏 | T氏 |
| 25 | 7 | 10 | 痰を出しやすくするための援助 | | U氏 | T氏 |
| 26 | 7 | 17 | 経管栄養法 | | O氏 | K氏 |
| 27 | 7 | 31 | 介護は何をアセスメントするのか | | E氏 | |
| 28 | 8 | 7 | レクリエーションの企画と運営 | | U氏 | H氏 |
| 29 | 8 | 14 | フロアでのリハビリテーション | | H氏 | N氏 |
| 30 | 8 | 28 | 事例のまとめ方 | | E氏 | K氏 |
| 31 | 9 | 25 | 介護のKey概念<br>QOL／自立支援／自己決定／アメニティ | | E氏 | K氏 |

※1，2年目を対象に年間30回の研修が企画されている。各フロアから発表者が2名選出され，事前に資料を用意し研修会を進行している。

養護施設,障害児施設などに従事しており,保育所保育士は全体の94％を占めている。

保育所は,共働き家庭の就学前児童を対象とし,「保育に欠ける」乳幼児の保育（養護と教育）を保障する機能を持つ施設である。「保育に欠ける」理由の中でも,母親が「昼間労働することを常態としていること」が最も多いが,夫婦共働き家庭の一般化と職種や就労形態の多様化に伴い,開園時間の長期化や夜間保育,乳児保育など保育ニーズの変化と多面化をもたらした。また少子社会,男女共同参画社会の進行の中で,専業主婦とその子どもを視野に入れた地域社会における子育て支援の必要性が強調され,子育てを地域社会の中で共に行うという認識が広がりつつある。平成11年改訂の「保育指針」には,児童の権利条約が反映され①乳幼児の最善の利益を考慮することが盛り込まれ,その外②家庭との協力関係と補完の強調,③個人の生きる力と集団参加の主体的意識の尊重,④プライバシーの尊重と倫理観に裏づけられた愛情と技術,⑤保育士の自己評価と点検,⑥地域における子育て支援の役割などの社会的役割が新たに付加された[注1]。

本項では,社会福祉施設に位置づけられている保育所における保育技術について,社会福祉援助の技術という視点から述べる。

技術（skill）は,知識と価値がともにもたらす実践構成要素であり,それはまた,知識と価値を対象者の関心事とニーズへの応答行為に変えるものといわれる（Johnson, L. C., 2001年）[注2]。この意味から保育における技術とは,保育実践過程において,対象となる保育に欠ける子どもの関心事とニーズに対する知識と価値に基づいた養護・教育のさまざまな援助行為ということができる。この技術は,1）子どもと家族を含む状況の理解,必要な専門知識,介入実践の計画と評価などについて把握し認識する技術,2）子どもと子ども集団,家族,地域社会との関わり,計画への参加と実行段階での相互作用の技術に分けられる[注3]。

### ① 養護と教育の一体化としての保育

保育所は家庭養護の補完的役割を担っている。養護とは,保護,保健衛生,健康増進など,主として食事,排泄などの生理的欲求を満たし,生命を保持

し，身体的発達を育成する働きを意味する。保育はこのような養護機能とともに教育的機能を含む概念である。保育所は0歳から就学前までの乳幼児を対象にしており，「保育指針」で発達過程区分による保育内容を指示している。その中には発達の主な特徴，保育士の姿勢ととくに関わりの視点，ねらい，内容，配慮事項の項目で，子どもの発達にそった保育の目安が記されている。幼稚園と同年齢になる3歳児以上は，教育に関しては5領域[注4)]にそってなされ，保育所で子どもが安定した生活を送るために必要な養護面に関しては，「基礎的事項」が追加されている。これは，子どもの生命の保持と情緒の安定，活動の充実に関わる事項で，保育士が子どもとの間に十分な信頼関係を築く上で重要なものである。

　子どもは保育士との個別的な相互作用を通して，心身ともに快適な状態の中で情緒の安定が図られ，信頼関係を育てていく。こうした関わりが子どもの身体や言葉の発達，他者への信頼感や他者と関わる力などを育てていくことになるのである。同時に子どもの心身の発達状態を把握し，異常を感じたときは適切な対応が求められる。今日，増加傾向にある家庭における幼児虐待の発見，防止と予防の上で，保育士の役割と期待は大きい。

　乳幼児の教育に最もふさわしい自発的な遊びにおいても，子どもの心身の発達を配慮した養護的な働きかけと，子どもの興味や関心を育て広げる中で，豊かな感性，創造性や思考力を培い，主体性や道徳性，他者への思いやりなど集団活動を利用した教育的な働きかけの双方が求められる。そしてこれらはすべて保育士と子ども，保育士と親，保育士同士との関わりを通して，子どもは自らの心と身体の全体で体得していくものなのである。

② 家庭との協力関係と地域の子育て機能

　保育は家庭養護の補完である。乳幼児の最善の利益を考慮した保育を行うためには，保育計画や指導計画の段階で保護者の意向や思いを尊重し，協力体制を築きながら子どもにとっての最善の保育をすることが求められる。子どもが健やかに育つために，保育所生活と家庭の生活は切り離すことはできない。保護者との協力関係をとるために，好ましいコミュニケーションのとり方だけでなく，経済社会情勢に関する知識，家族に関する社会学的・心理

学的な理解が必要である。また保育の基本的な方針や内容，方法について情報を保護者に提供していくことが求められる。子どもの様子などの相互連絡をはじめ，保護者からの相談や意見などが受けやすい関わりや態度を保持しておくことが望ましい。

今日の社会では，子育てをしている親は地域との関わりが少なく，閉鎖的孤立的な状況の中での子育ての負担感，不安感と孤立感が多く見られるようになっている。子育て不安を持つ割合は有職者よりも専業主婦の方が高い傾向を示している[注5]。このような地域，家庭における養育機能の変化に伴う子育て支援の必要性は，非常に高いものと思われる。児童福祉法では，保育所がその地域の住民に対して，「保育に支障がない限りにおいて」，乳幼児等の「保育に関する相談に応じ，助言を行うよう努めなければならない」(48条の2）と規定した。保育所指針では，「子どもを取り巻く環境の変化に対応して」，保育に関する「相談や助言などの社会的役割」が必要となってきていることが記されている（総則）。

保育所は，児童福祉施設としては勿論のこと，社会福祉施設全分野を通して地域住民の最も身近に存在してきた。住民の多くが利用してきた施設であり，また具体的に目に見える生活圏内に存在している。その意味でも保育所は本来の業務に加えて，保育所を利用していない子育て家庭の支援を視野に入れ，保育に携わるすべての知識と技術を活用して地域の子育てセンターとしての役割を，保護者や地域住民とともに担っていくにふさわしい立場にあるといえる。

### ③ 人権，成長と発達への配慮

子どもたち一人ひとりが自分の生命，自由，幸福を追求する権利を持っている。児童の権利条約によると，子どもは人格においても社会人としても，発達の過程にある存在であり，おとなから保護され育成される権利とともに，意見を表明し，決定にその意見を反映させる権利を認められた。乳幼児であれ，プライバシーの配慮は必要である。また個人は他者と異なる存在であること，異質であるがゆえに豊かな文化が生まれ育つことなどを体験を通して認識していく。保育士は専門職者として個々の子どもたちのニーズや要求を

敏感に察知し，一人ひとりにふさわしく対応し，成長と発達に応じた言葉や態度での表現ができるように配慮する必要がある。

　子どもは成長と発達の可能性を秘めた社会的存在である。子どもの心身の発達過程を理解し，関わりや遊びにおいて保育指針を参考に，ふさわしい全人的発達の保障がなされるよう配慮する。また環境は物的空間的環境もさることながら，子どもにとって保育者自身が重要な環境であることを認識するのは大切である。保育所は生活の場，家庭に代わる生活の場である。時と場を共有する保育者が精神的にも社会的にも豊かな人間関係と自然環境，物的環境をいかに設定するのかが問われる。人は環境に影響される。保育者もまた子どもから力を与えられる。子どもの生き生きとした表情や寝顔に，一日の疲れを癒される。また，子どもたちは仲間との交わり，ことに遊びを通して社会性を学習する。同年齢のみでなく，異年齢児との活動はルールなどの社会的規範などを体得する機会となる。

④　「生き方」である保育

　好ましい対人関係の技法に，共感，受容，あたたかさ，誠実さ，待つ姿勢，支持などがある。これらはすべて保育においても活用される。言語化が困難な子どもの場合，訴えや感情などは表情や態度，服装などにしばしば表れる。適切な観察と記録は，その意味で保育技術の中核ともいえよう。観察力は，発達理論，心理学，栄養学，医学，社会学などの諸理論から学習統合した知識によって培われていくが，他の面では，子どもから学ぶという姿勢を通して，豊かになっていくのである。観察や体験による実践知を文章化（記録）し，理論にフィードバックしていく，またそれらを保護者や同僚と共有することが求められる。

　保育では子どもを教育指導するさまざまな技法も求められる。一つひとつの場面の構成，導入や展開など，子どもの要求への応答の仕方に，個人の能力に加え，その人らしさが深く関わってくる。その「間」の部分に，一人ひとりの発達に即した保育特有の意義を見出せる。子どもが好きであるとともに，子どもの人格の尊重，忍耐をもって成長を待つ，可能性への信念，保護者・家庭とのパートナーシップなど保育に対する価値観が問われる。また子

ども，育児，母親，家庭，女性の就労，地域社会における保育所の役割などに関する保育者自身の考え方や，子どもに与える保育者の影響力などについての自覚も，保育を展開していく上で重要な指針となる。　　　　（米田綾子）


注
1) 石井哲夫，岡田正章，増田まゆみ編『保育所保育指針解説』（平成11年改訂対応）フレーベル館，2000年，16-18頁参照。
2) Louise C. Johnson, Stephen J. Yanca, "Social Work Practice A Generalist Approach", 7th ed. Allyn and Bacon, 2001, p. 52.
3) L. C. Johnson, p. 53. ソーシャルワーク教育で期待される技術レベルとして，二分することは困難であるとしながら，'cognitive skill'と'interactive or relation skill'をあげている。
4) 幼稚園教育要領（文部省告示・平成10年）に則ったもので，心身の健康に関する領域の「健康」，人との関わりに関する領域である「人間関係」，身近な環境との関わりに関する「環境」，言葉の獲得に関する「言葉」，感性と表現に関する領域の「表現」である。
5) 平成9年度国民生活選考度調査報告書によると，子育てに自信がなくなることがあるのは，有職者（50％）に対し専業主婦（70％）の方が高い傾向を示している。

**参考文献**
(1) 石井哲夫，岡田正章，増田まゆみ編『保育所保育指針解説』フレーベル館，2000年。
(2) 山縣文治，岸和田かおり編著『保育サービス再考』朱鷺書房，2000年。
(3) 下村哲夫編著『児童の権利条約』時事通信社，1994年。
(4) 森田明美編著『幼稚園が変わる保育所が変わる』明石書房，2000年。
(5) 汐見稔幸『その子らしさを生かす・育てる保育』あいゆうぴい，1995年。
(6) 畠中壮一編「家庭的保育のすすめ」『現代のエスプリ』401，至文堂，2002年。

## (3) リハビリテーション

### ① リハビリテーションの創設期

　わが国のリハビリテーションの創設は，1942（昭和17）年，東京大学整形外科教授であった高木憲次が東京に肢体不自由児のための施設を設立し，彼らに治療と教育を行ったことに始まる。高木は，肢体不自由児が人間らしく成長し社会の一員となるためには，単に医療だけでは不十分であり，また教育だけでも不十分であると考え，医療と教育を統合した「療育」という関わりの必要性を呼びかけた。さらに肢体不自由児に対して職業訓練も行い，まさに今日の総合リハビリテーションの先駆けとなったのである。その後リハビリテーションは，1949（昭和24）年の「身体障害者福祉法」の制定によって飛躍的に発展した。それまでは戦傷者を中心に福祉施策として実施されていたものが，同法の制定により障害の原因を問わず，肢体不自由，視覚障害，聴覚障害のある人々は福祉法の対象となったのである。この法律が日本のリハビリテーションの対象を子どもからおとなまで，あらゆる障害を網羅するように方向づけたといえるであろう。そして，昭和38年（1963）年には，ついに日本リハビリテーション医学会が設立され，同年国内で初めてリハビリテーションを行う専門職として，理学療法士と作業療法士の養成が国立療養所東京病院付属リハビリテーション学院において開始されたのである。2年後の昭和40（1965）年，「理学療法及び作業療法士法」を制定，翌年には理学療法士・作業療法士の国家試験も実施された。それ以後も，いくつかのリハビリテーション関連資格が制度化され，平成9（1997）年には，音声機能訓練・検査等を行う「言語聴覚士」も国家資格化された。

　創設から50余年，わが国におけるリハビリテーションは医療分野でめざましい発展を遂げたが，在宅での自立支援をスローガンとする介護保険制度の開始によって，施設から地域へとサービス提供の場を拡大しつつある。急性期の治療としてのリハビリテーションから回復期・維持期そして社会資源を活用し，自宅で再生活をスタートさせるためのリハビリテーション，さらに閉じこもりや介護予防までも視野に入れた包括的なリハビリテーション援助

へとその流れは確実に変化している。

### ② リハビリテーションの実践

ここでは，実際のリハビリテーションはどのようなプロセスで実施されているか事例を取り上げまとめよう。

---

**認知機能に障害を持つAさんのリハビリテーション**

　Aさんは，72歳。妻68歳と2人暮らしである。公務員として定年まで勤務し，やっとほっとしたところであった。Aさんは，50歳代から糖尿病を患っているが食事療法だけでまずまずの血糖コントロールである。

　2月上旬，Aさんは夕食後外出しようと家を出た。門から出たところで，道路を走ってきた自転車にぶつかり転倒。頭部を強打し，意識消失。救急車で近くの救急指定病院に搬送された。その後，数日意識がない状態が続き，妻もだめかと思ったがやがて意識が回復した。意識回復直後は歩けなかったが，病院のリハビリ訓練室で訓練を受け，1カ月後には，院内であれば自由に歩けるようになった。しかし，自分が事故にあったことを記憶しておらず，言葉も全くでたらめの言葉で，Aさんが何をいっているのか妻にも理解できない状態であった。

　ADLが改善するに従って，家に帰りたいという夫と，意志の疎通もできないし行動も予測できないのに家には引き取れない，私が倒れてしまいそうだ，とどうしたらよいのかわからず途方にくれる妻。

　病院はAさんの家族に，急性期の治療は終わったので，退院するかどちらか転院先を探してほしいと説明した。Aさんは，頭部外傷後の「高次脳機能障害」と診断された。

---

　高次脳機能障害は認知機能の障害である。われわれは，知覚・判断・決定・記憶・推論など自分が経験的に獲得している情報に基づいて，外からの新たな情報に対して適切な行為を行うため情報の収集や処理を行っている。このような働きを担っているのが脳の高次機能である。これまでのリハビリテーションでは，運動機能障害の患者に対して機能回復や介護予防のために，主

として体を動かす理学療法が取り入れられた。あるいは，病棟内の生活で活気がなくなり無為な時間を過ごしている患者には，少しでも精神活動が促されるようにと，趣味活動や手先の訓練になる活動が作業療法として提供されてきた。しかし，Ａさんは自分で動くことができ，家に帰りたいと日に何回となくナースステーションを訪れる。朝は自分で起き，歯を磨き布団をきちんと畳む。外見からではＡさんがなぜ入院しているのかわからない。しかし，一言話し始めると予測を超えた支離滅裂な単語の羅列が続く。そのＡさんがリハビリテーション目的で当院へ転院してきた。妻の話によると，入院中にどうしても帰りたくなり，救急病院を離院したそうである。救急病院では帰ろうとしているところを職員に押さえ込まれ部屋に連れ戻されたのだが，そのときの記憶だけは鮮明に残り，家に帰ろうとする行動とそれを止められると怒り出すことが一番の困りごとになっているということであった。本当に病院への転院が可能なのか，痴呆棟を持つ老人保健施設の方がよいのではないか，閉鎖病棟でなければ手に負えないのではないか，いろいろなことが家族とケースワーカーとで話し合われた。いくつかの医療機関へ紹介状を送ったり，老人保健施設職員との入所時面談もしたが結局どうしたらよいか判断がつかず，施設入所時の面談でＡさんが怒り出す場面もあり，共同生活不適切という理由で早々に施設への入所はできなくなった。行き場を失ったＡさんは当院一般病棟の個室で家族に付き添ってもらうことを条件に転院してきたのである。

　リハビリテーションとは，障害をもった人に対して，re（再び）habilis（適した，ふさわしい）生活のあり方を見つけられるよう援助することである。Ａさんはこれからどこで生活していったらよいのか。障害を持ちながらも精神的に安定した生活はどうすれば可能なのだろうか。そのことがリハビリテーションを考える上でのＡさんの本質的問題である。もちろんＡさんが訓練に参加し，少しでもコミュニケーションがとれるようになるか，あるいは周りにいる者がどうにかしてＡさんのいいたいことを理解できることが目標である。しかし，実際のＡさんは，訓練の間椅子に座っていることもできない状態なのである。

Aさんを支援しようと思うと，病院の取り決め，たとえば夜間は50人の患者を3人体制で見なければならないとか，火曜日は入浴日と決まっていて，50人の患者全員を入浴させなければならないとか，そういった理由でAさんを看護しきれないということになる。患者中心のケアとは，自分たちが働きやすいように取り決めた決まり事を，必要があれば患者のためにどこまで崩せるかという職員の挑戦である。筆者の勤務する病院では，どんなに対応が難しい場合であっても，（その理由の大部分は人手がないことによるのだから）3日間は看護・介護職の勤務表を変更し，患者のケアに当たるため一人の職員が専属として担当しようと話し合っている。

　Aさんのように離院や帰宅願望が強くなり，1時間のうちに何度もナースステーションにやってくるような行動が度重なると，医療者側もそれを止めさせようとしたり無視したりという対応になりがちである。その結果，患者はますます落ち着きをなくし，「問題の患者」となってしまうのである。

　認知障害のある患者は，記憶障害や認知障害，失行，失認などの障害を有することが多い。それらの障害がさまざまなかたちで現れ，日常生活に支障をもたらすことが多いものである。出現している障害に対しては，必ずどのような認知障害であるのかを評価・分析し，適切なアプローチが行われるのが通常であるが，生活上の困難や混乱を軽減させて，高齢者と介護者が心穏やかな日々を取り戻すことができることが看護・介護あるいはリハビリに共通の目標である。訓練室内で作業療法士や理学療法士が担当する訓練は，狭義の機能訓練としてのリハビリテーションであり，実際のリハビリテーションは，各分野間の連携により総合的に実施していかなければ効果を上げることは期待できない。このようなリハビリテーションを今日では「総合リハビリテーション」と呼び，複合的なリハビリテーション・ニーズを有する障害のある人に対して，リハビリテーションの各分野の専門職が連携しチームワークで支援していくことの重要性が指摘されている。

　③　リハビリテーションのサービス体系
　　　——4つのリハビリテーション分野——

　リハビリテーションには，医学的リハビリテーション，職業的リハビリテ

ーション，社会的リハビリテーション，教育的リハビリテーションといった4つの分野がある。そして，それらのサービスは，限定した期間に行われる。これは，リハビリテーションプログラムに目的と具体性を持たせ，計画的に実施できるようにするためである。

　はじめに，医学的リハビリテーションについて見てみよう。医学的リハビリテーションとは，疾病や傷害を含め，障害者の全身状態を管理しながら機能回復訓練を行うことにより，「残存機能の低下」を最小限にし機能回復を可能にすることを目的としている。人間が生きていくための基本的な行動（ADL）や家庭や社会の生活に必要な「家事」「交通機関の利用」など生活に関連した手段（IADL）を獲得することが具体的目的であり，理学療法士（PT），作業療法士（OT），言語聴覚士（ST）だけでなく，医師，病棟看護師，介護福祉士，ケースワーカー，栄養士などさまざまな専門職がリハビリ訓練を支援している。最近の傾向として，一般病院では「病棟のケアは師長が管理する」という考えから，病棟そのものをチーム医療が実現しやすい体制に変えていこうという試みがなされており，患者中心の医療への取り組みとして評価されている（図6-3）。

　社会的リハビリテーションは，医学的リハビリテーションと同時期から開始されるものである。障害の受容，家族など本人にとって親しい関係にある者たちとの関係性の修復，自立に向けての環境整備（住宅の改造，就業），あるいは自動車免許取得または操作訓練，自動車の改造など広範囲なリハビリテーションで，社会環境や社会意識に働きかけるという特質を持つ。

　医学的リハビリテーションがその目的をほぼ達成し，後は補完的なものになってくると，次は職業的リハビリテーションの時期である。職業技術を身につけるための職業指導や訓練，就業や就職に向けた取り組みが社会的リハビリテーションと関連づけながら実施される。職業訓練をするために，基礎的学習が必要な場合は教育的リハビリテーションが行われる。

　これら4つのリハビリテーション分野の関連は，内部障害者や視覚障害など障害の内容，年齢，性別，環境などによっても異なっている。いずれの場合においても，最も重要で困難なことは，障害者が主体的に訓練に臨む姿勢

図6-3　チーム医療体制

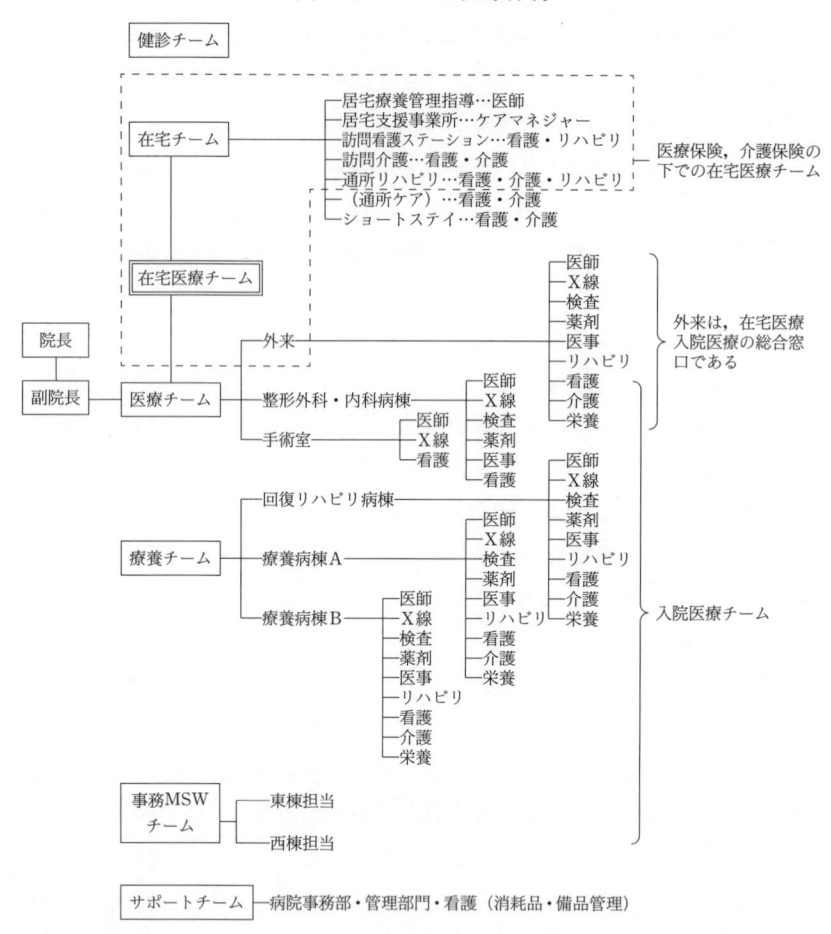

```
健診チーム

在宅チーム ┬ 居宅療養管理指導…医師        ┐
          ├ 居宅支援事業所…ケアマネジャー    │
          ├ 訪問看護ステーション…看護・リハビリ │ 医療保険，介護保険の
          ├ 訪問介護…看護・介護         ├ 下での在宅医療チーム
          ├ 通所リハビリ…看護・介護・リハビリ  │
          ├ （通所ケア）…看護・介護       │
          └ ショートステイ…看護・介護      ┘

在宅医療チーム

                        ┌ 医師
                        ├ X線
                        ├ 検査   ┐
           ─ 外来 ──────┼ 薬剤   │ 外来は，在宅医療
院長                     ├ 医事   ├ 入院医療の総合窓
副院長 ─ 医療チーム       └ リハビリ ┘ 口である
                        
           ─ 整形外科・内科病棟 ┬ 医師   ┬ 看護
                              ├ X線   ├ 介護
                              ├ 検査  └ 栄養
                              ├ 薬剤
                              ├ 医事
                              └ 看護
           ─ 手術室 ┬ 医師
                   ├ X線
                   └ 看護
                                      ┌ 医師
           ─ 回復リハビリ病棟 ─────── ┤ X線
                                      ├ 検査
                                      ├ 薬剤
                                      ├ 医事
療養チーム ─ 療養病棟A ┬ 医師           ├ リハビリ
                      ├ X線           ├ 看護
                      ├ 検査          ├ 介護     入院医療チーム
                      ├ 薬剤          └ 栄養
                      ├ 医事
           ─ 療養病棟B ├ リハビリ
              ┬ 医師  ├ 看護
              ├ X線   ├ 介護
              ├ 検査  └ 栄養
              ├ 薬剤
              ├ 医事
              ├ リハビリ
              ├ 看護
              ├ 介護
              └ 栄養

事務MSW ┬ 東棟担当
チーム   └ 西棟担当

サポートチーム ─ 病院事務部・管理部門・看護（消耗品・備品管理）
```

を持つよう支援することである．このようなリハビリテーションは，評価―目標設定―リハビリテーション計画の作成―実施―再評価（ケースカンファレンス）のプロセスで実施される．

　病気の初期には病態を確かめて診断し，次に発生した障害についての評価を行う．状況や評価に応じた可能性のある目標を設定し，この目標に向けてプログラムを作成した上で，各種の方法によるリハビリテーションを実施す

るのである。リハビリテーションの途中でカンファレンスや再評価，リハビリテーション内容の修正などを経て一定期間の後，病院でのリハビリテーションは終了となる。その後，在宅生活に復帰し，通院でリハビリテーションを継続するか訪問リハビリのサービスを受けるなどさまざまな在宅でのリハビリテーションの継続方法がある。公的介護保険サービスにおいては，通所リハビリテーションなどのサービスを利用することによって，リハビリテーションの訓練を継続することも可能である。しかしながら，障害を持った人が地域社会で再び生活していくためには，本人の訓練・指導を強調すること以上に，地域での受け入れ体制づくりが重要になることが多い。リハビリテーションは，地域生活を実現するための利用者主体の支援でもあるといえよう。

(倉持亨子)

### 参考文献
(1) 上田敏『リハビリテーションの思想―人間復権の医療を求めて―』医学書院，2001年。

### (4) 看護

#### ① 看護師としての発展

看護師は，昭和22年に保健婦助産婦看護婦法に基づいて誕生した職業(当時，女性は看護婦，男性看護婦は看護士と呼ばれていたが，平成14年3月，看護師と名称変更された)である。「師」という言葉にどのような社会の期待や看護職の願いが込められているのであろうか。われわれにとって身近な存在であった看護師が今後どのように発展していくのかを考えてみよう。

はじめに，法律に定められた以下の看護業務について検討する。

① 傷病者に対して日常生活を営む上での不自由について手助けすること。
② 医師に対しては診療の補助をすること。

看護は，これまで①の役割が看護独自の機能であると考え，患者の意志を尊重した上でどうすれば患者の療養生活の苦痛を最少にし，日常生活を整えていけるかに腐心してきた。ところが，日常生活支援を業務とする介護福祉

士の出現により，看護師が果たすべき①の役割は，看護独自の機能ではなくなってきている。今後は，②の診療の補助業務の領域が新たな分野として浮上してくるのではないだろうか。対象の特性と治療法によって分化する傾向は，看護も医療の分化と同様の傾向をたどっている。博士課程まで有する教育機関が国内で急増しているというような高学歴化，ICU, CCU, NICU, 手術室などに関する専門看護師の出現など，診療の補助が重視される領域への看護職の進出は確実に進むであろう。

その一方で，高齢社会における医療・福祉政策のもと，地域看護やリハビリテーション看護の充実が強く求められている。看護専門職としての役割だけでなく，他職種との連携においてもケアマネジメントができる立場にある看護の機能強化が期待されているところである。

② **看護業務**

次に，看護業務における診療の補助業務，患者の療養上の世話とはどのような業務であろうか。具体的な内容を取り上げ，最近の医療制度の改正に伴う変化について考察する。

1) 診療補助業務について

入院中であれ，在宅であれ，患者として医療を受ける者は，すべて医師の指示，依頼に基づく医療を提供されている。痛みや不安などは，多くの患者が持つ共通の問題である。しかし，実際の看護業務は，診療科やその治療法などに大きく影響を受け，看護業務の約8割は診療に関わる業務であるといわれる程である。さらに，検査法や治療法は日進月歩であり，看護師はそれらの業務をよく熟知したうえで介助していかなければ医療事故を起こしかねない状況に囲まれている。苦痛除去や不安を取り除くという最も基本的な看護が軽視され，何よりも安全な医療提供のための業務が優先される傾向がある。厚生労働省や県の医療福祉行政部門では，医療現場において診療補助業務の一つひとつを見直し，日常的に注意が必要な手順については手順書の中に取り入れたり，掲示したりして注意を喚起するよう直接指導している（表6-4）。看護師は，信頼される医療技術を安全に提供するための厳格さを持った上で，そこにいる人に安心を提供できる柔軟さを要求されているのである。

第6章　社会福祉援助技術の体系とその内容

表6-4　I病院における看護手順書例

| 薬液準備，施行は手順に従って行う。 |
|---|

| 1 | 複数のラインがある場合は，同一方向での操作をさける。 |
|---|---|

| 2 | マーゲンチューブの先端は赤テープ<br>　　栄養チューブの患者側先端＝赤テープ<br>　　50cc カテーテルチップ外筒部分＝赤テープ<br>栄養物注入時，薬剤注入時　赤と赤を確認してから接続する。 |
|---|---|

| 3 | バルーンカテーテルの先端は緑テープ<br>　　洗浄用ライン患者側先端＝緑テープ<br>膀胱洗浄液接続時　緑と緑を確認してから接続する。 |
|---|---|

| 4 | 吸入薬吸い上げ用シリンジには黄色テープ<br>　　嘴管本体＝黄色テープ<br>吸入薬入り注射器の黄色と嘴管の黄色を確認してから接続する。 |
|---|---|

| 5 | DIV・IVHラインは表示なし。 |
|---|---|

I病院の看護手順書の「注入ラインの間違い防止対策」より一部抜粋。

2）　日常生活の援助業務について

　日常生活の援助とは，具体的にいえば食事や排泄，清潔の保持と姿勢と体位への援助，休息と睡眠への援助，更衣，清潔な療養環境の提供などである。現代の医療機関における看護の内容としては，ヴァージニア・ヘンダーソン（1960年）が14の基本的看護の項目を示している（表6-5）。

　とりわけ9番の看護は，院内感染の予防として重要である。手指の消毒法や原因菌にあわせた消毒薬の選択など，各施設では感染防止に対して重点的に取り組んでいる。また，10番は，インフォームド・コンセントの理念のもと，組織をあげて具体的な取り組みがなされている。医師と看護師とのコミュニケーションについても，従来は医師が指示を出して看護師が患者の情報を提供するという一方向の関係であったが，患者・医師・看護師，それぞれの間に双方向性の情報交換が必要であるという認識が一般的になってきている。

表6-5 ヴァージニア・ヘンダーソンの基本的看護

| 基本的看護の構成因子 |
| --- |
| 以下のような機能に関して患者を助け，かつ患者がそれを行うような状況を用意する |
| 1．正常に呼吸する<br>2．適切な飲食をする<br>3．あらゆる排泄経路から排泄する<br>4．体を動かし適切な姿勢をとる<br>5．睡眠し，休息する<br>6．適切な衣類を選び脱着する<br>7．衣類をかえたり環境をととのえたりして体温が生理的状態にあるようにする<br>8．身体を清潔に保ち，身だしなみをよくし，かつ皮膚を保護する<br>9．まわりの有害物をとり除き，また他人に害を及ぼさないようにする<br>10．自分の感情，欲求，恐怖等を表現して他人に伝える<br>11．自分の信仰にしたがった礼拝をする<br>12．何かをやりとげたという充実感をもたらすような仕事をする<br>13．遊び，あるいはいろいろなレクリエーション活動に参加する<br>14．学び，新たな発見をし，好奇心を満足させる。 |
| こうしたことを通じて正常な発達と健康生活へと導かれる |

③ **看護体制**

　医療機関の病床は，主として看護単位として区分されている。看護単位とは，独立した看護の組織をいい，病床と看護作業室（ナースステーション）及び付属する施設によって構成されている。看護師は，各看護単位に配属され，そこが定められた勤務場所となる。

　一看護単位の病床数は，チームとして看護を提供するための適切な規模であるべきである。通常50床前後と考えられているが，現状では20床から70床までさまざまな規模の看護単位が存在している。

　ところで，介護保険施設では，介護の必要度が介護度として把握できるので，事故防止や経営的視点を考慮しながら，平均的介護度の動きを見守っていくことが可能となっている。医療機関の場合も，長期療養型病床など介護

第6章　社会福祉援助技術の体系とその内容

依存度の高い患者が利用する医療機関の登場を受け，患者の看護・介護の必要度を数量化しようという試みが始まっている。

　チームとしての連携が重要なのは，看護職内だけではない。今日の医療機関は，これまでの各部門ごとの組織体制を見直す作業に取りかかっている。これまでのように，患者に関わる専門職が各部門別に存在し，看護師だけが患者のベッドサイドに常駐し，すべての情報は，看護師によって個々の関係者に伝達される，というシステムでは本当の意味でのチームアプローチを実践することはできないという考え方が浸透してきている。多くの医療機関では，チーム医療を実現しやすい組織編成を模索している。

④　看護記録

　看護記録は，診療録の一部であり，医療法施行規則第20条により診療の補助資料として位置づけられているものである。医師は，医師法第24条により診療したときは遅滞なく診療に関する事項を診療録に記載しなければならない，とされているが，現状では必ずしも適切な記載がなされているとはいえない現状である。

　看護記録は，しばしば医師の行った医療行為についての第三者的記録として客観性が高いものであり，法律関係者からも評価を得ている。その内容は，把握された患者の心身状況，面談で収集された患者情報，看護診断，問題リスト，看護計画，その実施状況と結果の評価，看護度の変化とこれらのプロセスの繰り返しである。記録の量から見ると患者の状態観察と実施された医療行為の時系列的記録が最も多くなっているが，看護記録が法的に重視されるのは，とくに後者の内容であり医療活動の順序，因果関係を明らかにするうえで役立つ記載である。看護記録は実際の法的位置づけとは異なり，医療事故の検証場面ではかなり重要視されてきているといえよう。

　各医療機関においては，診療録の記載について，診療情報管理士を配置し，患者のためのカルテとして整備する一方，医療訴訟やカルテ開示に耐えうる内容にするための準備を開始している。すでに，東京都立病院では診療情報の開示が実施され，診療録の記載についてもマニュアルとして整備された。カルテは，医師のものでもなく病院のものでもなく，情報を提供した患者自

身のものであるという時代が到来している。　　　　　　　（倉持亨子）

**参考文献**
(1)　V. ヘンダーソン，湯槇ます・小玉香津子訳『看護の基本となるもの』日本看護協会出版部，1961 年。

# 第 7 章

# 社会福祉実践モデルと関連理論

　社会福祉学は応用科学としての性格ゆえに関連諸科学を積極的に取り入れ，理論的な基盤を築いてきた。同様に，社会福祉援助もまた実践上でそうした諸科学の成果に学びつつ，独自の概念，戦略，そして援助技術を体系化してきた。本章では，こうした背景や経緯について実践モデルの紹介を通して概説することを目的としている。心理学，社会学，生態学のみならず，科学論，社会システム論など，その実践の根拠づけにおいてそうした関連諸科学が深く濃く影響していることが理解できよう。

# 1 実践モデルと諸科学

### (1) さまざまな社会福祉実践モデル

　人間には人生を全うするために，不可避的な事柄がある。たとえば，老いである。老いはすべての人間に平等に訪れ，人生のハードルとして横たわっている。また，偶然のように起こる人生上のトラブル，たとえば失業，障害，家庭崩壊等である。そういった事態を人生上のトラブルとして抱えた場合，人はその原因が社会にあろうが個人に帰せられようが，そのようなことは二次的な問題であり，ともかく自身が事態を乗り越えなくてはならない。社会福祉援助活動が真に社会的に有用で積極的な役割があるとすると，こういった困惑した事態に遭遇した当人と共に問題を共有し，人生をより良く生きるための援助を展開するところにあろう。現代の社会福祉援助活動は，こういった人ののっぴきならない人生上のトラブルに対応する実践であるがゆえに，しっかりとした人間観や社会観に基づいた専門的社会福祉実践でなければならないのである。

　しかし，近現代の社会福祉実践は，所与に科学的・専門的な活動を展開してきたわけではない。社会福祉援助活動は，科学的慈善の時代から利用者に対する人間観や社会観を高めつつ，関連諸科学の成果を取り入れ人間行動の科学的解明を基礎にした科学的援助実践を目指しつつ発展してきたのである。そして，今日ではそれが専門職業として成立し，公的扶助，高齢者福祉等どの分野においても基礎的なトレーニングを積んだ専門家が担う社会福祉実践として定着しているのである。その意味で社会福祉実践は，諸科学を摂取しつつ発展してきた実践科学であり応用科学なのである。以下本節では，社会福祉実践の伝統的な3つの社会福祉実践方法である直接援助方法としてのソーシャル・ケースワーク，ソーシャル・グループワーク及び間接援助方法としてのコミュニティ・オーガニゼーションを中心に，それに影響を及ぼした

## 第7章　社会福祉実践モデルと関連理論

諸科学理論との関わりについて言及する。

　ブトゥリム (Butrym, Z. T.) は，1976年に著わした『ソーシャルワークとは何か』において，個別援助技術を中心に「問題解決モデル」「心理社会療法モデル」「機能派（主義）モデル」「愛による援助モデル」「行動変容モデル」「危機介入モデル」「課題中心ケースワークモデル」「全体的モデル」に分類した。その際，モデルについてリードとエプスタインの考え方を参考に，理論はモデルの基礎となりモデルの正当性を与えるという考え方でソーシャルワーク・モデルを位置づけている[注1]。

　また，カナダのターナー (Turner, F. J.) も，ソーシャルワークにおける理論と実践との関連性について貴重な考え方を示している。ターナーは，理論対実践という対立的な立場をとらずプラグマティックな視野に立って，ソーシャルワーク実践理論においては理論と実践は密接に結びついており，理論は実践にとって決定的に重要であるという立場をとっている[注2]。

　そして，「理論というものは，開かれている動態的なシステムであり，それがほかの理論システムと相互作用したり実践家によって多様に応用されながら成長し変化し発展する[注3]」という見地に立っている。ソーシャルワーク実践理論は，表7-1に見られるように27の理論を相互に取り入れ連結し，それぞれの概念，戦略，方法論，技法を技術論に活かし実り豊にする必要性を強調している。われわれは，表7-1に四半世紀にわたる粘り強い研究成果を見ることができるが，その成果はわが国においても『ソーシャルワーク・トリートメント──相互連結理論アプローチ』（中央法規出版，1999年）として紹介されている。

　ここでは，実践モデルと理論の関係を，同様の考え方で位置づけよう。すなわち，ソーシャルワークのモデルは，医学や心理学，社会学等の理論から導かれた現実適応可能な問題解決方法であり，それは多様な社会福祉問題に接近するために最も適切で妥当であると考えられた理論を援用した援助方法の一つのタイプであると見なす。

　さて，ジェネリック・ソーシャルワークの論者であるジョンソン (Johnson, L. C.) は表7-2にあるように26の社会福祉実践モデル（政策実践モデル，

表7-1 『ソーシャルワーク・トリートメント』において掲載された理論の変遷

| 第1版 (1974) | 第2版 (1979) | 第3版 (1986) | 第4版 (1996) |
|---|---|---|---|
| 精神分析理論 | 精神分析理論 | 精神分析理論 | 精神分析理論とSWT |
| 自我心理学 | 自我心理学 | 自我心理学理論 | 自我心理学理論とSWT |
| 心理社会療法 | 心理社会療法 | 心理社会的理論 | 心理社会理論とSWT |
| 問題解決理論 | 問題解決療法 | 問題解決モデル | 問題解決理論とSWT |
| SW実践のための機能主義理論 | SW実践のための機能主義理論 | SW実践のための機能主義理論 | クライエント中心理論とSWT |
| クライエント中心心理システムの発達的視野 | クライエント中心心理システムの展開 | クライエント中心心理理論 | 実存アプローチ：パーソン中心アプローチ |
| 認知理論 | 認知理論 | 認知理論 | 認知理論とSWT |
| 実存主義SW | 実存主義SW | 実存主義SW | 実存主義とSWT |
| 役割理論 | 役割理論 | 役割理論 | 役割理論とSWT |
| 一般システム理論とSW | 一般システム理論とSW | システム理論 | システム理論とSWT |
| コミュニケーションの概念と原理 | コミュニケーションの概念と原理 | コミュニケーション理論とSWT | コミュニケーション理論とSWT |
| 行動変容：社会変化の技法 | 行動変容：社会変化の技法 | SW実践における行動療法 | SW実践とSW実践 |
| 危機療法 | 危機療法 | 危機理論 | 危機理論とSWT |
| 家族療法 | 家族療法 | 家族トリートメント | ゲシュタルト理論とSWT |
|  | SWTへのゲシュタルト理論の貢献 | SWTへのゲシュタルト理論の貢献 | 交流分析理論とSWT |
|  | 交流分析―社会治療モデル | 交流分析：SWTモデル | 瞑想とSWT |
|  | 瞑想とSWT | 瞑想とSWT | ライフモデル理論とSW |
|  | SW実践のライフモデル | SW実践へのライフモデルアプローチ | 課題中心SW |
|  | 課題中心トリートメント | 課題中心SW | 神経言語プログラミング理論とSW実践 |
|  |  | 神経言語プログラミングSW | フェミニスト理論とSW実践 |
|  |  | フェミニズムとSW実践 | SW実践と実践のための唯物論的フレームワーク |
|  |  | マルクス主義理論とSW | 先住民の理論：先住部族を癒すための家族メディスンの中枢指針 |
|  |  |  | 構築主義とSWT |
|  |  |  | SW実践へのエンパワーメント・アプローチ |
|  |  |  | SW実践における催眠の利用 |
|  |  |  | 物語理論とSWT |
|  |  |  | 超個人心理SW |

注 SWはソーシャルワークを意味する。
SWTはソーシャルワークトリートメントを意味する。

(出典) F.J.ターナー編、米本秀仁監訳『ソーシャルワーク・トリートメント―相互連結理論アプローチ 下巻』中央法規出版、1999年、562頁。

218

第7章　社会福祉実践モデルと関連理論

管理運営モデル，ホリスティックモデル，ジェネリックモデルは筆者による追加のために除く）をあげている[注4]。

社会福祉実践モデルは，投げかけられた問題の性質及びその認識により適用する理論が異なる。たとえば，社会福祉計画や地域社会全体の問題に対しては，精神医学や心理学よりも社会学や経済学の方が適しているし，反対に離婚や引きこもりの問題は経済学よりも心理学や精神医学が適している。そのように，問題や援助対象により適用する基礎理論が異なる。

援助が個人に向けられた場合，おおよそ3つのアプローチによって直接援助が展開される。3つのアプローチとは，ダイレクトに個人に直接的に働きかける個別援助アプローチ，また家族の変容を梃子に個人の変容を図り問題解決を図る家族援助アプローチ，さらには集団の力学を応用した集団援助アプローチのことである。この場合，当初，基礎理論として援用されたのは精神医学や心理学であったが，後になってシステム論や生態学の理論も取り入れられた。

また，問題が個人を取り巻く社会制度や環境であると判断された場合，地域援助やソーシャルアクション，調査法，社会計画法等の間接援助が展開されてきた。もちろん，この場合はマクロな実践理論が必要とされるがゆえに，社会学や経済学，経営学等の成果を援用してきた。

さらに，直接援助や間接援助に加え，1950年後半以来のシステム理論や生態学を問題把握や介入方法に援用した社会福祉実践方法の統合化によって，ミクロレベル，メゾレベル，マクロレベル（表7-3参照）のどのレベルにも対応できる統合的援助方法が模索されたのであった。

それでは，具体的にどのような実践モデルがあるのであろうか，直接援助，間接援助，統合的援助の3つのカテゴリーに沿って見てみよう。

(2)　**直接援助の実践モデル**

まず，直接援助である。これは，一般的にはさらに個別援助と集団援助とに区分することができる。

表7-2 社会福祉実践モデル (Models of Social Work Practice)

| 種類 | レベル | 実践モデル |
|---|---|---|
| 直接援助 | ミクロレベル（個人） | 心理社会モデル，合理モデル，実存モデル，現実療法モデル，機能モデル，問題解決モデル，ゲシュタルトセラピーモデル，状況(Situational)モデル，社会化モデル，交流分析モデル，価値明確化モデル，危機介入モデル，課題中心モデル，社会行動(Sociobehavioral)モデル，生活モデル |
| | メゾレベル（家族） | コミュニケーティブ・インターラクティブモデル，統合(Integrative)モデル，構造的家族療法(Structual Family Treatment)モデル |
| | メゾレベル（集団） | 社会諸目標モデル，発達モデル（ボストン学派とトロップによるモデル），矯正モデル，仲介モデル |
| 間接援助 | マクロレベル | 小地域開発(Locality Development)モデル，社会計画モデル，ソーシャル・アクションモデル，政策実践モデル，管理運営モデル |
| 統合的援助 | | ホリスティック(Holistic)モデル，フェミニスト実践モデル，ジェネリックモデル |

Louise C. Johnson, "Social Work Practice: A GENERALIST APPROACH", 3th ed., Allyn and Bacon, 1989, pp419-434. を参考に筆者が加筆修正して作成した。

表7-3 ソーシャルワークの介入レベル

| 介入レベル | ソーシャルワーク実践の具体的対象 |
|---|---|
| ミクロレベル | 個人 |
| メゾレベル | 第1次集団（家族や仲間集団），第2次集団（近隣や市民組織等），学校や企業等の組織，コミュニティ |
| マクロレベル | 行政や制度 |

## ① 個別援助技術

個別援助技術（ソーシャル・ケースワーク）は，社会福祉実践方法の中核的位置を占める援助方法である。表7-2では，個人援助として分類されるミクロレベル（個人）とメゾレベル（家族）のモデルを合計して18の実践モデルが挙げられているが，ここでは代表的なモデルである個別援助の心理社会モデル，機能モデル，問題解決モデル，課題中心モデル，そして近年主流となっている生活モデル，また家族援助の構造的家族治療モデルの6つについて見てみよう[注5]。

### ■心理社会モデル

「診断主義ケースワーク」のハミルトン（Hamilton, G.）に影響を受けたホリス（Hollis, F.）によって体系化された。代表作として『ケースワーク：心理社会療法』（Casework : A Psychosocial Therapy）がある。基礎理論として，主に自我（ego）に関する精神分析理論，自我心理学を援用した。加えて，文化論，役割論，コミュニケーション論，社会システム論等，他の社会科学の概念も駆使した。ホリスは，心理社会療法を心理的支持，明確化，環境調整，洞察という4つに類型化している。

### ■機能モデル

1930年代にタフト（Taft, J.），ロビンソン（Robinson, V.）によって主張され，スモーリー（Smalley, R. E.）等によって体系化された。スモーリーの代表作として，1967年に書かれた『社会福祉実践の理論』（Theory for Social Work Practice）がある。フロイトの理論に異議を唱えたO.ランクの意志心理学を基礎理論として，教育学で知られるデューイ（Dewey, J.）やミード（Mead, M.）の理論を援用した。人間に対する価値や尊厳を基礎に，ソーシャルワーク過程をワーカーとクライエントが共に問題を共有し，クライエントが自ら問題を解決する過程と見なした。また，問題解決における機関の機能を重視した。

心理社会モデルが強く影響を受けた「診断主義」ケースワークと「機能主義」ケースワークとは長期にわたり論争し，強く批判し合ったが，相互の考え方を採り入れ折衷論も展開された。そのうち診断主義を基礎としながら機

能主義の考え方を採り入れ「問題解決モデル」のケースワーク論を体系化したのが H. H. パールマンであった。

■問題解決モデル

パールマン（Perlman, H. H.）によって体系化された個別援助モデルである。人の人生は問題解決のプロセスであると認識し，自我心理学，デューイの合理的問題解決論，役割論，象徴的相互作用論なども駆使し診断主義と機能主義ケースワークを折衷した。1957 年に書かれた『ソーシャル・ケースワーク：問題解決過程』(Social Casework：A Problem-Solving Process)が代表作である。ケースワークの構成要素としての「4 つの P」（人，問題，場所，過程）やワーカビリティの概念，それを高めるための「MCO モデル」（動機付け，能力，機会）などのケースワークの基礎的考え方を提供した。そして，彼女の著書は，多くの国々に翻訳されソーシャルワークの発展に多大な貢献をした。

1960 年代の北米におけるソーシャルワークは，ケースワークを中心に大きな非難を浴びた。国内的には貧困問題や人種差別，国外的には戦争といった社会状況を抱えていたアメリカで，とくに 1964 年からのジョンソン大統領による貧困プログラムに対して専門ソーシャルワーカーがその役割を果たさなかったことは致命的な事柄であり，その後のソーシャルワークの発展に大きな変化をもたらした。そのような状況下で，心理社会療法の自我治療的ケースワークがあまりに長い期間を要する点やその効果をも疑問視され，短期でしかも実証的に効果が測定可能な援助方法が模索された。次に挙げる課題中心モデルは，こうした背景の中で生成された個別援助方法で短期処遇モデルともいわれている。

■課題中心モデル

リード（Reid, W. J.)とエプスタイン（Epstein, L.)によって提唱された個別援助モデルである。基礎理論としては，一般システム理論，コミュニケーション論，役割論，心理分析理論，学習理論の一部が援用されている。リードとシャインによる『短期と長期のケースワーク』(Brief and Extended Casework，1969)やリードとエプスタインによる『課題

中心ケースワーク』(Task-Centered Casework, 1972) や『課題中心実践』(Task-Centered Practice, 1977) が著わされ，このモデルの基を形成した。さらに，リードは2000年に『タスク・プランナー：ヒューマン・サービス専門職者のための介入リソース』を著わしている。徹底的な問題分析によって標的となる問題，つまり特定化された課題 (Task) を設定し，クライエントが必要でかつ制限されたゴールを設定し短期に問題解決を図ろうとする援助方法である。最近の課題中心モデルは，ジェネリックなソーシャルワークの重要な技法として，あらゆる分野（管理・運営，ケースマネジメント，児童福祉，家族福祉等）に適用されている。ある一つの理論を導入して形成するというよりも，徹底した実証の中から練り上げていくというスタイルのモデルだけに，あらゆる分野に適応が可能という特質があると思われる。

短期処遇モデルには，課題中心モデルの他に危機介入モデルや社会行動（あるいは行動）モデルがある。危機介入モデルは，リンダーマン (Linderman, E.) やカプラン (Caplan, G.) 等の業績を参考にしながら，ラパポート (Rapaport, Lydia) によって提唱され，自我心理学やストレス理論をベースに人生上の危機に介入し，社会的機能の回復や対処能力を高めることを目標にした短期処遇モデルである。ラパポートの代表作として，「短期処遇モデルとしての危機介入」(Crisis Intervention as a Model of Breif Treatment, 1970) がある。彼女の他にこのモデルの代表的人物としてゴラン (Golan, N.) が挙げられる。また，社会行動モデルは，行動心理学をベースに伝統的なケースワーク方法の欠点に対するリアクションとして発展したモデルであり，トーマス (Thomas, E. J.) 等によって体系化された。トーマスの代表作としては，論文「行動修正とケースワーク」(Behavioral Modification and Casework, 1970) が挙げられる。

伝統的なソーシャル・ケースワークは，まさにクライエントとソーシャルワーカーとの1対1の関係による個別援助のスタイルをとっていた。精神医学や援用した「医学モデル」のケースワークが，まさにそうであったが，1950年代から問題の発生源は単に個人ではなく，人と環境との相互関連の中に見

出されるという問題認識が一般化されるにつれ，第1次集団である家族への関心も高まっていった。そこで，家族に焦点をあて経済的援助やパーソナルサービス等を実施し，健全な家庭生活を維持・回復しようとする家族ソーシャルワークが注目を浴びていった。アメリカやイギリスでは，家族を援助の対象にした家族福祉機関があり専門的な家族福祉サービスが実施されているが，パーソナルサービスとしての家族ソーシャルワークは家族療法の成果や発達によるところが大きい。構造的家族療法は，個人の問題を家族という脈絡で捉えシステマティックに分析した成果を家族問題の治療に応用した治療方法であり，現代の家族療法の主流をなす。その成果を駆使し家族を援助するソーシャルワークを構造的家族療法モデルという。

■構造的家族療法モデル

フィラデルフィア・チャイルド・ガイダンス・クリニックの医師であったミニューチン（Minuchin, S.）が，代表的な人物としてあげられる。個人を社会的脈絡で捉え，家庭をライフサイクルの共有（identifiable）やサブシステム（夫婦関係，兄弟関係，親子関係等）を通して機能する一つのシステムとして見る。そして，そのシステムに働きかけ，その変容を通して個人の変容を図ろうとする心理療法である。ミニューチンの代表作として『家族と家族療法』（Family and Family Therapy, 1974）がある。P. バーカーは，次のように記している。「家族療法の構造派 Structual school の発展は，おおむね Minuchin の貢献による。これは，家族療法の分野における偉大な業績である。Minuchin やその他の構造派の治療家は，とりわけ，家族が部分もしくはサブシステムをどのように組織しているかということと，これらの部分の間の協会に関心を払い，さらに，対象としている家族という単位とより広いコミュニティーとの間の境界に注目した。このモデルを用いる治療家は，家族の諸問題がその構造に関係しているとみなす[注6]。」

もともと，家族療法は，精神分析学を母体に精神病治療の一環として発達してきた。そこに家族療法の祖ともいえるアッカーマン（Ackerman, N.）が，家族という視点を導入し精神疾患への家族アプローチを導入したのであ

## 第7章 社会福祉実践モデルと関連理論

った。その後，シェルツ (Scherz, F.) によって，自我心理学や役割論を強調しつつ本質的には精神分析理論を基礎に，家族構造や機能，歴史をアセスメントし家族関係の変容や修正を強調した統合（integrative）モデルが体系化された。また，ジャクソン (Jackson, D.) やハーレイ (Haley, J.) によって家族内のコミュニケーション構造や相互作用の理論を取り入れ，家族機能やコミュニケーションの改善を図ろうとするコミュニケーティブ・インタラクティブモデルも現われた。また，システム論を援用した前述の構造的家族療法もミニューチンによって提唱され，1980年代には家族と社会における人種差別や階級意識，性分業意識などの視点を組み込んだ拡大家族システム・アプローチもマックゴールドリック (McGoldrick, M.) 等によって深められていった。

　人々が抱える問題をどのように理解するか（問題把握），問題を抱えた人を援助者はどう見るか（利用者観や価値），どのように援助を展開するか（知識や介入方法）は，長年にわたり社会福祉実践にとって重大な課題であった。その意味で，1970年代の社会福祉実践は一つのパラダイム転換を図った時期といえるだろう。つまり，長期にわたり精神分析学や心理学をベースにした問題認識を社会学のシステム論や生態学をベースにした認識方法へとシフトしたのであった。言い換えれば，個人に焦点をあて，その内的構造を個人の行動の主要因とする見方から，個人を取り巻く環境や個人と環境との相互連関に焦点をあてた見方に転じたのであった。その代表的なモデルが生活モデルといえよう。

### ■生活（生態学的）モデル

　生活モデルは，ジャーメイン (Germain, C. B.) やギッターマン (Gitterman, A.) によって提唱されたモデルである。このモデルの主要な概念は，生態学を援用し環境と人々との間の交互作用（transaction），適応，交換，相関，ストレスといった諸概念である。さらに，成長や発達，アイデンティティ，能力，自律性，関係性といった概念も駆使される。環境の質や諸組織，ソーシャルネットワーク理論とも関連している。アセスメントは，適切な行動や目標を得るためにワーカーとクライエントが

問題や人に焦点をあて，共にその意味を理解するために行われる。環境的な障害やネガティブな交互作用を取り除く（remove）ために，契約（engagement），探求（exploration），同意形成と実施（contracting, going），終結（ending）で援助が実施される。生活変化，環境の無応答性，危機的出来事，コミュニケーション関係の困難性に焦点をあて，自己尊重や問題解決及び対処技術を高めるためのアクション計画が立てられる。また，グループ機能を高めたり，影響がある社会組織やソーシャルネットワーク，その他物的背景等にも働きかける。生活モデルの代表的な著書としてジャーメインとギッターマンが著わした『生活モデルのソーシャルワーク実践』(The Life Model of Social Work practice, 1980) がある。

システム論や生態学の成果を十分に取り入れた生活（生態学的）モデルは，個別援助の社会福祉実践だけではなく集団援助にも援用され，現在では主流と目されるモデルである。

② 集団援助技術

次に，もう一つの直接援助である集団援助のモデルについて見てみよう。ジョンソンは，表7-2の通り「社会諸目標（Social Goals）モデル」「発達（Developmental）モデル」「矯正（Remedial）モデル」「仲介（Mediating）モデル」の4つのモデルを挙げている。また，ロスマン（Rothman, B.）とパペル（Papell, C. P.）は，論文「ソーシャル・グループワークのモデル──財産と遺産」(Social Group Work Models : Possession and Heritage, 1966)で，「社会諸目標モデル」「治療モデル」「相互作用モデル（reciprocal model）」の3つのモデルを挙げている。

1970年代になると，グループワークのモデルも多岐にわたり，ロバーツ（Roberts, R.）とノーザン（Nothern, H.）は『集団に関わるソーシャルワーク理論』(Theories of social work with groups, 1976) で，上記のモデルを含む10のモデルを提出し，その比較検討を行った。ここでは，他のソーシャルワーク理論の援用したモデル（たとえば，パールマンの問題解決モデルを援用したグループワークの問題解決モデル）ではなく，集団援助に独自実

第7章　社会福祉実践モデルと関連理論

践モデルと目される上記ジョンソンの4つのモデルについて見てみよう。

■社会諸目標モデル

「社会諸目標モデル」は，これといった一定の定式化されたものはなく，初期のグループワーク実践の伝統を受け継いで形成されたモデルである。ロスマンとパペルが，「コイル，カイザー，フィリップス，コノプカ，コーヘン，ミラー，ギンズバーグ，ウイルソン，クレインなどのような第一流の初期の著作には，結びつけられたら，このモデルを生み出したということができるような，本質的な概念とそれらを関連づける命題が含まれている[注7]」と述べたように，多くの先達の業績を少しずつ取り入れながら形成されたと見てよい。さらに，「社会諸目標モデルの基本概念は，『社会意識』と『社会責任』である。グループワークの機能は，見識のある，熟達している市民からなるより広範な基盤を創り出すことである[注8]」とし，「このモデルに対して，いまだにもっとも影響を及ぼしているように思える諸理論は，経済的及び政治的民主主義に関する諸理論であり，とりわけ指導性，共同責任，及び集団相互作用の形態のとらえ方に関するデューイ，キルパトリック，リンデマンの教育哲学である[注9]」と説明している。個人はグループ活動を通じて民主的態度や過程を学習する，という伝統的グループワークを受け継いだモデルといえよう。

■矯正モデル（あるいは，治療モデル）

矯正モデルは，個人の治療を集団を活用することによって行おうとするグループワークの方法であるが，児童施設における集団治療に関するレドル（Redl, F.）の研究やコノプカ（Konopka, G.）の影響を受けながら，ビンター（Vinter, R.）により体系化されたモデルである。社会的役割理論，社会行動理論，自我心理学，グループダイナミックス理論，システム論等を理論的背景にしている。グループワークの目的は，不適応を起こしている個人の社会生活機能を高めることにあり，クライエントの問題やパーソナリティとグループやグループ過程との関連性を診断する。そして，クライエントに影響を与えるための意図的なプログラムや活動を治療に活用してパーソナリティの変容を図り，個人が社会的に適

応するための力を高めるのである。ロスマンとパペルは，このモデルの貢献を次のように述べている。「このモデルは，(1)集団内で機能している個人を診断的に考察するための指針，(2)集団形成の基準，(3)臨床チームが参加していく基礎，(4)他の治療様式が共存している集団の診断的な利用，を体系化してきた。このようにして，このモデルは，臨床実践場面におけるグループ・ワーク実践の機能を大いに促進させ，そしてそのような場面から学んだものを吸いあげて，グループ・ワークの方法の一般的な枠組みのなかに取り入れてきているのである[注10]。」

■発達モデル

「発達モデル」には，ボストン大学の研究者たちに端を発したモデルとトロップ（Tropp, E.）によるモデルとの2つのモデルがある。前者は，子どもたちに対するグループワークを通してグループ機能の諸段階に働きかける実践をもとに，グループの発達が個人の社会的に機能する力を高めるという考え方を基礎に集団援助を展開した。後者は，トロップが主張したモデルである。コイルやウィルソンやフィリップスの考え方を基礎（たとえば，集団の自律性，集団の自己決定，メンバーの重要性，今ここの強調に，集団心理療法のリアクションとして発展させたモデルである。実存主義的ヒューマニスティックな哲学をベースに，グループワークは治療法ではなく，グループやメンバーは病んでいる存在と認識せず尊厳と価値ある存在と見なした。そして，より良いグループの発達・成長に個人の成長を見た。トロップの主要著書には，『ソーシャル・グループワーク実践に関する人間主義的基礎』（A Humanistic Foundation for Social Group Work Practice, 1969）がある。

■仲介モデル（相互作用モデル）

仲介モデルは，カイザー（Kaiser, C.）やフィリップス（Phillips, H.）の考え方を取り入れ，シュワルツ（Schwartz, W.）やシュルマン（Shulman, L.）によって体系化された。社会システム理論や象徴的相互作用論をベースにシステムとしての組織，制度，コミュニティに関する社会学的概念や小集団理論，ゲーム理論などを援用し，個人と社会との相互作用を実践理

第7章 社会福祉実践モデルと関連理論

論の基礎としている点で,相互作用モデルともいわれている。個人やグループと学校や福祉団体・福祉施設等の組織や団体との相互交流作用を仲介するのがグループワークの目的とされる。そのため,ワーカーは仲介者(Mediator)や可能ならしめる人(Enabler)として位置づけられ,集団や個人と組織が相互援助システム機能するような働きかけをする。相互援助(mutual aid)という概念が,このモデルのキー概念であるが,相互に助け合う人々の関係性がある集団の理想型と見なし,そういった人間の社会性を引き出すために小集団活動を活用した援助であるとも理解できる。
　以上,4つのモデルの他に最近の集団援助技術には,生態学を援用した生態学システムモデルも登場している。

### (3) 間接援助の実践モデル

　次に,間接援助である。間接援助技術には,地域援助技術(コミュニティ・オーガニゼーションもしくはコミュニティワーク),社会福祉調査法,社会福祉運営管理法,ソーシャルアクション法,社会福祉計画法があるが,ここでは代表的な間接援助の方法であるコミュニティ・オーガニゼーションについて見てみよう。
　コミュニティ・オーガニゼーション(以下,CO)は,COSの活動にその原型を求めることができる。アメリカにおいて最初に体系的に提示されたのは,1939年の「レイン報告」のニーズ・資源調整説であった。その後,ニューテッター(Newstetter, W. L.)のインターグループワーク説(1947年)が注目された。1955年には,ロス(Ross, M.)が住民主体の原則,組織化,合意戦術等のキー概念によって「住民自らが問題を発見し解決する中で,民主的態度を養う」といったCOを体系化した。COは,全体社会の社会問題が勃発し社会全体が荒廃した時期に,それを建て直すマクロな技法として発達するが,最初の契機は世界大恐慌であった。その次の契機は,ベトナム戦争,公民権運動等の社会問題を抱えた1960年代であった。
　ロスマン(Rothman, J.)は,これまでのCO実践を「小地域開発モデル」「社会計画モデル」「ソーシャル・アクションモデル」の3つのタイプに分類

した。さらに，ロスマンは，コックス (Cox, F.)，エルリッチ (Erlich, J.)，トロップマン (Tropman, J.) らと 1987 年には『CO の戦略』(Strategies of Community Organization)を著わし，政策実践モデルと管理運営モデルを追加して現代社会に対応したマクロアプローチとしての CO 理論を構築した[注11]。

■小地域開発モデル

表 7-2 の地方開発モデルを提唱した代表的人物は，ビドル (Biddle, W. W.)で，主要な著書に『コミュニティ開発のプロセス：地方主導の再発見』(The community Development Process: The Rediscovery of Local Initiative, 1965) が挙げられる。発展途上国における若者の動員や平和団体を寄与，セツルメント事業等国連の包括的事業（フォード財団の実験事業として）に貢献した。このモデルは，社会学，人類学，社会心理学から引き出された折衷論である。市民の問題解決能力にアセスメントの焦点をあて，コミュニティの問題解決能力や統合力を高めようとする。市民たちは，相互の問題解決のために主体的に参加し，それぞれに同意形成を図りつつコミュニティの力を発揮していくのである。

■社会計画モデル

社会計画モデルは，政府や行政機関による諸計画の成果から発展してきた現在では伝統的モデルの一つであるといえる。地域社会を相互作用する諸システムからなる一つの実態と見なす。とくに，意志決定 (decision making) やパワー・コントロール，諸機関のシステムを重視する。政治的・経済的な思考が必要であるが，社会問題について実際的な知識が必要とされる。また，合理性や客観性，専門的意図性を強調する。社会問題の原因，その解決法を明らかにすることが重要であり，そのプロセスは，問題をはらんだ問題状況に対するアセスメントやスタディの過程として，次のような考察を必要とする。計画の過程は，一つのフィードバック＝評価システムを取り入れデザインされるが，その際オールタナティブなゴールや戦略，それらの諸結果の考察，プログラムの選択を考慮しながら，問題に関連した諸影響や優先性を決定する過程である。

いわば，このモデルは，政治，社会，経済等の要素を前提にしながら，社会問題の発生原因をシステマティックに正確に，問題を構成している諸要素間の影響を考慮しながら望ましいゴールや戦略をデザインするマクロレベルの援助方法であるといえる。わが国において，社会計画法は，「社会福祉八法改正」(1990年)以来，法的に明示された社会福祉の計画的実施を受けて，近年非常に重要となった。現代のわが国における地域社会問題も，こういった計画的手法を用いて全体的視野に立脚した解決が希求されている時代となっているがゆえに，社会計画モデルによる地域社会に対するアプローチの必要性が重要となっている。

■ソーシャル・アクションモデル

アリンスキー (Alinsky, S.) やクロワード (Cloward, R.) によって1960年代に提唱されたモデルといってよい。社会的不平等の是正や社会的正義の遂行，収奪構造の変革，低位に置かれている人々の回復等が，主要なテーマとなる。このモデルは，伝統的な CO 戦略ではあまり意識されなかった地域社会の差別や全体社会における収奪構造の結果存在するマイノリティに焦点をあて，その変革を目指すための市民運動や住民運動，さらには行政への働きかけ等を強調する。今日では，CO にとって非常に重要な方法として認識されている。民族差別や人種差別，わが国では被差別部落問題等，差別の結果，市民権を剝奪され低位な状態を強いられている人々の市民運動や当事者運動などに学びつつ発達してきたマクロレベルの援助方法と見てよい。

## (4) 統合的援助のモデル

社会福祉実践には直接援助と間接援助という2つのタイプの援助方法があるとされるが，その区分が純粋に可能かどうかという吟味が必要である。もともと直接サービスと間接サービスという区分は，リッチモンド以来の伝統であり，ヴィッケリー (Vikery, A.) は「『直接的』活動は，クライエント (個人，家族，集団) を指し，そしてまた地域社会の他の機関，専門家，及びその他の人々に対応してクライエントのためになされる活動のすべてを包含す

ることになるし,『間接的』活動は社会福祉資源の発達と分配,組織の調整活動,政策決定と変革,及び社会計画に関わる諸活動を指すことになる[注12]」と説明している。

ところが,マス (Mass, H.),スペクト (Specht, H.),ヴィッケリー,ゴールドスタイン(Goldstein, H.),ピンカス(Pincus, A.),ミナハン(Minahan, A.) といった研究者たちは,この2つの方法を分割しないで一元的な援助方法を見出そうとした。いわゆる援助方法の統合化は,1970年代以降の重大な関心事であるが,わが国においてもスペクトとヴィッケリーの編集による『社会福祉実践方法の統合化』として紹介されている。

上記のモデルや第3章に示されている北米における社会福祉実践における専門化の道程を見るとわかるように,援助実践方法は非常に複雑多岐に分化している。こういった多様化した実践方法を目の前にして,われわれはどのように援助技術を学習し専門家として援助を展開すればよいのであろうか。熟考すると,原理的には3つの方法しかないことに気づく。その3つとは,①時や場所によってそれぞれの方法を使い分けること＝コンビネーション・アプローチ,②それぞれ共通点を探し出して一般化し,問題状況に応じて特別な知識や技術を付加して現実問題に対応すること＝マルチメソッド・アプローチ,③それぞれ分化した方法を新たな包括的原理,理論で統合し,その方法で対応すること＝ユニターリー・アプローチあるいはジェネリック・アプローチである。

表7-2の統合的援助とは,従来の伝統的援助方法を受け継ぎ,しかも「直接」「間接」の枠を超え新たな理論で統合化された方法を用いた実践方法のことである。この統合的援助には,ホリスティックモデルとフェミニスト実践モデル,ジェネリックモデルの3つのモデルが挙げられる。ブトゥリムは,全体的モデルには,「4つのシステムモデル」と「ユニターリー・アプローチモデル」の2つが挙げられるとしている。両モデルともにシステム論を援用している点では共通し,前者はピンカス,ミナハンが提唱したモデルでもともとマクロレベルの理論から出発している。後者は,ゴールドステインの体系化によるモデルでミクロレベルのケースワークから出発している。

第7章　社会福祉実践モデルと関連理論

　最も注目しなければならないのは，ジェネリックモデルである。このモデルは，ミクロ・マクロ実践の双方を視野に入れた援助実践で，システム論や生態学を積極的に取り入れ，専門的役割，専門的価値，専門的知識，専門的技術を統合した援助実践を展開しようとする実践モデルである。詳しくは，本章3節，4節を参照されたいが，近年わが国でも福祉問題の多様化や高度化が叫ばれ，問題解決にも高度な知識や多様な援助技術を必要とする状況になっていることを考慮すると，このモデルの果たす役割はますます大きくなると思われる。
（佐藤克繁）

注
1) ゾフィア T. ブトゥリム，川田誉音訳『ソーシャルワークとは何か』川島書店，1986年，21-54頁参照。
2) フランシス J. ターナー編，米本秀仁監訳『ソーシャルワーク・トリートメント——相互連結理論アプローチ——上巻』中央法規出版，1999年，2-3頁参照。
3) 同上書『下巻』542頁。
4) Louise C. Johnson, "Social Work Practice: A GENERALIST APPROACH", 3th ed., Allyn and Bacon, 1989, pp419-434.
5) モデルの紹介にあたっては，L. C. ジョンソンの同上書を参照し，基本的には筆者がジョンソンの記述に沿ってそれを翻訳する形で紹介したが，モデルによっては，関連図書や筆者の理解も織り交ぜて紹介している。
6) フィリップ・バーカー，中村伸一・信国恵子監訳『家族療法の基礎』金剛出版，1993年，36-37頁。
7) ベラウラー・ロスマン，キャサリン・P・パペル「ソーシャルグループワークのモデル―財産と遺産」ハリー・スペクト，アン・ヴィッケリー編，岡村重夫・小松源助監修訳『社会福祉実践方法の統合化』ミネルヴァ書房，1980年，187頁。
8) 同上書，187頁。
9) 同上書，189-190頁。
10) 同上書，197頁。
11) 地域福祉学会編『地域福祉事典』中央法規出版，380-383頁参照。
12) ハリー・スペクト，アン・ヴィッケリー編，前掲書7），44頁。

## 2　心理学と実践理論

### (1)　臨床分野の心理学

心理学は，人間の心の構造や発達，行動，性格，経験，知覚，感情，経験等を，実証的方法によって科学的に解明しようとする学問である。人間の内界に関する考察の裾野は非常に広く，古代哲学や自然科学にまで遡ることができる。しかし，心理学自体はヴント(Wundt, W.)が最初の心理学実験室を開設し，自然科学と区別した精神科学を打ち立てたのは 1879 年のことであり，それから見ると比較的新しい学問分野であるといえる。学的体系の歴史が浅いとはいえ，社会福祉との関連は非常に密接でわれわれの実践理論に与えた影響は大きい。とくに，前節で見たように，個別援助や家族援助，集団援助等の直接援助のモデルは，心理学の影響を抜きにして語ることはできない。

中でも，臨床心理学は，人間の社会的不適応や病理現象等，われわれと同じ対象や問題に対してアプローチしてきた歴史があり，相互に影響し合っている。とくに，フロイト (Freud, S.) の精神分析学が社会福祉の実践理論に与えた影響は大きい。現在の臨床ソーシャルワークの諸モデルは，ほとんどがこの理論を背景にしているといってよい。

フロイトは，1856 年に現在のスロバキア領フライベルグでユダヤ人の商人の家に生まれた。1873 年にウィーン大学で神経細胞組織の研究を基礎に失語症を研究し，1890 年代にはパリのシャルコーのもとに留学しヒステリーの研究を開始した。これらの研究は，やがて自由連想法を用いたフロイト独自の治療法である精神分析として結実する。さらに，ヒステリーから神経症の臨床を経て，精神内界の力働的構造を明らかにした体系的理論を完成し心理学研究者たちの多くに影響を与えている。

臨床心理学というのは，心理学を用いて心の治療や健康の保持，心の発達

や成長をサポートするという，いわば心理学をテコに人を望ましい変化を起こさせる（治療・支援）ための心理学領域であるが，それは心理査定技法や心理療法という心理的援助法に結実しているといえる。

もともと，心理学はヨーロッパで生まれた学問であるが，これを基礎にした臨床分野の心理学はアメリカで発展を遂げた。その発展の基軸となったのが，ヨーロッパで生まれたフロイトの精神分析学である。精神分析学は，ヨーロッパではなく，プラマティズムや徹底的な個人主義の背景を持つアメリカの土壌にうまく迎合し臨床心理学に大きな影響を与えたと考えられる。アメリカの臨床心理学に影響を与えたのは精神分析学だけではない。ゲシュタルト心理学や認知心理学さらには社会心理学のみならずロジャース（Rogers, C. R.）のカウンセリング（「来談者中心療法」）やワトソン（Watson, J. B）やスキナー（Skinner, B. F.）の行動主義心理学もまた臨床心理学に影響を与えた。

ゲシュタルト心理学は，ヴント以来の要素主義や連合主義を批判し，ウェルトハイマー（Wertheimer, M.）を祖にケーラー（Köhler, W.）やコフカ（Koffka, K.）によって体系化された。心的現象は，力働的な構造を持つ全体であって，決して要素に分解して認識することはできないゲシュタルト的性質を有する。われわれのよく知っているところによれば，ルビン（Rubin, E.）の「図と地」の研究であり，人間行動はパーソナリティと環境との相関関係である【$B = f(P, E)$】の公式で知られる社会心理学者のレヴィン（Lewin, K.）もゲシュタルト心理学の影響を受けている。

また，認知心理学は，20世紀前半の人間の行動を機械的な刺激—反応の連合や学習に求めた行動主義心理学や学習心理学に対抗する形で20世紀後半に出現してきた。これは，ジェームズ（James, W.）以来の伝統を受け継ぐ流れで，数学者ウィナー（Wiener, N.）のサイバネティックスやシャノン（Shannon, C. E.）の情報処理の概念，さらに人工知能の研究に深い影響を受けつつ形を整えていった。人間行動は，単に刺激学習による結果だけではなく，認知の結果として現われる。多数の刺激や情報を受け取り，主体的に判断の結果得られた認知を基にしている。また，認知心理学は人間の言語行動にも及

び，記憶や思考を単なる言語の連合としてでなくまとまりを持った文として受け止めているとの見解を示し，言語学にも大きな影響を与えた。さらに，ブルーナー (Bruner, J. S.) は幼児教育で知られているピアジェの影響を受け，認知発達研究に「保存」，「脱中心化」，「具体的操作」等の新しい視野を開いた。また，L. フェスティンガーは，社会心理学の中心的課題である「態度」に認知理論を適用して「社会的認知」という領域を発達させた。

さらに，社会福祉の実践技術に影響を与えた心理学として社会心理学が挙げられる。社会心理学は，ヨーロッパの社会学や哲学にその源流を置き，ドイツのヴント（実験心理学）やフランスのタルド（心間心理学）から始まっている。社会心理学は，群衆，模倣，民族の言語，国民性，差別といったマクロな社会現象における個人の行動や感情の研究である。したがって，社会学や民族学，文化人類学と隣接し，それらの影響を受けながら発展してきた。最近では認知理論の影響を受け，集団，対人関係，自己というミクロなレベルに焦点をあてた研究にシフトを変えているといわれる。

われわれになじみ深い社会心理学者に，「偏見研究」のオルポート (Allport, F. H.)，「ソシオメトリー」の考案者のモレノ (Moreno, J. L.)，「集団規範研究」のシェリフ (Sherif, M.)，「グループ・ダイナミックス」の創始者である前述のレヴィン等が挙げられるが，これらの人々が社会心理学を体系化してきたといえる。

### (2) 社会福祉実践モデルと心理学

精神分析学が心理学に与えた影響は計り知れないが，それは概ね精神内界の構造及びその力働関係を明らかにした点にあり，心理学の分野においては，自我心理学に大いに貢献をもたらした。自我心理学は，フロイトの娘のアンナ・フロイト (Freud, A.)，ハルトマン (Hartmann, H. D.)，ラパポート (Rapaport, David)，エリクソン (Erikson, E. H.) 等によって展開され，自我の防衛，機能，発達等を解明した心理学の一分野である。

社会福祉の実践理論は，この自我心理学をうまく取り入れ個別援助や集団援助などの直接援助分野における実践モデルを形成した。とくに，個別援助

は，個人の環境に対する「適応」が援助の焦点となるため，この理論を積極的に受け入れた。その代表的なモデルが，医学モデルである。初期の社会福祉実践モデルは，医学モデルと称されるように，問題の発生源を個人と見なし，個人の不適応状態を解消するための治療（自我の強化）を中心とした実践であった。医学モデルは，個人が環境とうまく適応するための装置が自我であるという考え方を取り入れ，自我の調整や矯正を基調とした実践理論であった。診断主義派のケースワーク理論がまさにその代表であった。

このような古典的な医学モデルは，やがてコミュニケーション理論や役割論，社会システム論などの知見を取り込み，ホリスの「心理社会モデル」として結実していった。そこでは，個人は「状況における個」として捉えられ，単に自我強化の働きかけだけではなく，環境に働きかけるという考え方も積極的に取り入れられた。機能主義ケースワーク理論も個人の社会的機能の強化，言い換えれば自我の強化を基調にした点では，自我心理学を積極的に応用したといえる。しかし，前節で見たように，機関の活用やクライエント自身の見方，ワーカーとクライエントの関係について，診断主義派の見解との相違があるため論争を繰り広げたのであった。

パールマンの問題解決モデルもまた自我心理学に基調にしているが，役割論やデューイの合理的問題解決，象徴的相互作用論を折衷して得られた個別援助のモデルである。彼女のワーカビリティの概念やMCOモデル（本章第1節の問題解決モデル参照）も自我の強化を図るための技法と考えられる。

自我心理学の影響を受けたのは，個別援助の理論だけではない。集団援助もこの理論を取り入れている。自我心理学の中でも「人格の発達」を体系立てたエリクソンの業績を積極的に取り入れ，ボストン大学の研究者たちによって体系化された集団援助としての「発達モデル」がそうである。

社会福祉実践理論は，心理学の他にも行動心理学や認知心理学，さらには社会心理学影響を受け独自の実践モデルを形成している。個別援助の実践モデルについては，社会行動モデルは行動心理学，同様にゲシュタルト療法モデルはゲシュタルト心理学，合理モデルは認知心理学を基礎にモデル化されている。さらに，最近ではソーシャル・サポート・ネットワークの重要性が

高まっているが，これもまた社会心理学から与えられた遺産は大きい。

（佐藤克繁）


**参考文献**
(1) 庄司順一・西澤哲編『ソーシャルワーカーのための心理学』有斐閣，2001年。
(2) 梅本堯夫・大山正編著『心理学史への招待』サイエンス社，1994年。
(3) 佐々木正宏・大貫敬一共著『適応と援助の心理学 援助編』培風館，2001年。
(4) 小此木啓吾・深津千賀子・大野裕編著『心の臨床家のための精神医学ハンドブック』創元社，2002年。
(5) 黒川昭登『臨床 ケースワークの診断と治療』誠信書房，2000年。

第7章　社会福祉実践モデルと関連理論

## 3　社会学と実践理論
——役割論と社会システム論——

　社会システムとは，部分（要素）と全体（システム）が相互に関連し合って固有の特性を形成していることを意味している。「部分＝全体」の認識は「個人対社会」の関係を明らかにしていくという意図がある。すなわち，一方で個人の行為（要素）に焦点化すると相互の関連性が見えなくなり，他方で全体に還元すると個々の行為の意味が失われていくという相関があり，「社会＝個人の行為の相互連関」として捉えきれないという前提のもとに，社会を独自の統合体として認識しようとする概念である。

　その特徴は，①要素間は双方向であるから，ある要素の変化は他の要素に対して影響を与え，たえず均衡を保とうする働きがあること，②個々の要素の働きや集まりとは異なり，システム（全体）は要素（部分）の総和以上の存在であること，③外部の環境変化に適応するために，自らの構造を改変していくような開かれたシステムであること，④自己の内的原因による変化に対応する自己組織化（self-organizing）の働きを持つこと，の4点である[注1]。

　これを社会的なシステムとして考察する場合，たとえば社会を有機体として捉えれば制度的な構造を思い浮かべるだろう。あるいは働きに着目すればシステムの機能として捉えるだろう。たえず社会は外的な環境に影響されながら，それに適応するためにシステム自身を再組織化していく過程を持つとも考えられよう。価値や規範，制度などは構造としての特性であるが，それを具現化する役割遂行や地位達成という行為は機能的な要件として位置づけられよう。

　とりわけ記号や言語に関する情報処理システム，あるいは環境におけるエントロピー増減を捉える開放システム・閉鎖システム（ベルタランフィ，Bertalanffy, L.）論は，現代におけるシステム論の最も大きな功績の一つである。システム自体があたかも生体のように変化し，増殖し，均衡し，秩序形

成を行うという発想は、古くは社会有機体論に始まり、今日の社会システム論まで、幅広く応用されている。

この概念をソーシャルワーク理論に援用しようとする動機づけは、パーソンズ（Parsons, T.）の社会システム理論が公表されて以来、とくに顕著である。その理由は、個人の欲求・要望という主観的現実とサービス提供としての社会制度との相互関係を説明するために最も有効な基礎理論であるからだ。一方で、客体的側面として社会制度は個人に対してある種の規範や役割を期待する。他方で、主体的側面として個人はそうした社会制度の持つ規範や役割を実行するという「社会関係」を想定しているのである。こうした両側面の関係は、個人の欲求性向の多様性に対して、欲求の水路づけ（規範）としての制度の機能、つまり欲求充足の最適化を実現する機能として、社会システムを理解することが基本にある。

こうした関係は「役割関係」と言い換えることができよう。これを理論化したのは、他ならぬパーソンズである。その特徴は、以下のように説明できよう。すなわち、役割の担い手としての行為（者）があり、その行為をシステム上で位置づける概念として「役割―地位」関係を想定する。この関係は境界維持システム（パーソンズの概念。システムそのものが内的な均衡あるいは恒常性を維持しようとすること）において、一定の規範的な秩序（環境）を生み出す。諸個人はこの環境に適応しつつ行為を充足するというわけである。

役割論に立てば、制度的統合が優先する傾向にあるが、現実的には個人レベルあるいは集団レベルでは多様なコンフリクト（役割葛藤）が伴う。通常は役割不適応、役割未分化として捉えられているが、社会福祉的にはこうした事態の是正にこそ援助の意義を見出しているといってよい。すなわち、たとえば岡村重夫は社会福祉を「すべての個人が社会制度から要求される役割期待への適応過程を援助する方策[注2]」とし、パールマン（Perlman, H. H.）もまたケースワーク援助を「ある必須の社会的役割の中で引き受け、遂行し、また満足を得ることについての問題[注3]」として定義している。

社会システムにおける役割概念は、全体と個の関係つまり社会の制度的機

能と個人の適応行動を説明するうえで有効な概念として頻繁に援用される。いわゆるホモ・ソシオロジクスとして「役割の束」に還元し，適応という規範性が一つの準拠枠として制度との関係を説明することを容易とするのである。ソーシャルワークの文脈でいえば，たとえば貧しくて医療が受けられないならば，社会適応上の調整・治療・予防の機能を発揮して，まず公的扶助の利用と労働機会の提供，そして何よりもパーソナリティの適応能力を高めるためのサービスを組み立てることだといってよい。

個人と制度との関係論は，ソーシャルワークにとって魅力的であるにちがいない。システム論は，何よりも包括的な理解を促すパラダイム（枠組）を提供するからである。前述のように，個人と制度あるいは個人と人的・物的環境との関係は，相互作用（双方向）の関係であるとすれば，そこに生ずる問題状況に介入し，これを緩和・改善していくことはソーシャルワークの専門的な関心であり，基本的な視点である。さらには，個人や家族，各種の大小の集団，コミュニティ等の人間社会の複雑な組織やあり方に対して，どのようなシステム・アプローチが可能なのかということは，ソーシャルワークの変わらぬ野心ともいえよう。

ソーシャルワークにおけるシステム論のポイントを概略すれば，ハーン（Hearn, G.）は，システムという発想が，データ分析上の有効性や目標設定の妥当性，そしてソーシャルワークとしての介入（問題解決）方法に関して，たとえばエントロピー，フィードバックなどの概念などを用いることで有意義であることを示唆している[注4]。

あるいは，ヤンチル（Janchill, M. P.）のケースワーク理論では，システム論の持つ意義を①構造―機能の視点から社会福祉状況を把握すること，②個人的特性に焦点化していく従来の援助過程（とくに調査―診断―治療・処遇）から相互作用の関係に力点を移すこと，③援助の過程と結果を体系的に捉えること，④社会福祉的課題とそれに対する援助方法を体系的に見直すこと，⑤リスクや状態像を理解する手立てとなること，⑥サービス計画と施策の決定や方向づけに有効であること，と指摘している[注5]。

以上のようなシステム論への飽くなきソーシャルワークの関心は，人間の

主体的な生き方を援助するために，とりわけ自己決定や社会参画への道筋をつけるために，適応論のみならず，必要であれば制度や環境を変えていく方法を考察することにある。ある意味では，老いや病，障害，貧困などは，人を社会から孤立させずにはおかない。あるいは医療や福祉の制度は，彼をして社会から隔離する過ちを犯しているだろう。こうした個人と制度・環境との関係を点検していくために，開かれたシステムつまりは変革と緊張をたえず維持していくことが求められているのである。

もとよりシステム・モデルは，その抽象性において，均衡論においていまだ十分な実践理論としては定着しているわけではない。しかし，分析から総合へ，実践から理論への過程を根拠づける有効な思考であることはまちがいないだろう。 (増田樹郎)

注
1) 森岡清美・塩原勉・本間康平編『新社会学辞典』有斐閣，1993年，615-617頁。
2) 岡村重夫『全訂社会福祉学（総論）』柴田書店，1968年，125-126頁。
3) H. H. パールマン，松本武子編訳「役割概念とソーシャル・ケースワーク」『ケースワークの基礎』誠信書房，1967年，182頁。
4) G. Hearn, "The Systems Approach: Contribution toward on Holistic Conception of Social Work", CSWE, 1969, p. iii.
5) M. P. Janchill, 'Systems Concepts in Casework Theory and Practice', "Social Casework", vol. 50 No. 2 (Feb. 1969), pp74-67.

参考文献
(1) 岡村重夫・高田真治・船曳宏保『社会福祉の方法（社会福祉体系3）』勁草書房，1979年。
(2) H. スペクト，A. ヴィッケリー編，岡村重夫・小松源助監修訳『社会福祉実践方法の統合化』ミネルヴァ書房，1980年。

## 4 生態学と実践理論

　生態学とは通常エコロジーと呼ばれており，生物と環境との相互作用を研究する領域である。草や木は光，土，空気，水なしには生存ことはできないし，自然界は生態系としての循環過程による相互作用の関係によって成り立っている。水や土壌には，多くの生物が相互依存をしつつ生きており，その資質や適性を維持し，親和性を保つことで生存することができる。もし環境の恒常性に支障をきたす事態が起こった場合は，生物と同様にホメオスタシス（生物が生理的・形態的なあり方を一定に保とうとする性質）が働くだろう。他方，大気や河川の汚染は，物理的環境としての公害を拡大するのみならず，植物や動物の生態をも変化させ，ときにこれを死滅させることもある。すでに修復や回復の不可能なレベルが惹起されているのである。

　これを人間や社会に応用して考えるとすれば，自然環境に対して，人間環境や社会環境を加えることができよう。前者では家族，小集団，近隣，地域（コミュニティ）などを挙げることができる。後者では政治・文化・経済そして物理的な環境つまり医療保健福祉のシステムや教育，住宅，労働等のシステム，地理・交通等の物理的諸条件が該当する。

　こうした環境は，人間の生存，生活のための必須の諸条件である。もしこれを喪失したり，これが不適切であったならば，人間はこれを適応しやすいように変えるか，もしくは自らの対処能力を高めていくかの方法しかない。環境と諸個人との間に生ずるストレスやトラブルは，そのほとんどは自助努力で処理してしまうだろうが，問題によってはその力量を超えて，誰かの，何かの支えや援助なしには解決することができないこともある。いわゆるホメオスタシスが機能不全に陥った結果であろう。

　高度に人工的な世界を築き上げた現代においても，自然を加工して人間と社会のニーズに対応する環境を作り上げたとはいえ，基本的には自然の営みが持つ生命環境は必須の基盤であるとすれば，人工的な環境においても同様

に共存原理を形成していくためのシステムや方法が不可欠となる。

　老いや病，障害，貧困があっても安心して暮らしていく環境を求めることは，現代社会そのものの中心的な課題である。もしそれゆえに生きづらいとすればその環境を変革していくための実践こそ，最もラディカルなソーシャルワークの課題であることはいうまでもない。

　早々にソーシャルワークに生態学的視点を導入したジャーメイン（Germain, C. B.）は，その論理を人間と環境の「相互適応」つまり「人間が物理的・社会的環境を作ったり，逆に環境によって作られたりする交互作用的なプロセス[注1]」と定義している。この視点は，「問題」もしくは「問題をもつ人（家族・集団・地域）」に対する伝統的な治療モデルを超えて，この交互作用の場である「生活」に対するアプローチであるという意味で，これを「生活モデル」と呼んでいる。その弁証法的な交互作用の変容過程において，問題解決を遂げていく力を「対処能力」と呼び，適応に対する人間本来の潜在的可能性（ポテンシャル）を支持しているのである。

　こうした人間と環境との適応には，反面である種の相互不適応が起こることは容易に想定できる。ソーシャルワークの実践理論としてはこれを「ストレスの相互作用モデル」と呼ぶことができよう。この段階の概要を示せば以下の通りである[注2]。

- 第1段階＝要求（demand）と能力（capabilty）の段階：環境との間で起こる個人・集団・家族・地域に対するさまざまな要求があり，これに対処する能力（社会資源も含む）が求められるレベル。
- 第2段階＝落差（distinction）の段階：「現実の要求」と「現実の能力」との落差が生ずるレベル。
- 第3段階＝不均衡の是正の段階：「要求」と「能力」との不均衡をどのように是正していくのかというレベル。
- 第4段階＝対処反応の段階：効果的な対処反応ができるかどうかによってストレスが加減されるレベル。
- 第5段階＝フィードバックの段階：対処の結果としてストレス状態を知り，それを変化させ，成長していくレベル。

## 第7章　社会福祉実践モデルと関連理論

　以上の段階が示唆することは，ソーシャルワークがこうした要求と能力の相互作用に介入していく実践的な方法を身につけることで，個人・集団・地域の持つ「対処能力」を強化し，向上させていくことができるということだ。
　「対処能力」についてジャーメインは，交互作用の「中間面」で生きる人間の問題解決能力（能動性）と定義している[注3]。この内容として，①「関係性（relatedness）」：環境との相互依存性を高めていく性質，②「力量（competence）」：環境の中で効果的に生きるという動機づけ，③「自律性（autonomy）」：自己の内面的・主体的な力，そして④「自尊（self-esteem）」：どのような環境的圧迫に対しても対処できる自尊感情，という4つの概念を指摘している。
　いずれの概念も，ソーシャルワークの援助原理の根底に流れる人間観である。換言すれば，アドボカシー（advocacy），エンパワメント（empowerment），そして参画（participation）などの実践原理と重なってくるのであり，利用者の権利擁護を通して，彼ら自身の内なる能力向上を支持し，そして具体的な社会参画を通して生活力（生き抜く力）の形成を助長していくことを意味している。
　こうした生態学的なソーシャルワークの役割や人間観は，現代社会における福祉ニーズを，特別な問題を持つ個人の位相に留めないで，むしろ生活者の視点から，生活ストレスが生じる関係性の「質」に焦点を当てることを可能とする。たとえばコミュニティとの関係を例にとれば，①生活環境において，サービス資源が不足すれば，直ちに家族介護にストレスが生じる。②グループホームを設置しようとすれば地域の偏見や無理解が顕わになり，人間関係上のストレスとなる。③住民の高齢化に伴って地域もまた高齢化していくという環境的な特性が生まれて，ある種の世代間のストレスが起こる。
　こうした状況下で，人間と環境との間に起こる「刺激源（stressors）」を突き止め，真のニーズが何かという評価（アセスメント）がまず不可欠となる。コミュニティ問題は，その構成員の個人的な資質のみならず，①〜③のような複雑なストレス群からそれを評価していくことが重要である。この評価を通して，ソーシャルワーク的な介入が課題となるが，このポイントは前述の

4つの概念，つまり関係性(地域の関係性)，力量(地域の力量)，自律性(地域の自己指南力)，そして自尊感情(地域の一体感)を実践原則とするソーシャルワークである[注4]。

　生態学的ソーシャルワークの特長は，その意味では「成長する実践モデル」と形容することができよう。つまり，人間と環境との開かれた交互作用を軸として，新たな評価システム，サービスの効果測定，そしてエコマップ等に象徴されるように交互作用を具体的な実践として展開していく技法など，さまざまな技法や視点が加えられることで，何よりも個人と集団，地域に対する統合的なアプローチという潜在的可能性を持っている実践理論といえよう。

(増田樹郎)

**注**
1) C.B.ジャーメイン他著，小島蓉子編訳・著『エコロジカル・ソーシャルワーク』学苑社，1992年，108頁。
2) 前掲書，110-111頁。
3) 前掲書，226-227頁。
4) 前掲書，209頁。

**参考文献**
(1) 白沢久一・宮武正明編著『生活力の形成』勁草書房，1984年。
(2) 小島蓉子編著『社会リハビリテーション』誠信書房，1978年。

# 第 8 章

# わが国における社会福祉援助の現在と将来

　本章では，社会福祉援助の現代的課題をマクロレベルの課題とミクロレベルの課題とに大別し，前者の課題は「脱近代」であり，後者の課題は「脱施設化」であると言及している。さらに，21世紀の社会福祉援助思想に求められる課題として「身体性の回復」があげられている。わが国の社会福祉援助技術は，これまでのように欧米社会の翻訳や移し替えではなく，わが国の風土や文化に定着した技術として組み直すことが求められている。本章の学習ポイントは，社会福祉を志す者として再び足元から社会福祉援助を見直し，各自が新たな根本的課題を探索することにある。

# 1　20世紀における展開

　本章の目的は，わが国における社会福祉援助の特質を考え，今後の社会福祉実践のあり方を模索することである。まさに，「現代社会は一体何か」という壮大な問いを発するのと同じで，「現代社会における援助とは何か」そして「21世紀の援助とはどうあるべきか」という壮大な問いを掲げているに等しい。その意味では明確な回答はなく，個々人の立場や依拠する理論によって，それぞれの回答が得られる性質の課題である。したがって，ここでは現況の問題点及び将来的課題を提出し，これまでの社会福祉援助を整理し考える筋道を提供することにする。わが国の場合，現時点での課題は，①援助理論と実践，②マクロレベルの課題としての脱近代，③ミクロ実践の課題と脱施設化，④現代の包括的実践課題としての身体性の回復，の4点を指摘することができる。

### (1)　援助理論と実践

　多くの者が，社会福祉を専門的に学び社会福祉施設や病院，行政等の社会福祉現場の職に就いている。現場に就いてみると，大学等で教わった援助技術は全く通用しない，という声をよく耳にする。援助技術論の授業で最終的に知識として残っているのは，バイステックの7つの原則やカウンセリングの共感という言葉。また，ソーシャルワーカーという横文字よりも，処遇職員，生活相談員，社協マンといった言葉にアイデンティティを感じることもしばしばである。たとえば，知的障害者関係施設の職員の場合，ケアプランや介入という言葉よりも処遇という語がフィットし，その原理は「元気・根気・呑気」であると学習し，その言葉が実践的に身に染みついてくる。

　なぜなのか，としばしば自問してみる。そうすると，思い当たる節がいくつかある。広島での出来事である。原爆で焼け野原になった広島の民生行政担当者に対してケースワークの講習が実施されたそうだ。当時民生行政に就

第8章　わが国における社会福祉援助の現在と将来

いていた人の証言では，明日の講習には「かなづちと釘を用意して行かなくては」という笑い話ともとれかねない実情であったという。もちろん，ケースワークを箱作りと勘違いしたわけだ[注1)]。

わが国にケースワークという言葉が輸入されたのは，戦後ではなく戦前であった。1924（大正13）年には，三好富太郎の「『ケースウオーク』としての人事相談事業」が，翌1925（大正14）年には小沢一の「組織社会事業とその原則——オーガナイズド・チャリティーとケース・メソッドの発達——[注2)]」，1928（昭和3）年には福山政一によって「ケースウオークの意義と方法」が執筆され，ケースワークが紹介された。その関連の職業としては，1926（昭和1）年に済生会病院でMSW（医療ソーシャルワーカー）が採用され，1929（昭和4）年聖路加国際病院において本格的に導入されたのであった。

しかし，第2次世界大戦中に日本占領後の政策運営を目的にアメリカが作成した『民生ハンドブック』によると，興味深い指摘がなされている。すなわち，戦前の日本は，ソーシャルワークの教育訓練は大雑把でソーシャルワーカーと呼べる人はごく少数で，それもほとんどクリスチャンである，というのである[注3)]。

わが国でソーシャルワーク教育が本格的に展開されたのは，戦後のことであった。しかも，大学等において伝統的な三分法のケースワーク，グループワーク，コミュニティ・オーガニゼーションを中心に教授したという実情であった。しかし，社会福祉現場は，それとは一線を画すような形で実践理論化が進行してきた。というよりか，むしろわが国の現実の社会福祉状況がソーシャルワークという社会福祉の援助方法とフィットしておらず，そのために現場は現場の独自の理論を模索し，教育機関では三分法を教授するという状況を呈したと考えた方が適切ではないか。

この点は，現在も引き続き考える余地を残している。そもそも，個人主義の土壌で発生した援助方法が，わが国の風土に合致するかどうか。翻訳についても，欧米諸国の言葉に該当する現実がわが国にあるかどうかを真剣に点検したうえで紹介をしていかなければならない。さらに，本質的課題である

が，欧米諸国の援助方法の本質は「援助の科学化」であったが，そもそも援助は科学化できるかどうかも検討しなければならない。

(2) マクロレベルの課題としての脱近代

社会福祉は，国家が国民に対して義務として行う行為である。したがって，個人的な行為でないがゆえに，法律制度として具体化されている。現代の社会福祉援助は，この法制度を基軸に実行されているがゆえに，われわれの具体的な社会福祉実践の前提であるマクロの法制度レベルの課題も検討しておかなければならない。

幕藩政権が崩壊し新政府（明治政府）が登場して間もなくのこと，近代国家として最初の救済制度であった恤救規則が1874（明治7）年に布告された。救済の対象は，8世紀の律令国家を復古させた鰥寡孤独，不具廃失であり，救済は人民相互の情誼（地域域共同体の相互扶助）を旨とし，独身（地域共同体の相互扶助や家族のない者）にして70歳以上の高齢者や障害者で労働能力のない者，13歳以下の児童などが国家救済の対象にされた。この規則は，1929（昭和4）年に救護法にとって代わられ，65歳以上の老衰者，13歳以下の幼者，妊産婦，障害者で産業に就けず扶養義務者による扶養が困難で貧困のために生活が困窮している者が国家救済の対象とされた。やがて，わが国は軍国主義の色彩を強く帯びた軍事国家へと傾斜し，第2次世界大戦を迎えることとなった。教護法は，救済対象の著しい制限や国家責任性の不明瞭等によって十分な救済制度として機能しなかった。

敗戦後間もなく，政府は昭和20年に「生活困窮者緊急生活援護要綱」を発令し，翌21年には「旧生活保護法」を制定し国民の生活安定を図った。昭和20年代には,「新生活保護法」(1950＜昭和25＞年),「児童福祉法」(1947＜昭和22＞年),「身体障害者福祉法」(1949＜昭和24＞年）等の福祉三法に加え，社会福祉の基本法である「社会福祉事業法」が1951（昭和26）年に制定された。その後，昭和30年代以降に「老人福祉法」,「知的障害者福祉法」,「母子及び寡婦福祉法」を加え，福祉六法時代が築かれることとなった。そして，2000年には「社会福祉法」及び福祉六法が改正され，社会福祉基礎構造改革

## 第8章　わが国における社会福祉援助の現在と将来

が敢行された。

　以上，ごく簡単にマクロレベルの社会福祉の流れを見てみた。現在は，「個人の尊厳」の理念を旨とし，措置制度から契約制度への移行が重要課題となっている。

　この流れを，別の文脈で整理してみよう。社会福祉は，もともと国民の権利として発生したわけではない。近代国家の救貧制度として成り立ったが，権利概念をもとに社会福祉が組み立てられるのは，わが国においては第2次世界大戦後であった。近代の統一国家に国家救済が発生した理由は，近代資本主義社会に対する防衛策であった。国家救済は，わが国においても，好ましくないものとして最小限にとどめられ，救済対象者に対する処遇は治安維持的・懲罰的な色彩を帯びていた。

　M. フーコーの『狂気の歴史』では，救済（とくに，社会福祉施設）は近代的理性による非合理的なものの排除として捉えられているが，まさにその通りであった。近代社会では，「阿呆船[注4]」は成り立たず，国内において不合理的と見なされる福祉対象者を「施設」という空間に閉じこめていったのである。社会福祉は，こうした近代社会に端を発した救済対象者の排除・閉じこめから始まり，現在までその形態を変えながら継続されてきたのである。

　脱近代というのは，社会福祉施設や学校など近代原理にそのルーツが求められ現代にまで引き継がれている社会的仕組みや営造物を，いかに近代原理を超え現代において新しい原理を創造するかという課題のことを指す。たとえば，学校を例に取ると，現代の学校制度は近代国家に端を発し現代にまで引き継がれている教育機関である。しかし，不登校や校内暴力など学校が荒廃し，教育の場として不都合が生じ始めているが，この学校制度を現代社会にマッチさせ，来るべき未来においてどのような原理で学校づくりを目指すのかという課題が，脱近代ということである。

　わが国の場合，近代の救貧事業や社会事業は，現代の社会福祉にどのように引き継がれ，どのような原理で構成されてきたのであろうか。確かに，フーコーのいうように，排除・閉じこめの論理で治安維持的・懲罰的に対応してきたといえるが，わが国の場合それに天皇制という要素を加味しなければ

ならない。吉田久一は，恤救規則の性格を幕藩封建制的救済理念に立った救済立法で，その施行方法は絶対主義的であると見た[注5]。また，戦前の救護法について小川政亮は，「所詮，天皇制官僚下の社会連帯主義による救護法改正には限界がある。―中略―救護法は本質的に恤救規則の延長ともいうべきものとして成立することになるのである。社会連帯主義は，『我国古来の美風尊重』を媒介項として巧みに『人民相互の情誼』と結合し，日本的変質を蒙るのである[注6]」と述べている。

　では，戦後の社会福祉制度は，どのような原理で構成されたのであろうか。戦前と戦後の福祉原理の断絶点は，「権利性」に存在する。したがって，戦後の福祉を考える場合，権利としての福祉を実現するシステムとなっているのかどうか，実際に福祉利用者が権利として福祉を享受してきたかという点がチェックポイントとなる。その意味で，戦後の福祉は，戦前の絶対主義的救済制度の根幹であった「天皇制」を払拭し，「新憲法」のもとで「権利としての社会福祉制度」が構築され，現在に至っているのであろうか。否，権利としての福祉というにはあまりにも説明を要し，それは建前であって本音のところ社会福祉は「可哀想な人間の救済」として成立し続けてきたのではないか。それに，拍車をかけたのが実は「措置制度」であり，国家救済の権利性をいつもそこから剥ぎ取ってきた，と考えてもよいのではなかろうか。

　逆に措置制度は，ある意味で福祉の権利性を推し図ってきた面もある。その面とは，戦後「福祉は行政責任である」という漠然とした同意を国民に認識させ，利用者に反射的利益で権利を保障してきたことを意味している。しかし，措置制度は同時に福祉の行政依存的体質を育み，行政至上主義的な体質を作ってきたといえないか。

　21世紀を迎え，社会福祉は個人の尊厳を旨に措置制度から契約制度へとその基盤を変えようとしている。この流れは，権利性という文脈から見ると，社会福祉の国家責任制を回避し個人責任への転嫁であるという批判も成り立つのではないか。また，社会福祉の実施主体を行政から民間へとシフトさせた福祉サービスの市場経済化は，官僚主義からの脱却つまり行政依存型福祉の脱却と見えるが，それは単に行政至上主義的福祉の多少の緩和剤にすぎな

く，依然として行政依存型福祉は継続するのではないか。

## (3) ミクロの実践の課題と脱施設化

　社会福祉援助は，マクロレベルの法制度を基底にしているが，それは必ずミクロレベルの援助実践を通じて実現されるという宿命を持っている。しかし，マクロの法制度が有している理念及びそれが成り立つ根拠とミクロレベルの実践が成り立つ根拠は，必ずしも一致しない。それぞれに共通した課題と別々の課題が存在しているのである。

　ここでいうミクロレベルの実践課題とは，前述の「援助理論と実践」及び「マクロレベルの課題」と深く関わっている。すなわち，福祉の最前線である現場では，何を根拠にして日々の実践が営まれているのか，という点に関わる課題である。

　利用者と援助者が出会い，具体的なサービスが実施される現場。この現場での実践根拠は何か，法律の精神，専門技術，人間性等，専門職倫理等々，すべてが実践の根拠となるべきである。しかし，われわれが最も警戒しなければならないのは，時折三面記事で見かける福祉現場の不祥事である。たとえば，児童養護施設の園長の児童虐待，ホームヘルパーの利用者の金銭詐欺等々。それらのほとんどが，不祥事を起した人間に責任が帰せられるかもしれない。だが，その原因の一端とも考えられ，われわれの実践を支える思考の根底にある問題として，あえてここでは「施設化」を取り上げたい。

　ここでいう「施設化」とは，「福祉対象者は地域社会や家庭の邪魔者で，施設に入所させればよい」という考え方を指している。そういった考え方が，排除と疎外の空間としての施設を形成してきたことは，前述のフーコーの通りである。

　さて，ここで「施設化」を取り上げた理由は，①わが国の福祉の特質として，実体的に施設福祉が主流となっていること，②われわれ日本人は，日常的な感覚として個よりも集団主導の考え方をしていること，の2つである。

　まず，①であるが，近年，障害者や要介護老人等の福祉対象者が地域で暮らすことが当たり前であるという考え方で福祉を進めようと努力している。

しかし，地域の社会資源の不足や福祉に対する理解の不十分性も手伝って，一向に地域福祉が進まない。それどころか，介護保険の実情を見ると社会福祉施設は入所者待ちの状況が相次ぎ，施設不足を否めない。したがって，まだまだわが国では施設の建設が大きな課題となっている。また，利用型の施設といっても，建設されているのは定員50～100名の大中規模型の介護老人福祉施設であり，明らかに収容型施設であるといわざるを得ない。

また，②であるが，われわれ日本人の行動原理は，個の主体性よりも集団に重点を置いた行動をする傾向にある。「赤信号みんなで渡れば怖くない」式の行動様式である。意外と，職場の人間関係は，こういった全体を優先させてとる行動が多く，まさに「つきあい」行動が日常茶飯事となっている。「つきあい」について，宗像恒次は，「日本の『つきあい』は，第一義的には『個人』が基本的に自己主張でき，独立して生きていくことに建前がある西欧社会のそれとは，大いに異なる。日本では，本音は本音として別とし，自己主張を抑え，自己犠牲をいとわず，周りに認められるために遠慮や思いやりや察し合いなどといった，むしろ没個人的で相互依存的な関係を維持しようとしてきた。このような関係に属している限り，個人は安全であり，心理的に安心できるという神話がある[注7]」と述べている。

①と②は，一見違った課題を示しているように見えるが，実はわが国における施設化現象を端的に示している兆候であると考えられる。前述のように「施設化とは，福祉対象者は地域社会や家庭の邪魔者で，施設に入所させればよい」という考え方を指しているのだが，さらに付け加えると施設が必要不可欠な生活の要素として巧みに組み込まれているのでないか，という状況を表している。

欧米の社会では，大規模な社会福祉施設の弊害が指摘され，施設の小規模化，地域に根ざした福祉が推進されてきた。したがって，大規模な障害者施設や児童養護施設に代わり，グループホームや里親制度の充実が図られてきた。しかし，わが国では，地域福祉を政策課題として掲げ，閉じこめ空間としての収容施設を脱却し利用型施設へ転換すべく施設の社会化を図ってきたのだが，一向に変化が見られない。これは，何を意味するのであろうか。さ

らに，いまだに「施設」が重要視されるのはなぜか。表8-1は，欧米とわが国の社会福祉施設の単純比較であるが，もともと欧米社会は施設になじまない個人主義という文化風土があり，大規模施設を拒否する要素を内に含んでいたと考えられる。それに比して，わが国の行動原理は施設を肯定する文化風土があると考えられる。

表8-1　社会福祉施設の単純比較

|  | 発生原理 | 運営原理 | 行動原理 | 施設のあり方 |
|---|---|---|---|---|
| 欧米の施設 | 排除・隔離 | 集団主導 | 個人主義 | 大規模施設から小規模施設へ |
| 日本の施設 | 排除・隔離 | 集団主導 | 集団優先 | 中規模施設の存続 |

　実は，施設は全体社会の疎外体であると考えられる。疎外体というのは，施設は「全体社会の似姿であって，全体社会の凝縮型」であることを指し，全体社会の原理と密接に関連しつつできあがっている人工的産物であるということである。したがって，その行動原理は全体社会の行動原理を凝縮した形で取り込み，全体社会の常識や行動原理がそのまま活かされている一つの社会なのである。濃縮ジュースにたとえると，施設が濃縮ジュースの原液で全体社会はそれを水で薄めたジュースである。

　このことから，施設化についてもう一つの課題を見出すことができる。施設の成り立ちは，日本も欧米も福祉対象者の全体社会からの疎外であった。疎外された施設での生活は，天国であろうはずがない。あくまで施設は全体社会の凝縮型であるがゆえに，その場においても対象者は，疎外の対象となる。したがって，「施設化」から脱却するという課題は，実は福祉対象者の疎外状況の克服という本質的課題なのである。

　さらに，指摘しておこう。この脱施設化の論理を含まない地域福祉は，意味を持たない。なぜなら，施設という排除空間を，再度，地域の場に拡大するだけで巨大な管理空間としての地域社会が登場するだけなのである。

　わが国の社会福祉現場における実践原理として，日本人の行動特性を充分に視野に入れた研究を要すると考える。日々の現場実践を支配しているのは，豊かな利用者理解に根ざした専門性であると考えたいのであるが，それ以上

に別の要素が入り込んでいることはいわずもがなである。とくに，それが全体を優先させた調和的発想原理であったならどうだろうか。職場の人間関係だけに限定されるならまだ良いのだが，利用者との関係原理に応用されていないと誰がいい切れるであろうか。「お上のお世話になっているくせに生意気である」，「親のない子は，かわいそう。でもどこか性格がゆがんでいる」，「施設の行事に出たくないとは何事か，協調性が足りない」等々，日頃援助技術論では学習しない実践現場での日々の光景である。これらすべてを日本人の行動特性に起因するなどというつもりはない。肝要なのは，現場実践の行動原理をアメリカの風土に根ざしたソーシャルワーク論で明らかにするとともに，それとは別の文脈で理解し日本の実践として批判検討することが大切なのではなかろうか。

ここでは，現代の社会福祉援助の課題の一つとして，脱施設化をあげてみた。脱施設化という課題は，わが国の社会福祉援助にとって本質的課題なのかもしれない。しかし，脱施設化とは，施設をなくすことを意味しているのではない。現在の段階では，施設という場が発生的に利用者（福祉対象者）を疎外し，現段階でも疎外しやすい空間であることには間違いない。したがって，施設建設が社会的需要としてあるわが国の現況であるからこそ，施設化に対する警鐘と実践的自覚を持つべきであることを指摘しているのである。筆者の考えでは，施設は，わが国のみならず欧米においても人間にとっての大いなる可能性であると指摘しておきたい。たかだか，50〜100人の集団が「共に暮らす」ことなくして人類共存など語り得ようか。施設は，人間社会の未来を占うとともに，人間の共生にとっても大いなる可能性なのである。

最後に，4つ目の課題として，現代の包括的実践課題としての身体性の回復を挙げたが，これについては次節において若干の指摘をするに止めたい。

(佐藤克繁)

注
1) この点については，仲村優一は，社会福祉主事とケースワークについて「ジェネリック・ケースワーカー論と形式的に理解されたアメリカ社会事業論の結

第 8 章　わが国における社会福祉援助の現在と将来

びつきがある意味で,今日までの福祉事務所における処遇の中にその痕跡を残していると言えるだろう」と論究している(仲村優一「戦後における公的扶助制度の展開(2)―処遇方法を中心として―」日本社会事業大学救貧制度研究会編『日本の救貧制度』勁草書房,1960 年,357 頁)。戦後の混乱期にケースワークを取り入れ,福祉事務所の社会福祉主事に導入していった当時の混乱ぶりが広島の事例でうかがえるであろう。

2)　その後,小沢一は,昭和 9 年に『救護事業指針――救貧の理論と実際――』を著し,ケースワークの体系的紹介をし,「そのように種々の社会的要救助事件を個別的に扱う方面委員,児童保護員,訪問看護婦等の仕事が所謂事件事業(ケース・ウオーク,Social Case Work)であってこれが院外救助や保護の実施方法である」と紹介している。吉田久一・一番ヶ瀬康子編集『社会福祉古典叢書 6　渡辺海旭・矢吹慶輝・小沢一・高田慎吾集』鳳書院,1982 年,174-175 頁参照。

3)　菅沼隆「米国対日救済福祉政策の形成過程」『社会科学研究』第 45 巻第 2 号,東京大学社会科学研究所,1993 年,59-60 頁参照。

4)　「阿呆船」とは,狂人の船,つまりライランド地方の静かな河川やフランドル地方の運河にそって進む奇怪な酩酊船である。あきらかに,阿呆船は,＜アルゴ船物語＞という古い作品群から借用されたにちがいない文学的創作である。だが,これらの空想的あるいは嘲笑的な船のうち,阿呆船だけが現に実在した唯一の船である。ミシェル・フーコー,田村俶訳『狂気の歴史』新潮社,1978 年,25-26 頁参照。

5)　吉田久一「明治維新における救貧制度」日本社会事業大学救貧制度研究会編『日本の救貧制度』勁草書房,1960 年,61-64 頁参照。

6)　小川政亮「大正デモクラシー期の救貧体制」同上書,222 頁。

7)　宗像恒次「心の福祉社会を促すストレス病――病気起因の社会変動モデル――」青井和夫・高橋徹・庄司興吉編『福祉社会の家族と共同意識』梓出版社,1998 年,189 頁。

## 2　21世紀の援助課題

　20世紀の初頭において貧困，老い，障害等は，国家救済の対象として措定され，現在では援助や支援の対象とされている。しかしながら，社会福祉援助（技術）が高度に精密化されるほど，まさに対象としての老い・障害としてモノ化されているような現実を垣間見る。すでにこのことは専門化の弊害として指摘されてきたし，改めて言及する必要はないと思われる。しかし，そのことも含めて21世紀に向けて包括的実践課題として，「身体性の回復」という課題を挙げておきたい。

　現代社会で生きているわれわれは，日々「生きること」を体感しているであろうか。心臓の鼓動を感じながら日々生き生きとして暮らしているだろうか，ふと立ち止まって考えてみればよい。実は，「身体性の回復」とはこのことと非常に深い関連性を持っている。

　われわれ人間は，言葉を持つ動物で抽象的観念を操りながら生存してきた。その観念を著しく発達させたのが20世紀であった。その結果，工業社会を形成し今や超情報社会に突入している。人間は，言葉によって物事を抽象化し，抽象化した概念を基軸に自然に挑み，あらゆる物を解明しようとしてきた。それと同時に，抽象的に考えられた物を真実であると考えるようにもなってきた。身体もそうである。じっと目を閉じて自分の身体を思い巡らすとよい。手があり，足があり，心臓までも頭の中に想像できるであろう。目を閉じているにもかかわらずだ。そのように人間は，観念の動物であるのだが，問題は明らかに人間は生物であるという事実が忘れ去られていることなのだ。言葉を有した生物であるという当たり前の事実に立ち返ることが，実はここで指摘しておきたい社会福祉援助の課題と直結しているのである。

　社会福祉援助の課題とは，人間にとって他者といかに関係を結びどのように生きるのかという本質的な重要課題なのである。つまり，人間の社会性がどのように成り立ち，どのようにすれば正しい共同性を獲得できるのかとい

う課題なのである。一個人においても，家庭においても地域社会や国家においても，人間が生物であるというレベルの認識を欠いた共同性は虚偽であり，危険性を帯びてくる。言い換えると，人間は自然の一部であり木々や花々，ウサギや狸と一緒に存在する命を有する生物であり，その自然の中で活かされている存在であることを自分自身の身体性を確認しつつ，他者との共生を図らなければ，自己本位のどこか歪んだ共同性を形成するということである。

さて，このように社会福祉援助を捉えてみると，改めて社会福祉援助が人間にとって必要不可欠な営みとして見えてくるが，「身体性の回復」という課題の大きさに圧倒されもする。その課題を解く鍵として，八木洋一が高齢者ケアの原理について興味深い指摘をしているのでそれを紹介しておきたい。

八木は，高齢者ケアの原理について，イノセンスの再創造であるといっている。イノセンスとは，芹沢俊介が不登校，校内暴力，過食症，虐待等を分析するキーワードで，人間にとって絶対的受動性を意味する。たとえば，生死である。生死は，人間にとって絶対的受動性でありその意味でイノセンスである。自分で意思して生まれた人間など存在しない。同様に，親を選んで生まれた子どもも存在しない。したがって，人間は青年期までに自律を図ることが求められるが，そのためには親や地域社会や学校が本人を交えてどのようにイノセンスを解体するかが問題なのである。前述の現象は，芹沢にとってイノセンスの解体の歪みと把握される[注1]。

人間にとって生誕がイノセンスであるなら，老いや死もまたイノセンスである。多少自己努力で老いや死に逆らうことはできる。しかし，いくら延命治療を試みてみても限りがある。老いや死はイノセンスなのである。人間にとって絶対的受動性である老いや死を，20世紀の社会福祉援助はどのように考え援助を展開してきたであろうか。生の論理を前提とした「残存能力を活用して，自立（自律）を支える」ことが援助やケアの理念として語られているのではないか。

しかし，八木の指摘は，斬新である。イノセンスの再創造というのは，老いや死が人間の絶対的受動性ならば，ケアは絶対的受動性を根拠に組み立てられなければと指摘するのである。まさに，母親が赤ん坊をあやしオムツを

換え授乳をするように。そして，生誕から自立までのケアを＜お迎えのケア＞とすると高齢者を支えるケアは＜お見送りのケア＞であると次のように指摘する。

「人は，自分で自分を産み出し，自分で自分を育てることができないように，人は自分の＜屍＞を自分で葬ることができません。ここには出産育児の＜ケア＞が持つ構造に似たものがあります。どちらにも，＜わたしのケア＞の＜以前＞と＜以後＞に拡がる＜ケア＞の位相です。＜対のケア＞と＜共同のケア＞。＜わたし＞の＜屍＞を葬るのは＜わたし＞にはできませんから，ほかの２つの＜ケア＞のいずれかの位相で行う以外にありません。―中略―そう考えてみると，死期にある人は第二の絶対的依存の状態または絶対的受動の状態にあるといえるでしょう。そして＜死＞と向かい合い，＜死＞を受け入れるというお見送りの＜ケア＞の根本課題は，この＜死＞の破滅的不安内容を＜生＞の方向に克服するのではなくて，まさに＜死＞の方向に受け入れていくようにすることなのだといえるでしょう[注2]。」

これからも，人間社会は高度に分化し発達し続けるであろう。そして，時代に呼応した社会福祉援助のあり方が模索されるあろうが，それだけに八木の指摘は重要性を帯びてくる。このような時代であるからこそ，身体性の回復が求められ，そこからの組み直しが援助論に求められているのではなかろうか。

(佐藤克繁)

### 注
1) 芹沢俊介『現代子ども暴力論』大和書房，1989年を参照のこと。
2) 八木洋一が行った香川県介護保険等対応歯科保健医療推進研修会主催の講演原稿「ケアのイロハ，その深みを求めて」より引用。

### 参考文献
(1) 青井和夫・高橋徹・庄司興吉編『福祉社会の家族と共同意識』梓出版社，1998年。
(2) 菅沼隆「米国対日救済福祉政策の形成過程」『社会科学研究』第45巻第2号，東京大学社会科学研究所，1993年。

第8章　わが国における社会福祉援助の現在と将来

(3)　芹沢俊介『現代子ども暴力論』大和書房，1989年。
(4)　日本社会事業大学救貧制度研究会編『日本の救貧制度』勁草書房，1960年。
(5)　ミシェル・フーコー，田村俶訳『狂気の歴史』新潮社，1978年。
(6)　吉田久一・一番ヶ瀬康子編集『社会福祉古典叢書6　渡辺海旭・矢吹慶輝・小沢一・高田慎吾集』鳳書院，1982年。

# 資料編

# 資料1
## 国際ソーシャルワーカー連盟（IFSW）のソーシャルワークの定義

（2000年7月27日モントリオールにおける総会において採択，日本語訳は日本ソーシャルワーカー協会，日本社会福祉士会，日本医療社会事業協会で構成するIFSW日本国調整団体が2001年1月26日決定した定訳である。）

### 定義*

ソーシャルワーク専門職は，人間の福祉（ウエルビーング）の増進を目指して，社会の変革を進め，人間関係における問題解決を図り，人びとのエンパワーメントと解放を促していく。ソーシャルワークは，人間の行動と社会システムに関する理論を利用して，人びとがその環境と相互に影響し合う接点に介入する。人権と社会正義の原理は，ソーシャルワークの拠り所とする基盤である。

### 解説

様ざまな形態をもって行われるソーシャルワークは，人びととその環境の間の多様で複雑な相互作用に働きかける。その使命は，すべての人びとが，彼らのもつ可能性を十分に発展させ，その生活を豊かなものにし，かつ，機能不全を防ぐことができるようにすることである。専門職としてのソーシャルワークが焦点を置くのは，問題解決と変革である。従ってこの意味で，ソーシャルワーカーは，社会においての，かつ，ソーシャルワーカーが支援する個人，家族，コミュニティの人びとの生活にとっての，変革をもたらす仲介者である。ソーシャルワークは，価値，理論，および実践が相互に関連しあうシステムである。

### 価値

ソーシャルワークは，人道主義と民主主義の理想から生まれ育ってきたのであって，その職業上の価値は，すべての人間が平等であること，価値ある存在であること，そして，尊厳を有していることを認めて，これを尊重することに基盤を置いている。ソーシャルワーク実践は，1世紀余り前のその起源以来，人間のニーズを充足し，人間の潜在能力を開発することに焦点を置いてきた。人権と社会正義は，ソーシャルワークの活動に対し，これを動機づけ，正当化する根拠を与える。ソーシャルワーク専門職は，不利益を被っている人びとと連帯して，貧困を軽減することに努め，また，傷つきやすく抑圧されている人びとを解放して社会的包含（ソーシャル・インクルージョン）を促進するよう努力する。ソーシャルワークの諸価値

は，この専門職の，各国別並びに国際的な倫理綱領として具体的に表現されている。

**理論**

ソーシャルワークは，特にソーシャルワークの文脈でとらえて意味のある，地方の土着の知識を含む，調査研究と実践評価から導かれた実証に基づく知識体系に，その方法論の基礎を置く。ソーシャルワークは，人間と環境の間の相互作用の複雑さを認識している。そして，人びとの能力が，その相互作用に対して働く様ざまな力—それには，生体・心理社会的要因が含まれる—によって影響を受けながらも，同時にその力を変えることができることも認識している。ソーシャルワーク専門職は，複雑な状況を分析し，かつ，個人，組織，社会，さらに文化の変換を促すために，人間の発達と行動，および社会システムに関する理論を活用する。

**実践**

ソーシャルワークは，社会に存在する障壁，不平等および不公正に働きかけて取り組む。そして，日常の個人的問題や社会的問題だけでなく，危機と緊急事態にも対応する。ソーシャルワークは，人と環境についての全体論的なとらえ方に焦点を合わせた様ざまな技能，技術，および活動を利用する。ソーシャルワークによる介入の範囲は，主として個人に焦点を置いた心理社会的プロセスから社会政策，社会計画および社会開発への参画にまで及ぶ。この中には，人びとがコミュニティの中でサービスや社会資源を利用できるように援助する努力だけでなく，カウンセリング，臨床ソーシャルワーク，グループワーク，社会教育ワークおよび家族への援助や家族療法までも含まれる。ソーシャルワークの介入には，さらに，施設機関の運営，コミュニティ・オーガニゼーション，社会政策および経済開発に影響を及ぼす社会的・政治的活動に携わることも含まれる。ソーシャルワークのこの全体論的な視点は，普遍的なものであるが，ソーシャルワーク実践での優先順位は，文化的，歴史的，および社会経済的条件の違いにより，国や時代によって異なってくるであろう。

*（注）ソーシャルワーク専門職のこの国際的な定義は，1982年に採択されたIFSW定義に代わるものである。21世紀のソーシャルワークは，動的で発展的であり，従って，どんな定義によっても，余すところなくすべてを言いつくすことはできないといってよいであろう。

資料2

## ソーシャルワーカーの倫理綱領

　　　1986年4月26日・日本ソーシャルワーカー協会の倫理綱領として宣言
　　　1992年4月25日・ソーシャルワーカーの倫理綱領とすることに決定
　　　1993年1月15日・日本社会福祉士会の倫理綱領として採択
　　　1995年1月20日・社団法人日本社会福祉士会の倫理綱領として採択

### 前　文

　われわれソーシャルワーカーは，平和擁護，個人の尊厳，民主主義という人類普遍の原理にのっとり，福祉専門職の知識，技術と価値観により，社会福祉の向上とクライエントの自己実現を目ざす専門職であることを言明する。

　われわれは，社会の進歩発展による社会変動が，ともすれば人間の疎外（反福祉）をもたらすことに着目する時，この専門職が福祉社会の維持，推進に不可欠の制度であることを自覚するとともに，専門職の職責について一般社会の理解を深め，その啓発につとめる。

　われわれは，ソーシャルワークの知識，技術の専門性と倫理性の維持，向上が専門職の職責であるだけでなく，クライエントは勿論，社会全体の利益に密接に関連していることに鑑み，本綱領を制定し，それに賛同する者によって専門職団体を組織する。

　われわれは，福祉専門職としての行動について，クライエントは勿論，他の専門職あるいは一般社会に対しても本綱領を遵守することを誓約するが，もし，職務行為の倫理性について判断を必要とすることがある際には，行動の準則として本綱領を基準とすることを宣言する。

### 原　則

1　（人間としての平等と尊厳）　人は，出自，人種，国籍，性別，年齢，宗教，文化的背景，社会経済的地位，あるいは社会に対する貢献度いかんにかかわらず，すべてかけがえのない存在として尊重されなければならない。

2　（自己実現の権利と社会の責務）　人は，他人の権利を侵害しない限度において自己実現の権利を有する。

　　社会は，その形態のいかんにかかわらず，その構成員の最大限の幸福と便益を提供しなければならない。

3 （ワーカーの職責）　ソーシャルワーカーは，日本国憲法の精神にのっとり，個人の自己実現，家族，集団，地域社会の発展を目ざすものである。また，社会福祉の発展を阻害する社会的条件や困難を解決するため，その知識や技術を駆使する責務がある。

## クライエントとの関係

1 （クライエントの利益の優先）　ソーシャルワーカーは，職務の遂行に際して，クライエントに対するサービスを最優先に考え，自己の私的な利益のために利用することがあってはならない。また，専門職業上の知識や技術が，非人間的な目的に利用されないよう自戒する必要がある。
2 （クライエントの個別性の尊重）　ソーシャルワーカーは，個人・家族・集団・地域・社会の文化的差異や多様性を尊重するとともに，これら差異あるクライエントに対しても，同等の熱意をもってサービスや援助を提供しなければならない。
3 （クライエントの受容）　ソーシャルワーカーは，クライエントをあるがままに受容し，たとえクライエントが他者の利益を侵害したり，危害を加える恐れのある場合であっても，未然に事故を防止し，決してクライエントを拒否するようなことがあってはならない。
4 （クライエントの秘密保持）　ソーシャルワーカーは，クライエントや関係者から事情を聴取する場合も，業務遂行上必要な範囲にとどめ，プライバシー保護のためクライエントに関する情報を第三者に提供してはならない。もしその情報提供がクライエントや公共の利益のため必要な場合は，本人と識別できる方法を避け，できれば本人の承認を得なければならない。

## 機関との関係

1 （所属機関と綱領の精神）　ソーシャルワーカーは，常に本倫理綱領の趣旨を尊重しその所属する機関，団体が常にその基本精神を遵守するよう留意しなければならない。
2 （業務改革の責務）　ソーシャルワーカーは，所属機関，団体の業務や手続きの改善，向上を常に心がけ，機関，団体の責任者に提言するようにし，仮に通常の方法で改善できない場合は責任ある方法によって，その趣旨を公表することができる。
3 （専門職業の声価の保持）　ソーシャルワーカーは，もし同僚がクライエン

トの利益を侵害したり，専門職業の声価を損なうようなことがある場合は，その事実を本人に指摘したり，本協会に対し規約第7条に規定する措置をとることを要求することができる。

### 行政・社会との関係
1 （専門的知識・技術の向上）　ソーシャルワーカーは，常にクライエントと社会の新しいニーズを敏感に察知し，クライエントによるサービス選択の範囲を広げるため自己の提供するサービスの限界を克服するようにし，クライエントと社会に対して貢献しなければならない。
2 （専門的知識・技術の応用）　ソーシャルワーカーは，その業務遂行によって得た専門職業上の知識を，クライエントのみならず，一般市民の社会生活上の向上に役立てるため，行政や政策，計画などに積極的に反映させるようにしなければならない。

### 専門職としての責務
1 （専門性の維持向上）　ソーシャルワーカーは，同僚や他の専門職業家との知識経験の交流を通して，常に自己の専門的知識や技能の水準の維持向上につとめることによって，所属機関，団体サービスの質を向上させ，この専門職業の社会的声価を高めなければならない。
2 （職務内容の周知徹底）　ソーシャルワーカーは，社会福祉の向上を目ざす専門職の業務や内容を一般社会に周知させるよう努力しなければならない。この場合，公的な場での発言が個人としてのものか，専門職としての立場によるものかを明確にする必要がある。
3 （専門職の擁護）　ソーシャルワーカーは，実践を通して常にこの専門職業の知識，技術，価値観の明確化につとめる。仮にもこの専門職が不当な批判を受けることがあれば，専門職の立場を擁護しなければならない。
4 （援助方法の改善向上）　ソーシャルワーカーは，同僚や他の専門職業家の貢献や業績を尊重し，自己や同僚の業績やサービスの効果，効率について常に検討し，援助方法の改善，向上に心がけなければならない。
5 （同僚との相互批判）　ソーシャルワーカーは，同僚や他の専門職業家との間に職務遂行の方法に差異のあることを容認するとともに，もし相互批判の必要がある場合は，適切，妥当な方法，手段によらなければならない。

## 資料3

### 日本精神医学ソーシャル・ワーカー協会倫理綱領
(1988年6月16日施行／1991年7月5日一部改定／1995年7月8日最終改定)

**前　文**

　われわれ精神医学ソーシャル・ワーカーは，個人の尊厳を尊び，基本的人権を擁護し，社会福祉学を基盤とする専門職としての知識，技術および価値観により，社会福祉ならびに精神保健・医療の向上に努め，クライエントの社会的復権と福祉のための専門的・社会的活動を行うものとして，次のような倫理綱領を定める。

**本　文**

1．個人の尊厳の擁護

　精神医学ソーシャル・ワーカーは，クライエントの基本的人権を尊重し，個人としての尊厳を擁護する。

2．法の下の平等の尊重

　精神医学ソーシャル・ワーカーは，クライエントを法の下に平等であり，かけがえのない存在として尊重する。

3．プライバシーの擁護

　精神医学ソーシャル・ワーカーは，クライエントのプライバシーの権利を擁護する。

4．生存権の擁護

　精神医学ソーシャル・ワーカーは，クライエントの健康で文化的な生活を営む権利を擁護する。

5．自己決定の尊重

　精神医学ソーシャル・ワーカーは，クライエントの自己決定権を最大限に尊重し，その自己実現に向けて援助する。

6．地位の利用の禁止

　精神医学ソーシャル・ワーカーは，職務の遂行にあたり，クライエントの利益を最優先し，自己の利益のためにその地位を利用してはならない。

7．機関に対する責務

　精神医学ソーシャル・ワーカーは，所属機関がクライエントの社会的復権をめざした理念・目的にそって業務が遂行できるよう協力し，業務の改善・向上

が必要な際には，機関に対して適切妥当な方法・手段によって，提言するよう努めなければならない。
8．専門職向上の責務
　精神医学ソーシャル・ワーカーは,社会福祉とその関連領域の向上をめざす専門職として,自己の専門知識と技術の水準の維持・向上に努めなければならない。
9．専門職自立の責務
　精神医学ソーシャル・ワーカーは，同僚の業務を尊重し，もし相互批判の必要がある場合は，適切妥当な方法・手段によって行わなければならない。
10．批判に関する責務
　精神医学ソーシャル・ワーカーは，自己の業務におけるクライエント等による批判・評価に対して，謙虚でなければならない。
11．社会に対する責務
　精神医学ソーシャル・ワーカーは，自己の専門職と技術及び価値観をもって，クライエントと社会に対して貢献しなければならない。

## 資料4

### 医療ソーシャルワーカーの倫理綱領
（1961年日本医療社会事業協会定期総会において採択）

　日本国憲法の精神と専門社会事業の原理にしたがい，われわれはつぎのことがらを医療ソーシャル・ワーカーの倫理綱領とさだめる。

1．個人の幸福増進と社会の福祉向上を目的として活動する。
2．対象者の処遇にあたっては，その意志の自由を尊重し，秘密を守り，無差別平等の原則にしたがう。
3．ソーシャル・ワーカーとしての自覚をもって対象者との専門的援助関係をたもち，その関係を私的目的に利用しない。
4．医療社会事業の意義と機能が他の関係職員に理解されるようにつとめ，その目的達成に努力する。
5．専門職業の立場から社会活動をおこない，社会資源の活用と開発をはかり，社会保障の完成に努力する。

資料編

# 資料5　社会福祉基礎構造改革の概要

## 1. 社会環境の変化に伴う社会福祉への要請の変化

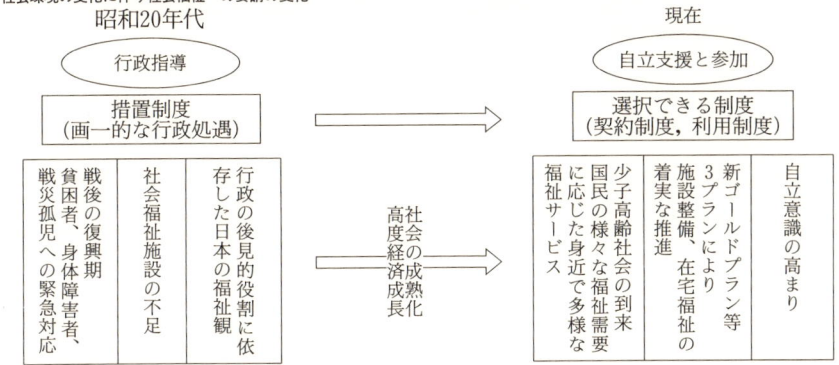

**昭和20年代**
- 行政指導
- 措置制度（画一的な行政処遇）
  - 戦後の復興期
  - 貧困者、身体障害者、戦災孤児への緊急対応
  - 社会福祉施設の不足
  - 行政の後見的役割に依存した日本の福祉観

→（高度経済成長、社会の成熟化）→

**現在**
- 自立支援と参加
- 選択できる制度（契約制度、利用制度）
  - 新ゴールドプラン等3プランにより施設整備、在宅福祉の着実な推進
  - 少子高齢社会の到来、国民の様々な福祉需要に応じた身近で多様な福祉サービス
  - 自立意識の高まり

## 2. 基本理念と具体的内容

### 利用者の立場に立った社会福祉制度の実現

○福祉サービスの利用制度化
【身体障害者福祉法、知的障害者福祉法等の改正】

| 行政が行政処分によりサービス内容を決定する措置制度 | → | 利用者が事業者と対等な関係に基づきサービスを選択する利用制度 |

※1　公費助成については、現行の水準を維持。
※2　利用者の自己負担は現行の水準を踏まえて設定。

○利用者の利益を保護する仕組みの導入【社会福祉事業法の改正】
① 地域福祉権利擁護事業
　痴呆性高齢者など自己決定能力の低下した者の福祉サービス利用を支援（改正民法で導入された成年後見制度を補完）
② 苦情解決制度
　・社会福祉事業経営者の施設内の苦情解決の責務を位置づけ
　・都道府県社会福祉協議会に、苦情解決のための委員会を設置し、施設内での苦情解決が困難な場合に対応。
③ 利用契約成立時の書面交付を社会福祉事業経営者に義務付け

○福祉サービスの質の向上【社会福祉事業法の改正】
・社会福祉事業者によるサービスの質の自己評価などによる質の向上の責務を位置づけ
・サービスの質を客観的に評価する第三者機関の育成

### 時代の要請に応える福祉サービスの充実

○社会福祉事業の範囲の拡充【社会福祉事業法の改正】
・福祉サービス利用援助事業（地域福祉権利擁護事業）
・手話通訳事業
・盲導犬訓練施設を経営する事業、等

○社会福祉法人の設立要件の緩和
・障害者の通所授産施設の規模要件の引き下げ
　（利用人員20人以上→10人以上）【社会福祉事業法の改正】
・「1億円以上」の資産保有を条件とする在宅サービスのうち、ホームヘルプ事業、小規模障害者通所授産施設について引き下げ。「1千万円」へ。【運用事項】

○社会福祉法人の運営の弾力化【運用事項】
（利用制度化した事業について）
・施設ごとの会計区分を弾力化し、法人単位の経営を確立。
・利用料収入を施設整備費の償還への充当を認めること。

○地域福祉の推進【社会福祉事業法の改正】
・市町村による市町村地域福祉計画の策定等
・社会福祉協議会、共同募金等の活性化

→「社会福祉事業法」から「社会福祉法」に名称変更。

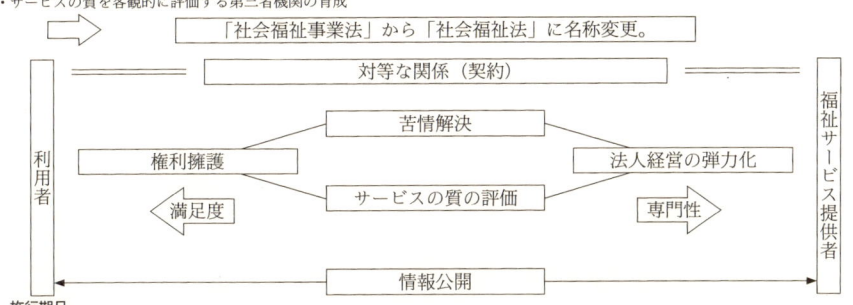

**利用者** ←→ **福祉サービス提供者**
- 対等な関係（契約）
- 権利擁護／苦情解決／法人経営の弾力化
- 満足度／サービスの質の評価／専門性
- 情報公開

## 3. 施行期日

介護保険制度、成年後見制度の円滑施行を補完することから、原則、平成12年4月1日施行。
ただし、福祉サービスの利用制度化等、都道府県等が準備を要するものについては、所要の準備期間を確保。

出典：厚生労働省『厚生労働白書　平成13年版』ぎょうせい、2001年、402頁。

資料6

# 社会福祉士・介護福祉士・精神保健福祉士の概要

## 1. 社会福祉士および介護福祉士の概要

[社会福祉士とは]

　社会福祉士の名称を用いて、専門的知識及び技術をもって、身体上若しくは精神上の障害があることまたは環境上の理由により日常生活を営むのに支障がある者の福祉に関する相談に応じ、助言、指導その他の援助を行うことを業とする者である。
　大学において厚生労働大臣の指定する社会福祉に関する科目を修めて卒業した者等で、社会福祉士試験に合格した者が、登録を受けて社会福祉士になることができる。

**社会福祉士の資格取得方法**

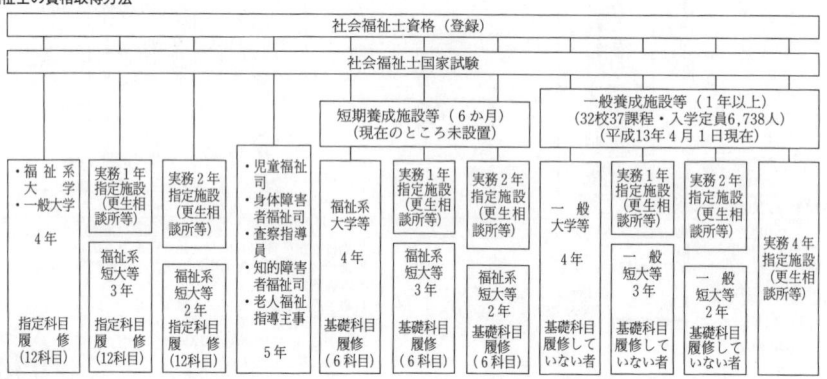

（図：社会福祉士資格（登録）→社会福祉士国家試験→短期養成施設等（6か月）（現在のところ未設置）／一般養成施設等（1年以上）（32校37課程・入学定員6,738人）（平成13年4月1日現在）等の取得ルート図）

[介護福祉士とは]

　介護福祉士の名称を用いて、専門的知識及び技術をもって、身体上または精神上の障害があることにより日常生活を営むのに支障がある者につき入浴、排泄、食事その他の介護を行い、並びにその者及びその介護者に対して介護に関する指導を行うことを業とする者である。
　高校卒業以上の者で、厚生労働大臣の指定する養成施設を卒業した者及び3年以上介護等の業務に従事し、介護福祉士試験に合格した者が、登録を受けて介護福祉士となることができる。

**介護福祉士の資格取得方法**

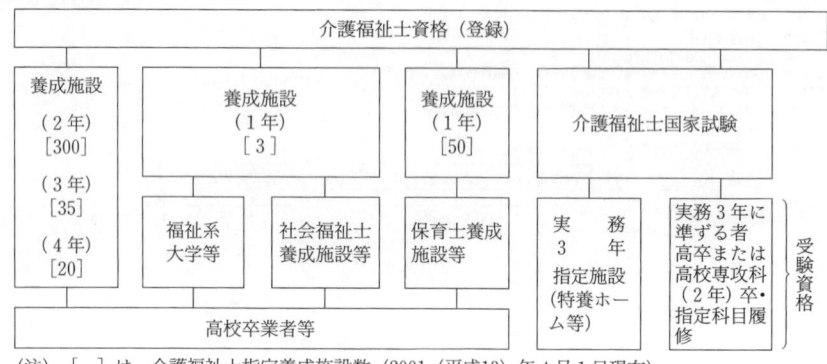

（図：介護福祉士資格（登録）→養成施設（2年）[300]、（3年）[35]、（4年）[20]／養成施設（1年）[3]／養成施設（1年）[50]／介護福祉士国家試験　等の取得ルート図）

（注）[ ]は、介護福祉士指定養成施設数（2001（平成13）年4月1日現在）

出典：厚生労働省『厚生労働白書　平成13年版』ぎょうせい、2001年、419頁。

## 2. 精神保健福祉士の概要

精神保健福祉士の資格取得方法

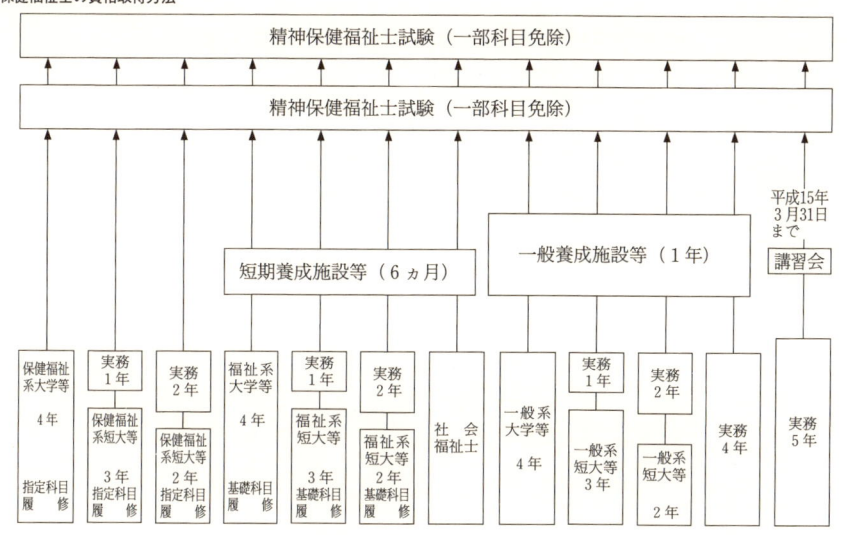

```
┌─────────────────────────────────────────────────────────┐
│         精神保健福祉士試験（一部科目免除）              │
└─────────────────────────────────────────────────────────┘
                            ↑
┌─────────────────────────────────────────────────────────┐
│         精神保健福祉士試験（一部科目免除）              │
└─────────────────────────────────────────────────────────┘
```

|  |  |
|---|---|
| 短期養成施設等（6ヵ月） | 保健福祉系大学等4年 指定科目履修／実務1年＋保健福祉系短大等3年 指定科目履修／実務2年＋保健福祉系短大等2年 指定科目履修／福祉系大学等4年 基礎科目履修／実務1年＋福祉系短大等3年 基礎科目履修／実務2年＋福祉系短大等2年 基礎科目履修／社会福祉士 |
| 一般養成施設等（1年） | 一般系大学等4年／実務1年＋一般系短大等3年／実務2年＋一般系短大等2年／実務4年 |
| 平成15年3月31日まで 講習会 | 実務5年 |

### 精神保健福祉士の業務

精神保健福祉士の業務の具体的内容は以下のとおりである。
①精神障害者の相談や各種の情報提供を行うこと
②精神障害者に対して，退院後の住居や就労の場の選択等について助言指導等を行うこと
③精神障害者に対する日常生活への適応のために必要な訓練を行うこと
④その他，各種手続の代行や家族，学校等との連絡調整を行うこと

出典：内閣府編『障害者白書　平成14年度版』財務省印刷局，2002年，82-83頁。

## 資料7

### 地域福祉権利擁護事業の基本的な実施体制

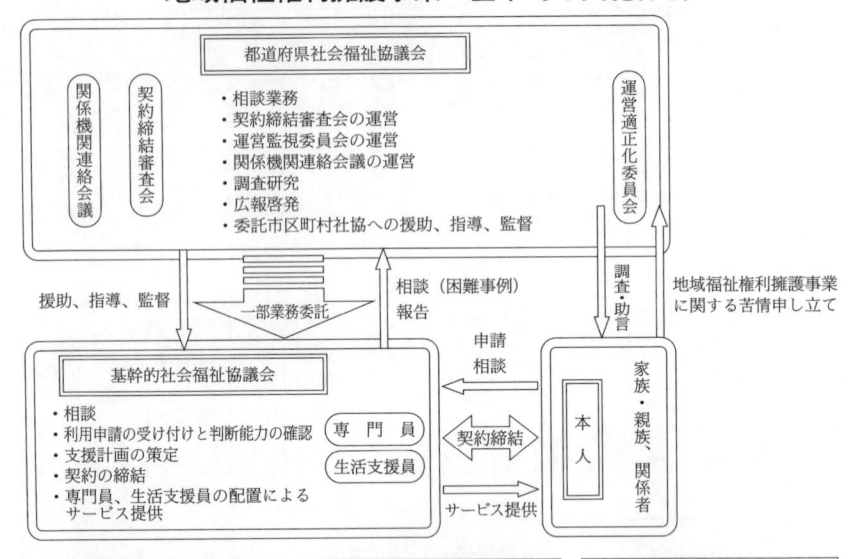

**都道府県社会福祉協議会**
- 相談業務
- 契約締結審査会の運営
- 運営監視委員会の運営
- 関係機関連絡会議の運営
- 調査研究
- 広報啓発
- 委託市区町村社協への援助、指導、監督

（関係機関連絡会議／契約締結審査会／運営適正化委員会）

援助、指導、監督 ← 一部業務委託 → 相談（困難事例）報告／調査・助言

地域福祉権利擁護事業に関する苦情申し立て

**基幹的社会福祉協議会**
- 相談
- 利用申請の受け付けと判断能力の確認
- 支援計画の策定
- 契約の締結
- 専門員、生活支援員の配置によるサービス提供

（専門員／生活支援員）

申請・相談／契約締結／サービス提供

**本人** ／ 家族、親族、関係者

---

【都道府県社会福祉協議会】
ア．事業の企画運営
イ．相談
ウ．契約締結審査会の開催及び調整業務
エ．運営監視委員会の開催及び調整業務
オ．関係機関連絡会議の開催及び調整業務
カ．基幹的社会福祉協議会（専門員，生活支援員）業務の指導、支援及び監督
キ．生活支援員等研修の実施
ク．調査研究の実施
ケ．広報啓発等

【基幹的社会福祉協議会】
ア．利用（予定）者の実態把握，確認の業務
イ．契約書・支援計画の作成と契約締結（または見直し）に係る業務
ウ．契約に基づく，利用者への具体的な援助
エ．生活支援員が社会福祉協議会の履行補助者として行う援助内容の指示と監督
オ．定期の実施状況の報告

【その他の市区町村社会福祉協議会の協力体制】
ア．潜在化しているニーズを発掘し、地域福祉権利擁護事業につなげること
イ．基幹的社会福祉協議会が訪問相談を行う際に，利用者との仲立ちをすること
ウ．生活支援員の援助活動に必要なサポートを行うこと
エ．基幹的社会福祉協議会と契約している、当該地域住民である利用者について、市区町村社会福祉協議会が日常的な見守り支援等を行うこと

出典：全国社会福祉協議会『よくわかる地域福祉権利擁護事業』2000年，47頁より，一部修正

資料編

## 地域福祉権利擁護事業における援助の流れ

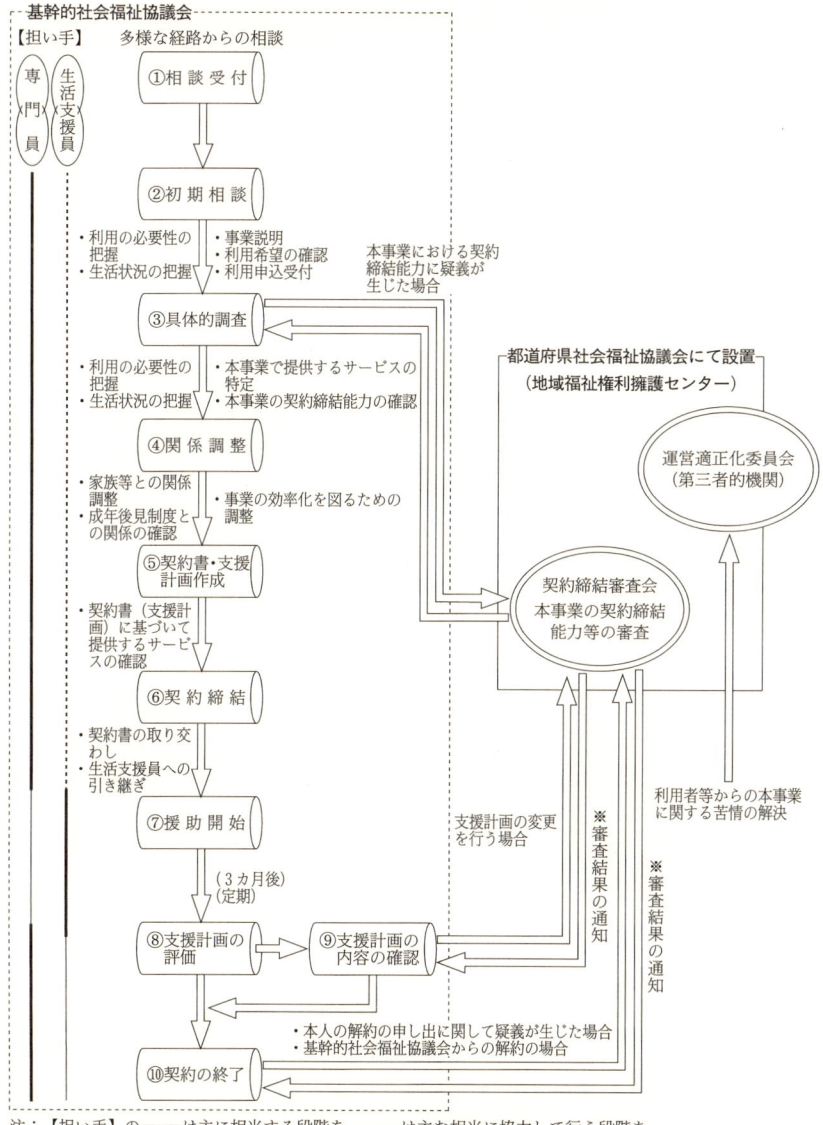

―基幹的社会福祉協議会―

【担い手】専門員／生活支援員

多様な経路からの相談

① 相談受付
　↓
② 初期相談
・利用の必要性の把握　・事業説明
・生活状況の把握　・利用希望の確認
　　　　　　　　　　・利用申込受付
　↓
③ 具体的調査　← 本事業における契約締結能力に疑義が生じた場合
・利用の必要性の把握　・本事業で提供するサービスの特定
・生活状況の把握　・本事業の契約締結能力の確認
　↓
④ 関係調整
・家族等との関係調整　・事業の効率化を図るための調整
・成年後見制度との関係の確認
　↓
⑤ 契約書・支援計画作成
・契約書(支援計画)に基づいて提供するサービスの確認
　↓
⑥ 契約締結
・契約書の取り交わし
・生活支援員への引き継ぎ
　↓
⑦ 援助開始
　↓(3ヵ月後)(定期)
⑧ 支援計画の評価 ⇔ ⑨ 支援計画の内容の確認
　　　　　　　　　・支援計画の変更を行う場合
　↓
⑩ 契約の終了
・本人の解約の申し出に関して疑義が生じた場合
・基幹的社会福祉協議会からの解約の場合

都道府県社会福祉協議会にて設置
(地域福祉権利擁護センター)

運営適正化委員会
(第三者的機関)

契約締結審査会
本事業の契約締結能力等の審査

利用者等からの本事業に関する苦情の解決

※審査結果の通知
※審査結果の通知

注：【担い手】の ── は主に相当する段階を，── は主な相当に協力して行う段階を，
　　…… は状況によって関与する段階を示している。

出典：全国社会福祉協議会『よくわかる地域福祉権利擁護事業』2000年，44頁より，一部修正

275

資料 8

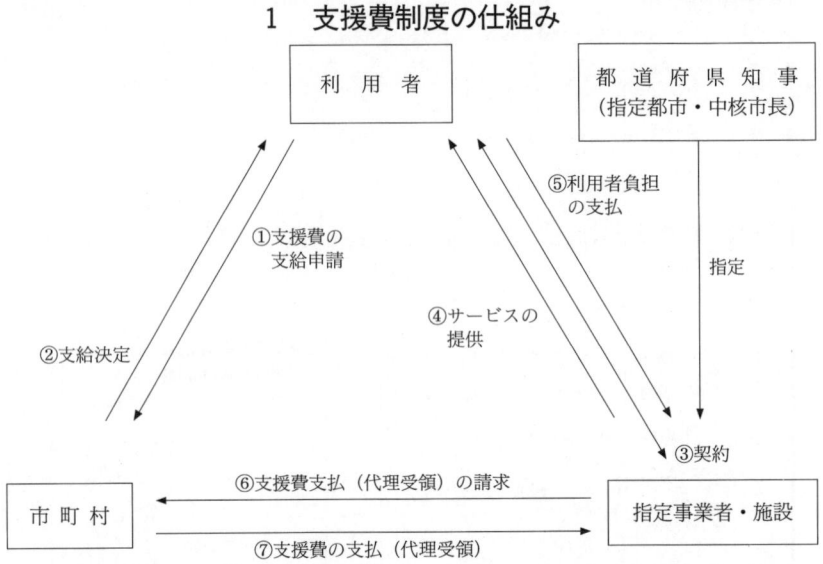

## 1 支援費制度の仕組み

```
                         利 用 者                  都 道 府 県 知 事
                                                  (指定都市・中核市長)

        ①支援費の              ⑤利用者負担
         支給申請               の支払
                        ④サービスの                       指定
                         提供
        ②支給決定

                                                      ③契約

    市 町 村  ←── ⑥支援費支払(代理受領)の請求 ──  指定事業者・施設
              ── ⑦支援費の支払(代理受領) ──→
```

出典：厚生労働省社会・援護局障害保健福祉部,「支援費制度担当課長会議資料」(平成 14 年 6 月 14 日)

資料編

## 2　支援費制度における援助のフローチャート

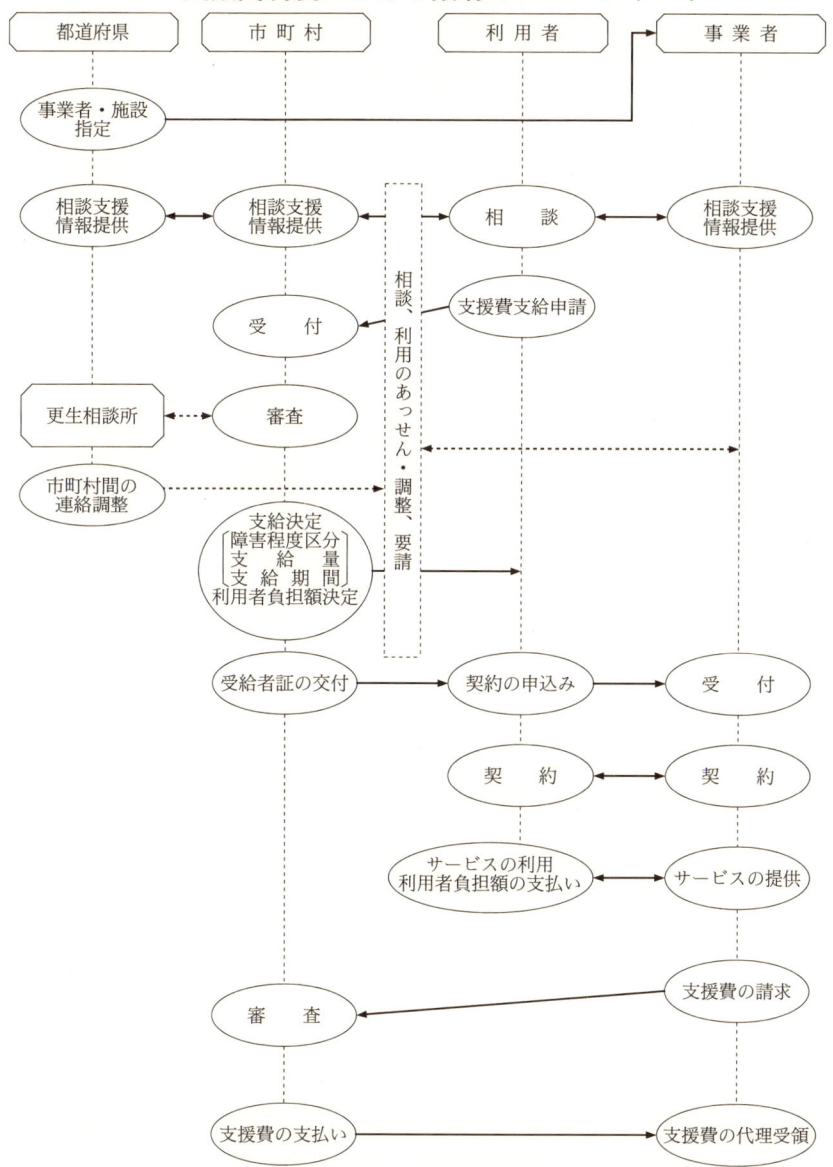

| 都道府県 | 市町村 | 利用者 | 事業者 |
|---|---|---|---|

- 事業者・施設指定（都道府県 → 事業者）
- 相談支援 情報提供（都道府県）← 相談支援 情報提供（市町村）← 相談（利用者）← 相談支援 情報提供（事業者）
- 支援費支給申請（利用者 → 市町村）
- 受付（市町村）
- 更生相談所 ⇢ 審査（市町村）
- 市町村間の連絡調整（都道府県）
- 相談、利用のあっせん・調整、要請
- 支給決定〔障害程度区分／支給量／支給期間／利用者負担額決定〕（市町村）
- 受給者証の交付（市町村）→ 契約の申込み（利用者）→ 受付（事業者）
- 契約（利用者）↔ 契約（事業者）
- サービスの利用・利用者負担額の支払い（利用者）← サービスの提供（事業者）
- 支援費の請求（事業者）→ 審査（市町村）
- 支援費の支払い（市町村）→ 支援費の代理受領（事業者）

出典：厚生労働省社会・援護局障害保健福祉部，「支援費制度担当課長会議資料」（平成14年6月14日）

# 索　引

## 〔事項索引〕

### ア

IL運動　166
アウトリーチ　103
アカウンタビリティ　108
アセスメント（事前評価）　103, 118, 133
アドボカシー（advocacy）　113, 115, 131, 245
アドボケイト　95
アノミー社会型　147
アメリカ医療ソーシャルワーカー協会　45
アメリカ・グループワーカー協会（AAGW）　136
アメリカ精神医学ソーシャルワーカー協会　45
アメリカ・ソーシャルワーカー協会　45
イエーツ・レポート　42
医学モデル　51, 126, 223
医学的リハビリテーション　207
意図的な感情の表現　130
イネーブラー　92
イノセンス　259
医療事故　210
インター・グループワーク説　46, 144
インターベンション（介入）　104, 134
インテーク（受理面接）　132

インナーシティ問題　171
インフォームド・コンセント　108, 133
運営（アドミニストレーション）　159
英国コミュニティケア白書　145
英国ソーシャルワーカー協会（BASW）　145
エコマップ　133
エバリュエーション　105
MCOモデル　222
援助関係の倫理的価値　101
エンゼルプラン　163
エンタープライズ・コミュニティ・イニシアチブ　171
エントロピー　239
エンパワメント（empowerment）　17, 32, 113, 115, 169, 245
エンパワメント技術　88
エンパワメント・ゾーン　171
エンパワメント・プランニング　171
応答責任　97
オンブズパーソン　116
オンブズパーソン教育　94

### カ

カーチス報告　145
介護保険制度　79, 159
介入　106
外発的動機付け　172
開放システム・閉鎖システム　239

# 索　引

カウンセリング　123, 187
家事援助サービス　191
家族療法　224
課題中心アプローチ　127
課題中心モデル　221, 222
葛藤解決の原則　140
家庭裁判所調査官　78
管理運営モデル　217
関連援助技術　123
危機介入アプローチ　127
危機介入モデル　223
機能主義　126, 221
機能主義アプローチ　126
機能主義学派　46
機能モデル　221
教育的機能　183
教育的リハビリテーション　207
狭義の社会福祉援助　86
矯正モデル　227
共同募金　70
クインシー・レポート　42
クライエント　92
クライエントの自己決定　131
グリフィス報告　145
グループ・スーパービジョン　185
グループ・ダイナミックス理論　136
ケア・コーディネーション　177
ケアプランニング　149
ケアマネジメント　123, 149, 175
ケアマネジャー　178
経営（マネジメント）　159
計画管理　160
経験の原則　140

経済主義　12
継続評価の原則　141
傾聴　132
ケースマネジメント　177
ゲシュタルト心理学　235
言語聴覚士（ST）　203, 207
現任教育　193
権利擁護　70
広義の社会福祉援助　85
高次脳機能障害　204
厚生主義（Welfarism）　29
構造的家族療法　224
行動修正アプローチ　127
行動主義心理学　235
公民権運動　47
小売り的方法　45
高齢者保健福祉推進十カ年計画　76
コーディネーション　149
ゴールドプラン　76, 163
国際ソーシャルワーカー連盟　90
個別援助技術（ソーシャル・ケースワーク）　78, 122, 124
個人スーパービジョン　184
個別化　129
コミュニティ型　147
コミュニティケア法　145
コミュニティワーカー協会（ACW）　145
コミュニティワーク　122, 144, 167
コンサルテーション　123, 189
コンシューマー　92
コンビネーション・アプローチ　127

279

## サ

サイバネティックス 235
作業療法士（OT） 203, 207
シーボーム報告 145
ジェネラリスト・アプローチ 127
ジェネラル・ソーシャルワーク 52
ジェネリック―スペシフィック 45
ジェネリック・ソーシャル・ケースワーク 125
ジェネリックモデル 219, 232
ジェノグラム 133
ジェンダー 170
自己組織化（self-organizing） 239
支持的機能 183
施設化 253
施設の社会化 254
慈善組織化運動 44
慈善組織協会（COS） 72
実験心理学 236
質的調査 152
児童指導員 78
児童の権利条約 200
児童福祉司 78
社会計画モデル 229
社会資源 110, 129, 134, 138
社会システム論 239
社会諸目標モデル 226
社会的リハビリテーション 207
社会福祉運営管理法（ソーシャル・ウェルフェア・アドミニストレーション） 122, 157
社会福祉運動 168
社会福祉活動法（ソーシャル・ウェルフェア・アクション） 123, 165
社会福祉基礎構造改革 69, 76
社会福祉協議会 70
社会福祉計画法（ソーシャル・ウェルフェア・プランニング） 122, 161
社会福祉サービス 158
社会福祉士及び介護福祉士法 66, 75, 78, 96
社会福祉システム 158
社会福祉実践モデル 216
社会福祉調査法（ソーシャルワーク・リサーチ） 122
自由最大化状況 95
集団援助技術（ソーシャル・グループワーク） 78, 122, 135
恤救規則 40
受容の原則 139
シュリンク 93
障害者プラン 163
小地域開発モデル 229
職業的リハビリテーション 207
身体障害者福祉司 78
診断主義 126, 221
診断主義学派 46
心理社会的アプローチ 126, 128
心理社会モデル 221
心理社会療法 222
スーパーバイザー 181
スーパーバイジー 181
スーパービジョン 76, 120, 123, 181
スキル 53, 60, 106
スティグマ 98

# 索　引

ストレスの相互作用モデル　244
ストレングス視点　32, 115
スペシフィック　125
生活協同組合運動　166
生活相談員　78
生活モデル　51, 126, 225, 244
政策実践モデル　217
青少年団体運動　135
精神分析学　224, 234
精神保健福祉士　78
精神保健福祉士法　78
生態学的ソーシャルワーク　246
成年後見制度　70
世界女性会議　170
責任倫理　97
説明責任　97
全英社会福祉協議会（NCSS）　145
全英民間組織協議会（NCVO）　145
潜在的ニーズ　27
潜在能力アプローチ　29
潜在能力平等　16, 17
全数調査（悉皆調査）　152
全米慈善・矯正会議　44
全米社会福祉会議（NCSW）　44
全米ソーシャルワーカー協会
　　（NASW）　50, 74, 136
セーフティネット　25
セツルメント運動　135, 165
ソーシャル・アクション　165
ソーシャル・アクションモデル　229
ソーシャル・ウェルフェア　66
ソーシャル・ウェルフェア・アドミニ
　ストレーション　122, 157

ソーシャル・サポート・システム　86
ソーシャルワーク教育協議会（CSWE）
　　50
措置制度　70

## タ

第三者評価　159
対処能力　244
タスクゴール　145
短期処遇モデル　223
地域援助技術（コミュニティワーク）
　　122, 144
地域福祉計画　70
チーム・スーパービジョン　185
知的障害者福祉司　78
地方開発モデル　230
地方自治体サービス法　145
仲介モデル（相互作用モデル）　228
調査票　155
直接援助技術　122
治療モデル　244
伝統社会型　147
トインビーホール　135
統計的調査　152
統制された情緒的関与　130

## ナ

内発的動機付け　172
ニーズ　162
ニーズ・資源調整説　46, 144, 229
ニーズ評価　27
日本ソーシャルワーカー協会　75
ニューヨーク博愛事業学校　72

認知心理学　235
ネイバーフッド・ギルド　135
ネットワーキング　149

**ハ**

バークレイ報告　92, 145
バイスティックの7原則　102
パターナリズム　92
パッケージ化　175
発達モデル　228
ハルハウス　135
パワーレスネス　94
ピア・カウンセリング　86
ピア・グループ・スーパービジョン　185
非審判的態度　130
人と環境の相互作用　106
人と資源との調整　108
秘密保持　131
ヒューマン・サービス・ワーカー　74
貧困戦争　47
フィードバック機能　108, 183, 241
フェミニスト実践モデル　232
福祉コミュニティ　112
福祉文化　21, 69
婦人相談員　78
プランニング（援助計画）　104, 133
フレックスナー報告　45
プログラム活動　139
プロセスゴール　145
保育指針　198, 199
方面委員　166
保護監察官　78

母子相談員　78
ホモ・ソシオロジクス　241
ボランティア・コーディネーター　150
ホリスティックモデル　219, 232

**マ**

マッピング技法　133
マルチメソッド・アプローチ　127
ミーイズム　13
見守り活動　37
ミルフォード会議　45, 125
民間非営利組織（NPO）　157
民生委員　70, 79
面接相談員　78
モニタリング（実践評価）　104, 134
問題解決アプローチ　128
問題解決モデル　221, 222

**ヤ**

役割関係　240
役割論　239
友愛訪問　124
友愛訪問活動　44
4つのシステム　51
4つのP　129, 222

**ラ**

来談者中心療法　188
ライブ・スーパービジョン　185
らい予防法　166
ラポール　132
理学療法士（PT）　203, 207
リハビリテーション介護　192

利用者（ユーザー）　92, 93, 161
量的調査　152
臨床心理学　234
臨床ソーシャルワーク　47
倫理綱領　54
レイン報告　46, 144, 229
レッセフェール　40

老人福祉指導主事　78
労務管理　159

ワ

ワーカビリティ　88
YMCA（キリスト教青年会）　135

〔人名索引〕

ア

アダムス（Addams, J.）　44, 135
アッカーマン（Ackerman, N.）　224
アプテカー（Aptekar, H. H.）　126, 187
アリンスキー（Alinsky, S.）　231
アンナ・フロイト（Freud, A.）　236
ヴィッケリー（Vikery, A.）　231, 232
ウィリアムズ（Williams, G.）　135
ヴント　235
エプスタイン（Epstein, L.）　217, 222
エリクソン（Erikson, E. H.）　236
エルリッチ（Erlich, J.）　230
岡村重夫　106
奥田道大　147
小沢一　249
オルポート（Allport, F. H.）　236

カ

カイザー（Kaiser, C.）　228
カプラン（Caplan, G.）　223
ギッターマン（Gitterman, A.）　51, 225
キャボット（Cabot, R.）　125
グリーンウッド（Greenwood, E.）　107
クロワード（Cloward, R.）　231
コイト（Coit, S.）　44, 135
コイル（Coyle, G. L.）　46, 137
ゴールドスタイン（Goldstein, H.）　51, 232
コックス（Cox, F.）　230
ゴッフマン（Goffman, E.）　51, 58
コノプカ（Konopka, G.）　46, 138
ゴラン（Golan, N.）　223

サ

サリバン（Sullivan, A.）　125
シェルツ（Scherz, F.）　225
ジャーメイン（Germain, C. B.）　51, 225
シャイン　222
ジャクソン（Jackson, D.）　225
ジョンソン（Johnson, L. C.）　217
スペクト（Specht, H.）　232

スモーリー (Smalley, R. E.) 47, 221
セン (Sen, A.) 15, 29
ソロモン (Solomon, B.) 52, 170

**タ**

ターナー (Turner, F. J.) 217
タフト (Taft, J.) 47, 221
ティトムス (Titmuss, R. M.) 28, 157
デューイ (Dewey, J.) 221
トーマス (Thomas, E. J.) 223
トレッカー (Trecker, H. B.) 46, 137
トロップ (Tropp, E.) 228
トロップマン (Tropman, J.) 230

**ナ**

ニューステッター (Newstetter, W. L.) 46, 137

**ハ**

バーカー, P. 224
バートレット (Bertlett, H. M.) 51
バーネット夫妻 (Samuel and Henrrietta Barnett) 135
パールマン (Perlman, H. H.) 47, 126, 128, 222
ハーレイ (Haley, J.) 225
ハーン (Hearn, G.) 241
バイステック (Biestek, F. P.) 47, 129
ハミルトン (Hamilton, G.) 47, 221
ハルトマン (Hartmann, H. D.) 236
パワーズ (Bowers, S.) 128
ビュエル (Buell, B.) 144

ピンカス (Pincus, A.) 51, 232
フィリップス (Phillips, H.) 228
ブース (Booth, C.) 72
ブトゥリム (Butrym. Z. T.) 217
フリードランダー (Friedlander, W. A.) 66
ブリーランド (Brieland, D.) 66
フレックスナー (Flexner, A.) 73
フロイト (Freud, S.) 45, 126, 234
ベルタランフィ (Bertalanffy, L.) 239
ホリス (Hollis, F.) 50, 128, 221

**マ**

マズロー (Maslow, A. H.) 28
マックゴールドリック (McGoldrick, M.) 225
ミード (Mead, M.) 221
ミナハン (Minahan, A.) 51, 232
ミニューチン (Minuchin, S.) 224
三好富太郎 249
メイヤー (Meyer, C. H.) 51
モレノ (Moreno, J. L.) 236

**ヤ**

ヤンチル (Janchill, M. P.) 241

**ラ**

ラウントリー (Rowntree, S.) 72
ラパポート (Rapaport, David) 236
ラパポート (Rapaport, Lydia) 223
ランク (Rank, O.) 126
リード (Reid, W. J.) 217, 222

リーマー　54
リッチモンド (Richmond, M. E.)
　93, 124, 127
リンダーマン (Linderman, E.)　223
レヴィ (Levy, C. S.)　54

レヴィン (Lewin, K.)　136
ロジャース (Rogers, C. R.)　93, 188
ロス (Ross, M. G.)　46, 144
ロスマン (Rothman, J.)　144
ロビンソン (Robinson, V.)　47, 221

執筆者一覧（所属は，刊行時のものです。）

星野政明　三重県立看護大学大学院（はじめに，第6章―3(3)～(5)）〈編者〉
牛津信忠　聖学院大学（第1章，第6章―3(1)）
増田樹郎　静岡県立大学短期大学部
　　　　　　　　　（第2章，第5章―3，4，7，第7章―3，4）〈編者〉
佐藤克繁　流通経済大学
　　　　　（第3章―1，2，第5章―1，2，第7章―1，2，第8章）〈編者〉
米田綾子　東京純心女子大学（第3章―3，4，第6章―8(2)）
川島貴美江　静岡県立大学短期大学部（第4章，第5章―5）
増田康弘　学校法人筑波学園　アール医療福祉専門学校
　　　　　　　　　　　　　　　　　（第5章―6，第6章―1，2）
徳永幸子　活水女子大学（第5章―8～10）
八田正信　流通経済大学（第6章―3(2)）
土田耕司　川崎医療短期大学（第6章―3(3)～(5)）
遠田康人　成田国際福祉専門学校（第6章―4）
山田州宏　荻野クリニック（第6章―5～7）
倉持亨子　元医療法人健佑会　いちはら病院（第6章―8(1)(3)(4)）

社会福祉援助技術論〈理論編〉

2003年5月1日 初版発行

| 編著者 | 佐藤 克繁<br>星野 政明<br>増田 樹郎 |
|---|---|

発行者　武馬 久仁裕

印　刷
製　本　株式会社 太洋社

発行所　株式会社 黎明書房

〒460-0002 名古屋市中区丸の内3-6-27 EBSビル ☎052-962-3045
振替・00880-1-59001　FAX052-951-9065
〒101-0051 東京連絡所・千代田区神田神保町1-32-2 南部ビル302号
☎03-3268-3470

落丁本・乱丁本はお取替します。　ISBN4-654-05714-5
© K. Sato, M. Hoshino, T. Masuda, 2003, Printed in Japan

牛津信忠・星野政明・増田樹郎編著　　　　　Ａ５判　280頁　2800円
## 地域福祉論　新たなパートナーシップの形成のために
新課程・国家資格シリーズ①　地域福祉と社会福祉基礎構造改革，地域福祉の在り方，住民参加型の福祉，医療・保健・教育との連携等，現状を踏まえ語る。

牛津信忠・星野政明・増田樹郎編著　　　　　Ａ５判　336頁　3200円
## 社会福祉原論　豊かさと安心の人間福祉のために
新課程・国家資格シリーズ②　社会福祉の基礎構造，歴史，思想，法，専門職等について詳述。実践上の諸課題にも目を向け，今後の福祉像について語る。

山本　誠・星野政明・増田樹郎編著　　　　　Ａ５判　260頁　2500円
## 障害者福祉論　自立と権利の確立をめざして
新課程・国家資格シリーズ③　障害者福祉の思想や原理，障害者の社会史，施策，サービス体系等を詳述。さらに近未来のあるべき「障害者福祉」像を提示。

佐藤克繁・山田州宏・星野政明・増田樹郎編著　Ａ５判　260頁　2600円
## 社会福祉援助技術論＜応用編＞　対人援助の豊かさを求めて
新課程・国家資格シリーズ⑤　援助活動に必要なスキル等，現場に活かせる援助技術を解説。社会福祉援助の目的，価値，プロセス等，事例を通して詳述。

OECD編　牛津信忠・星野政明・増田樹郎監訳　Ｂ５判　172頁　2800円
## ケアリング・ワールド　福祉世界への挑戦
各国の経済学・人口統計学上のデータから現代社会の実状を描き出し，「福祉世界」の実現に向けた新しい社会政策の在り方を示す。福祉関係者必読。

星野政明・増田樹郎編著　　　　　　　　　　四六判　216頁　1600円
## これだけは知っておきたい　介護の禁句・介護の名句
介護の現場で使われがちな不適切な言葉がけの事例を紹介，考察し，利用者との信頼関係をつくる適切な言葉がけをアドバイス。

田中和代著　　　　　　　　　　　　　　　　Ｂ５判　80頁　2600円
## 痴呆のお年寄りの音楽療法・回想法・レク・体操
CD付：車イスの人も一緒にできる体操　専門家でなくてもできる音楽療法，付属CDですぐにできる体操，様々なレクの方法を，図と写真を交えて紹介。

表示価格は本体価格です。別途消費税がかかります。